MAKESI XUYAO LILUN JIQI SIXIANG XIAOYING YANJIU

马克思主义研究丛书

马克思需要理论及其思想效应研究

MAKESI XUYAO LILUN JIQI SIXIANG XIAOYING YANJIU

侯耀文◎著

中国人民大学出版社

·北京·

总　序

马克思主义是我们立党立国的根本指导思想，是我们认识世界、改造世界的强大理论武器。当前，国际形势正在发生深刻复杂的变化，我国改革发展进入新的关键阶段。时代变迁呼唤理论创新，实践发展推动理论创新。我们正逢马克思主义理论发展的一个大好时机。

从国际来看，马克思主义研究正处于热潮阶段。尽管苏东剧变后，国外有许多人在鼓吹“告别马克思”“抛弃马克思”等论调，但也有不少有识之士在研究马克思，主张“走近马克思”“重读马克思”“回到马克思”“反思马克思”，以新的理论成果“超越马克思”。国际范围内有关马克思主义的理论研讨会在世界各地频繁召开，会议规模越来越大，会议形式越来越灵活，参会人数越来越多，研讨领域越来越宽，讨论问题越来越深入，研究成果越来越丰富。尤其是2008年国际金融危机爆发以后，国际范围内涌动着一股研究马克思的热潮。这一切说明，“马克思是对的”，马克思主义的历史并没有终结，马克思主义的影响并没有消除，马克思主义的生机并没有停止。马克思主义仍然是人们认识世界、改造世界的强大思想武器。

从国内来看，正在实施的马克思主义理论研究和建设工程处在承前启后、继往开来、与时俱进的重要时期。马克思主义中国化理论成果的形成和发展，为加强马克思主义理论研究和建设指明了正确方向，积累了宝贵经验，奠定了扎实的理论基础；建设中国特色社会主义的伟大实践，为马克思主义理论研究提供了坚实的实践基础；加强党的执政能力建设、推进决策科学化民主化，为理论工作提供了广阔舞台；全党全社会的关心和支持，为理论工作创造了良好的社会环境；马克思主义理论一级学科的设立，为马克思主义理论研究提供了良好的平台；全面建设小康社会，推进中国特色社会主义事业进一步发展，对马克思主义理论研究提出了新的要求。

为了推进马克思主义理论研究，中国人民大学马克思主义学院和中国特色社会主义理论体系研究中心，编写了这套“马克思主义研究丛书”。编写出版这套丛书，只有一个目的，就是回应时代变迁提出的新挑战，抓住实践发展提出的新课题，加强对马克思主义的研究，展示我们在马克思主义基础理论研究和中国化马克思主义理论研究方面的最新成果，为推进马克思主义中国化、时代化和大众化，为推进马克思主义理论学科建设，为着力培养造就一支宏大的、高素质的马克思主义理论队伍做出我们应有的贡献。

马克思主义是与时俱进、不断发展的理论，所以我们希望这套丛书能够伴随着马克思主义的不断发展，一直出版下去，最后真正成为一套名副其实的“丛书”；马克思主义是开放包容、博采众长的理论，所以我们希望，这套丛书的作者队伍不断扩大，能够进入此套丛书的著作越来越多；马克思主义是十分严肃的科学，是颠扑不破的真理，所以我们也希望进入此套丛书的著作质量越来越高。

本套丛书的出版，得到了中国人民大学“211 工程”和“985 工程”的资金支持，首次进入丛书的著作，大都属于“211 工程”科研项目——“马克思主义在当代的发展与创新”和“985 工程”科研项目“马克思主义基础理论研究”的最终研究成果。

本套丛书的出版，也得到了中国人民大学出版社的大力支持。中国人民大学出版社社长贺耀敏先生非常关注此书的编写出版事宜。中国人民大学出版社政治与公共管理分社社长郭晓明先生，以及丛书的每位责任编辑，都为丛书的出版付出了艰辛的劳动。在此，一并表示感谢。

编写出版此套丛书，对于我们来说，只是一个初步尝试。为了使丛书编得更好，恳请读者提出宝贵意见。

中国人民大学马克思主义学院

2011 年 11 月

目　录

导　论

人类历史进入21世纪后，随着科学技术和生产力的加速发展，很多制约人类社会发展的现代性问题不仅没有得到很好的解决，而且周期性地对人类社会产生极大的消极影响。人类为了满足自己的需要（真实性需要和虚假性需要），以人类中心主义的立场对大自然进行疯狂的索取，对生态环境造成了很大的损坏，造成了种种生态危机。这不禁让世人反思，在21世纪的地球上，人类到底需要什么，以及人类应该如何建构合理性需要等一系列重大问题。中国特色社会主义进入了新时代和新时代我国社会主要矛盾的转化构成了本课题研究的鲜明时代背景。党的十九大做出了新时代下我国社会主要矛盾“已经转化为人民日益增长的美好生活需要和不平衡不充分的发展之间的矛盾”① 的重大判断。党的二十大报告也指出，“明确我国社会主要矛盾是人民日益增长的美好生活需要和不平衡不充分的发展之间的矛盾，并紧紧围绕这个社会主要矛盾推进各项工作，不断丰富和发展人类文明新形态”②。中国共产党对新时代社会主要矛盾转化的判断，既有深刻的理论依据，也有清晰的历史逻辑，本质上是对带领全国人民建设社会主义的阶段性任务的接续探索。新时代社会主要矛盾的转化为加强和深入研究马克思需要理论提

① 习近平．习近平谈治国理政：第3卷．北京：外文出版社，2020：9.

② 习近平．高举中国特色社会主义伟大旗帜 为全面建设社会主义现代化国家而团结奋斗：在中国共产党第二十次全国代表大会上的报告．北京：人民出版社，2022：7.

出了新要求、新问题。

一、问题的缘起

从国内、国际背景来看，马克思的需要理论对解读、分析当代人类社会发展困惑，尤其是对我们围绕人民美好生活需要来解决社会主要矛盾的相关问题，具有十分重要的理论价值和实践意义。从学界背景来看，国内外关于马克思的需要理论的研究已经很多，但也有诸多的理论和学术问题需要进一步系统性回答。

其一，从国内外学界对马克思需要理论的研究背景来看，学界对关于马克思的需要理论的思想来源是什么、形成的历史逻辑阶段性特征是什么、理论体系有什么样的内在逻辑、在思想史上有什么理论价值、在马克思主义学说中的理论地位是什么等相关问题的研究还有待深入。对这些问题的学理性回答是不断继承和发展马克思需要理论的基础和前提，这为我们进一步研究马克思需要理论提供了新思路、新课题。

其二，从国际背景中人类面临的发展危机和现代性问题来看，现代性一方面为丰富和满足人类的需要起到了很大的促进作用，但另一方面也给人的需要带来了悖论和恶果。需要资源的匮乏和浪费并存，环境污染和生态危机接踵而至。需要异化、消费异化、生活异化作为人的异化的新问题不断涌现出来。这个时候，人们不禁要追问：人的需要的目的是什么？人的需要是天然合理的吗？如何保持需要的可持续性？什么样的制度更适合满足人的需要？对这些现代性的当代回答，必须要有马克思需要理论的在场。

其三，就马克思的需要理论在国内的当代价值而言，党的十九大以来，学界掀起了对“美好生活”“美好生活需要”等相关问题的研究热潮。这些问题不仅在马克思主义学界，而且在伦理学、政治哲学、美学、社会学和政治学等领域也成了受关注的热点问题。在党的十九大报告中，“美好生活需要”一词高频次出现，这不禁使人思考何谓新时代美好生活需要、新时代美好生活需要何以应当、新时代美好生活需要何故、新时代美好生活需要何以实现、新时代美好生活需要的理论基础是什么等一系列问题。在我们看来，对这些问题的回答，还必须回到马克思及其需要理论，通过对马克思需要理论相关的一系列学术理论和现实问题进行深度研究，进而对“美好生活需要”相关问题给予深度回应。

二、国内学界对马克思需要理论的研究进展

随着20世纪80年代思想解放的深入和人学研究的兴起，学界一度掀起了对马克思的需要理论的研究热潮。形成的专著有《马克思的需要理论》（冯文光，1986）、《消费需要论》（尹世杰，1993）、《需要-创造论》（章韶华，王涛，1992）、《需要哲学导论》（赵科天，1996）、《道德需要论》（彭柏林，2007）、《论人的需要》（郭宝宏，2008）、《马克思的需要理论及其当代意义》（赵长太，2008）、《需要、欲望和自我——唯物论和辩证观的需要理论》（张檀琴，李敏，2012）等。

除了这些专著，还形成了数以百计的研究论文，其中硕士学位论文比较常见，但是进行系统性研究的博士学位论文还比较有限。下面仅就比较有代表性的研究成果进行系统性的学术梳理和浅评。

（一）需要的概念范畴研究

需要范畴在哲学、经济学、伦理学和心理学等学科中具有重要地位。对需要范畴的界定是深入研究马克思需要理论的基本前提。改革开放以后，随着对人的问题的深入讨论，学界从不同角度对需要范畴进行了理解和界定。大体来说，形成了以下几种观点：其一，需要的“匮乏状态说”。袁贵仁认为，需要是对人的生存发展条件的依赖和需求，在现实生活中表现为一种匮乏状态①。其二，需要的“摄取状态说”。陈志尚等人认为，需要是有机体的特性，是有机体为了维持正常生存而与外界环境之间的物质、能量、信息的摄取状态②。其三，需要的“依赖关系说”。李德顺认为，需要是人为了实现生存发展对外界环境的依赖和倾向性，是主体对外在环境的一种依赖关系③。其四，需要的“本质力量说”。刘建新认为，需要是人的存在方式，是人追求自己对象的一种本质力量④。为了深入研究马克思意义上的需要范畴，学界也有学者从方法论上做了尝试性探索。邵晓光认为，马克思对需要的理解和阐释遵循的是从感性表象到理性抽象再到理性具体的逻辑。这种历史与逻辑相统一的方法，把人的需要放进了具体的历史的过程中，使需要得以具

---

① 袁贵仁．关于价值与需要关系的再思考．人文杂志，1991（2）：16－20.

② 陈志尚，张维祥．关于人的需要的几个问题．人文杂志，1998（1）：20－26.

③ 李德顺．价值论．北京：中国人民大学出版社，2007：62.

④ 刘建新．需要·活动·人的全面发展．理论探讨，2006（2）：40－43.

体再现[①]。卓湘哲从历史唯物主义逻辑出发认为，解读马克思的需要概念，必须把它当作历史唯物主义的基本哲学范畴[②]。卓湘哲的观点实际上是说，要用历史唯物主义解读需要范畴，不能以需要范畴解读历史唯物主义。侯衍社则以发生学的方法，按照历史的、唯物的原则对需要范畴进行了解读，认为作为物质生产内驱力和社会发展原动力的需要是一个“新历史观”的范畴，而非带有唯心史观色彩的范畴[③]。管晓刚也对需要范畴的基础性作用给予了强调，他认为在历史唯物论体系中，需要范畴的极端重要性在于它比生产范畴更为根本。在他看来，即使在政治经济学批判逻辑中，需要也是一个很重要的基础性概念。因为正是需要与生产的基本矛盾，才构成了推动社会发展变迁的基本线索和动力源泉，所以需要范畴的基础性作用应得到更大的重视[④]。

综上来看，学界对需要概念范畴的理解和界定角度各异、各有侧重。有的是从马克思的相关直接性论述出发界定的，有的是结合自己的理解对需要做的创造性解释，都具有一定的合理性，也都很有代表性。以上这几种对需要范畴的理解，虽未达成最终的统一性认识，但是对深化需要范畴研究起到了很大的促进作用。正是基于以上几种关于需要范畴的理解，学界对马克思需要理论进行了持续性的深化研究。其中一个与需要范畴联系十分紧密的重要问题是需要与价值的问题。比如：袁贵仁从主客体视角出发认为，价值意味着客体满足主体的需要[⑤]。陈振羽从关系视角出发认为，按照劳动价值论，价值是由社会必要劳动时间决定的，而需要讲的是供求关系，因此与价值没有关系[⑥]。王全宇认为，倘若抛开人的需要来理解价值，那么既违背了马克思从“现实的人”出发的逻辑前提，也容易把价值问题神秘化，进而将会制造出理论混乱和逻辑矛盾[⑦]。《中国社会科学》对需要与价值问题曾进行了专门组稿探

---

① 邵晓光．马克思论人的需要与人的发展．辽宁大学学报（哲学社会科学版），1991（2）：13－16.

② 卓湘哲．必须把需要范畴纳入历史唯物主义体系．社会科学研究，1986（4）：40－44.

③ 侯衍社．人类历史发生学探究与历史观根本变革．北京大学学报（哲学社会科学版），2020，57（3）：15－22.

④ 管晓刚．论马克思主义哲学的需要范畴．哲学堂，2004：115－123.

⑤ 袁贵仁．如何认识人的价值．北京大学学报（哲学社会科学版），1990（1）：35－38.

⑥ 陈振羽．马克思的价值决定论与社会需要关系．马克思主义研究，1987（3）：262－278.

⑦ 王全宇．人的需要即人的本性：从马克思的需要理论说起．中国人民大学学报，2003（5）：30－35.

讨如何理解马克思的价值决定理论。其中，周为群等认为社会需要既决定社会必要劳动量，也决定价值量①。倪学鑫则认为，两种社会必要劳动时间是同一概念的不同表现形式，只从一个角度理解是不科学的②。许精德认为，价值量是由社会必要劳动时间决定的，由社会需要所规定的社会必要劳动时间只影响价值的实现③。针对该问题，学界的探讨一直没有停止过。总的来说，大体是从“劳动价值论”和“需要价值论”两个维度着手探讨的。到目前为止，这两个方面的讨论仍未形成统一意见。

（二）马克思需要理论发展历程的研究

研究马克思需要理论，必须以历史与逻辑相统一的方法论，从马克思的文本出发梳理出其发展历程。按照此逻辑，学界对马克思的需要理论的形成发展阶段进行了深入研究。赵伟以历时性和共时性相结合的方法，将马克思的需要理论分为三个发展阶段。在他看来，马克思的需要理论的三个阶段划分呈现出“否定之否定”的发展逻辑。同时他对《资本论》及其手稿之于马克思需要理论的文本价值进行了强调，认为是马克思系统研究人的需要的典型著作，也正是在《资本论》及其手稿的文本中，马克思全面揭示了需要的异化与需要的解放问题④。无独有偶，刘新娜以文本呈现的历史逻辑，结合文本的阶段性划分，也把马克思需要理论的发展划分为三个阶段。她划分的三个阶段分别为：马克思需要理论的形成期、马克思需要理论的发展期和马克思需要理论的成熟期。在马克思需要理论的形成期，主要文本是巴黎手稿。在发展期，主要文本是《德意志意识形态》。在成熟期，主要文本是《政治经济学批判》《资本论》。在她看来，这三个阶段在历史逻辑上是前后衔接的，在研究深度上是逐渐深入的，在理论内容上是不断丰富的⑤。

除了对马克思的需要理论进行分阶段研究以外，还有不少人从文本逻辑上，梳理和考证了马克思第一次正式提出需要问题的具体文本、马克思需要理论彻底成熟的标志性文本。比如孙承叔等人认为，马克思终

① 周为群，于德惠．社会需要与价值决定．中国社会科学，1984（2）：103－107.

② 倪学鑫．价值决定的实质、形式和机制．中国社会科学，1984（2）：107－110，103.

③ 许精德．价值只能由第一种含义的社会必要劳动时间决定．中国社会科学，1984（2）：110－113，103.

④ 赵伟．马克思人的需要理论的发生学逻辑探析及中国化启示．北京青年政治学院学报，2011（4）：71－78，102.

⑤ 刘新娜．马克思主义需要理论及其当代价值．昆明：云南师范大学，2009.

其一生都十分关注人的需要问题。他们基于对马克思的需要范畴的理解和考证，认为自《克罗茨纳赫笔记》到《资本论》及其手稿，马克思的所有文本都论及过需要问题。虽然马克思在巴黎手稿中对需要问题做了专门性论述，但是孙承叔等人认为，马克思第一次正式提出需要范畴的著作是《德意志意识形态》[①]。无独有偶，学界有很多人也把《德意志意识形态》视为马克思第一次提出需要范畴的经典文本。上述对马克思需要理论的形成和发展的研究，均呈现出了一定的历史思维和文本逻辑。但出现的问题是，若要以历史和逻辑相统一的方法把握马克思需要理论的形成和发展阶段，那么马克思的早期文本也是绕不过去的重要文献。因为无论是在《莱茵报》时期还是在《德法年鉴》时期，青年马克思的政论文章都对需要范畴做过直接性论述，所以笔者认为，应该回到这些具体的文本中，对其进行深入挖掘和系统性呈现。

（三）马克思需要理论的理论内容的研究

人的需要与人的发展、社会的发展紧密相关，因此学界以人的需要与人的发展、人的需要与社会的发展为主要内容对马克思的需要理论进行了系统性研究。在人的需要与人的发展的研究上，学界做了以下探讨：

唐凯麟首先探讨了人的需要与人的本质之间的关系——需要是人对对象物的价值关系反映。人对对象物有需要，正是体现了人能够根据自己的需要开展创造性的实践活动，这种对象性活动就是确证人的本质力量的劳动实践活动。在他看来，发展和丰富人的需要和发展人的本质是内在统一的，促进人的需要的丰富和发展，和促进人的发展一样，都是社会主义的内在目的[②]。徐建立从异化逻辑出发认为，异化需要的扬弃是实现人的自由全面发展的条件。资本主义制度之所以阻碍了人的自由全面发展，是因为在这种制度下不仅衍生出了劳动异化，还导致了人的需要的异化[③]。赵彩莉从“需要的二重性”（本真需要和异化需要）出发认为，需要对人的发展具有两面性。异化需要导致人的片面发展，本真需要促进人的自由全面发展。同时，赵彩莉认为人的发展质量和发展程度，反过来也会影响人的需要的满足质量和满足程度。所以人的需要

---

① 孙承叔，王东．马克思的需要范畴和当前的经济改革．江汉论坛，1985（2）：6－11.

② 唐凯麟．重读马克思：关于人的本质和人的需要的再认识．衡阳师范学院学报（社会科学），2000（2）：1－7.

③ 徐建立．人的需要及其发展．山东社会科学，2010（9）：20－23.

对人的发展也具有双重性功能[①]。黄欢结合异化劳动逻辑认为，“现实的人”的需要是马克思剖析资本逻辑下异化需要产生的逻辑起点。他结合资本逻辑下的异化劳动，剖析了在资本主义制度下人的需要异化与劳动异化的关系。他认为，劳动的异化是导致需要的异化的根本原因，因此要实现本真需要的满足，就必须创造满足本真需要的前提条件。他认为满足本真需要的合理条件有四个：发展生产力、消灭私有制、消灭分工、发动真正的共产主义运动。在这四个条件的基础上扬弃异化劳动和异化需要，才是最终实现人的自由解放与全面发展的正途[②]。对于异化劳动与异化需要的关系，李文阁、赵勇结合异化需要的表现和影响做了深入探讨。在他们看来，马克思从劳动异化着手，通过剖析劳动异化造成的人性的异化、需要的异化，揭示了这三种异化的内在联系。他们认为，需要的异化不仅导致人的需要的动物化，还在一定程度上出现了病态化、平面化和堕落化。与劳动异化相比，资本主义私有制是造成异化需要的根本性因素。因此，若要实现人的自由全面发展，就必须彻底消灭资本主义私有制[③]。

从以上几种观点来看，学界对人的需要的异化对人的自由全面发展的阻碍作用做了比较充分的探讨，但是对人的需要对人的自由全面发展的促进作用的机理性研究——比如对于人的需要为何能以及如何能促进人的自由全面发展的深度分析——还不够充分。毫无疑问，探讨人的需要与人的自由全面发展不可能越过社会发展，因为人的需要不仅关涉人的发展，而且与社会的发展紧密相关。基于人的需要之于社会发展的重要性，学界从以下几个方面对人的需要与社会发展做了关联性研究。温皓从人的需要对社会发展的正反作用出发，探讨了二者之间的关系。他认为，人的需要与社会的发展是统一的，但又处在永恒的悖论中。在他看来，人的需要与社会发展具有“正负”效应。合理的需要促进社会的发展，失衡的需要制约社会的发展[④]。邱耕田等人从“两个尺度”（外在尺度和内在尺度）视角对人的需要与人的发展做了深入探讨。外在尺

① 赵彩莉．论人的需要与人的发展．石家庄：河北师范大学，2013.

② 黄欢．马克思的需要合理性思想研究．南宁：广西大学，2016.

③ 李文阁，赵勇．需要的平面化及其消除：马克思关于需要异化的理论．求是学刊，1998（2）：14－19.

④ 温皓．论人的需要与社会发展的统一性．长春：吉林大学，2013.

度就是社会发展对人的需要的满足尺度。内在尺度是指人们按照美的规律从事创造性活动的尺度。外在尺度具有满足物质需要的合目的性，这种尺度受到外在客观条件的制约和影响。而内在尺度具有“无目的的合目的性”，这是一种在物质需要的基础上实现的追求“自由愉悦”的超越性需要。在这两个尺度上，邱耕田等人认为外在尺度由于总是受客观必然性制约，总是使人在实现自由全面发展的过程中仅能达到有限的目的，而内在尺度更能体现人的自由全面发展的超越性①。从上述学者针对人的需要与人的发展、社会的发展的研究来看，人的需要问题确实是一个十分重要的基本问题。正是由于这种重要性，才有必要站在马克思的立场上，立足马克思的经典文本，系统性地研究马克思需要理论的发展历程、理论逻辑和学术价值。

除了对人的需要与人的发展，以及人的需要与社会的发展进行研究，学界还有人把马克思需要理论的内在逻辑、需要的结构体系等作为重要内容来研究。比如在马克思需要理论的内在逻辑上，朱志勇认为，马克思以实然性和应然性相结合的方法论，结合工人阶级的生存和发展，在其需要理论中深入探讨了需要的异化成因、异化需要的表现和危害、异化需要的扬弃等问题②。在关于需要的结构体系的研究上，主要有以下几个方面：陈志尚等人认为，需要具有复杂的层级结构，是一个系统性存在。在他们看来，历史唯物主义的世界观和方法论是理解需要范畴、需要的性质、需要的层级的根本观点。基于对人类社会发展的历史和现实的考察，他们把人的需要分为六种基本需要③。王伟光以唯物史观的历史视野，把需要划分为自然性需要和社会性需要、个别性需要和群体性需要、特殊性需要和普遍性需要、物质性需要和精神性需要等。他认为这些需要组成了一个复杂的“需要体系”，并随着人类社会发展呈现出不同的形式和内容④。陈志尚、张维祥认为人的需要是一个系统，具有复杂的结构体系。他们结合人的需要的发生学原因、人的需要的主体阐释、人的需要的性质剖析，对人的需要进行了结构性和体系

---

① 邱耕田，张荣洁．关于发展学研究的美学沉思．哲学研究，2003（10）：89－92.

② 朱志勇．“人的需要”与需要异化：马克思《巴黎手稿》需要理论探析．河北学刊，2008（6）：29－33.

③ 陈志尚，张维祥．关于人的需要的几个问题．人文杂志，1998（1）：20－26.

④ 王伟光．需要的类别和体系．北京社会科学，2000（4）：19－24.

化研究。

（四）马克思需要理论的价值研究

在马克思需要理论的价值研究上，学界主要是以学理价值为视角深入探讨的。符戈等人认为不应局限于马克思需要理论的某一个方面的学理价值，而是要突出强调马克思需要理论在马克思的理论体系中具有十分重要的意义。在他们看来，不管是在唯物史观的形成和阐发上，还是在唯物史观的运用和丰富发展上，马克思需要理论都具有重要的学理价值。长久以来，学界对其重要理论价值没有给予足够的重视，相关的研究也十分有限。他们强调，人的需要问题牵涉社会主义革命建设的根本目的，应该给予马克思需要理论应有的理论地位，让其在满足人民群众需要的过程中发挥应有的理论效应①。裴德海结合马克思主义的学理性研究，同样对马克思的需要理论给予了高度重视，他甚至认为，马克思的需要理论就是整个马克思学说体系的“一块基石”，因为它不仅关系到马克思论述和阐释唯物史观的历史起点问题，还关涉人的本性、人的生存和人的发展问题。马克思正是基于人的本性需要，才建构出了一整套的需要理论框架。在他看来，马克思的需要理论对理解唯物史观的发展进程、价值维度，以及人的自由全面发展都具有重要的学理价值②。王全宇也认为，人的需要问题不仅是马克思分析和解读各种社会现象的出发点，而且是探讨人的生存和发展问题的出发点③。从以上既有研究来看，在马克思需要理论的价值研究上，学界对马克思需要理论之于唯物史观的理论价值研究比较深入，探讨得也比较充分。但是马克思需要理论的学理性价值还体现在建构方法论上。比如：在关于马克思的需要理论和唯物史观相结合论述的方法论研究上还不够深入；结合人的需要阐释历史唯物主义的起点的研究深度还不够；以马克思的文本的历史逻辑为依托，在具体文本中把握马克思需要理论的历史与逻辑的学理性研究还比较薄弱。

总的来说，改革开放以来国内学界对马克思需要理论的研究已有不

---

① 符戈，曾秀珍．学习马克思手稿中的需要理论札记．福建师范大学学报（哲学社会科学版），1986（3）：21－26，38.

② 裴德海．马克思“需要理论”的价值向度．安徽大学学报（哲学社会科学版），2009，33（1）：1－5.

③ 王全宇．人的需要即人的本性：从马克思的需要理论说起．中国人民大学学报，2003（5）：30－35.

少。这说明随着思想的进一步解放，学界以往对于人的需要的忽视开始出现了反转。从以上马克思需要理论的相关性研究成果来看，国内学界对马克思需要理论的相关范畴、发展历程和基本内容的研究已有不少。客观来说，他们的研究成果对后人继续深化研究将起到一定的参考作用。然而，通过相关学术梳理我们也发现，学界既有研究成果中，还明显存在一些薄弱环节。比如：其一，对马克思需要理论的文献学研究还不多，对文本的深度挖掘性研究还不够。事实上，没有各个时期马克思具体文本文献的论述支撑，想要完整地再现马克思需要理论的形成和发展逻辑是不可能的。其二，对马克思需要理论的建构途径、建构方法、理论特点以及方法论启示等方面的深度研究还比较薄弱。深度研究意味着要突破马克思的需要理论的梳理式、总结式和阐释性的研究，从更深的方法论（建构方法论、方法论启示）层面进行深化研究。其三，关于马克思需要理论中国化的研究还很有限。事实上，自新中国成立以来，马克思需要理论就是中国共产党以人民的需要为关照点解决社会主要矛盾问题的一个重要学理依据。但是很明显，学界对马克思需要理论的中国化历程、历史性成就的研究还几乎没有。其四，任何理论都应随着时代课题的发展而不断丰富和发展。马克思的需要理论不仅对解决时代的国内问题，而且对解决时代的全球问题，都具有重大的理论价值。因此，我们还需要在不断回应重大时代问题的过程中深化对马克思需要理论的当代性研究。

三、国外学界对马克思需要理论的研究进展

国外对马克思需要理论的研究，无论是在研究人员数量和学者阵容上，还是在思想流派的影响力上，都远远强于国内。马克思需要理论自诞生以来，在国外思想界尤其是左派知识分子之间形成了强大的思想效应。在他们中间，有人从不同立场对马克思需要理论进行了诘难和批评，有人依靠自己理解对马克思需要理论做了“修补”和“重释”，也有人借鉴马克思需要理论创造了自己的需要思想，还有人受到马克思需要理论的启发对他们所处时代的社会进行了深入反思。综合来看，主要有以下视角和观点：

（一）罗素的“欲望说”及其对历史唯物主义的诘难

分析哲学思想家伯特兰·阿瑟·威廉·罗素（Bertrand Arthur

William Russell）从人性论出发以“欲望说”来诘难和质疑历史唯物主义，他认为人的一切政治行为都是由人的欲望促成的。他把人的欲望分成四种：对财产的欲望、对荣誉的欲望、对胜利的欲望、对权力的欲望。他认为，这四种源于人的本能的欲望，才是一切政治行为的最初原动力。在他看来，历史唯物主义仅仅是经济因素（对财产的欲望）这一单方面因素促成的，与巴克尔的气候决定论和弗洛伊德的性决定论一样，即便哲学意义上的唯物主义是正确的，但这种“唯物主义历史观”仍然可能是错误的。如他所说，历史唯物主义的“失误”之处就在于：“历史的唯物主义观念却得出了这样的假定：每一个有政治意识的人都是由一种单一的欲望——力图增加他所占有的物品的欲望所支配……这种假定离实际的情形太远了!”[①] 在罗素看来，历史唯物主义的经济因素是教条式的理解，哲学的唯物主义忽视了人的心理因素在社会发展中的历史作用，而且不能证明“经济因素”对政治的影响是根本性和决定性的。

（二）弗洛姆的需要理论与幸福生活的实现

弗里德里希·弗洛姆（Friedrich Fromm）把马克思主义和弗洛伊德主义结合起来，从人本主义心理学视角把人的需要分为五种：联系的需要、超越的需要、寻根的需要、认同的需要、定向的需要。在他看来，追求整体性需要才能确证人的健全性，片面性需要是资本主义制度下人的生存异化的体现[②]。弗洛姆反对一些人把马克思的需要理论解读为“物质主义”的需要理论，他认为物质主义的需要是贪婪的资本主义消费异化的促因，这种无止境的物质需要势必会带来生态的恶化，所以弗洛姆认为要消除这种异化，就必须对资本主义下的政治、经济、文化展开批判，以求从根源上消除消费异化的土壤。在他看来，只有这样，才能“使人在精神上得到解放，使人摆脱经济决定论的枷锁，使人的完整的人性得到恢复，使人与其伙伴们以及与自然界处于统一而且和谐的关系之中”[③]。弗洛姆把批判物质主义的异化需要和幸福生活联系起来，认为人的异化的消费需要是一种“物化”需要，并不会带来幸福，原因

① 罗素．布尔什维克的实践和理论．伦敦：乔治·艾伦与昂温出版有限公司，1954：87.

② 弗洛姆．弗洛姆文集．北京：改革出版社，1997：1-15.

③ 复旦大学哲学系现代西方哲学研究室．西方学者论《1844年经济学—哲学手稿》．上海：复旦大学出版社，1983：22.

就在于这种异化需要偏离了人的真实需要，使人成了消费的奴隶。实现人的自由全面发展就必须满足人的真实需要，人的自由解放就是对虚假需要的解脱和超越。

（三）马斯洛的需要理论及其人本主义色彩

西方著名的人本主义心理学家亚伯拉罕·哈罗德·马斯洛（Abraham Harold Maslow）从心理学视角对人的需要做了系统性研究。受美国当代物质主义、享乐主义和个人主义的影响和启发，马斯洛提出了著名的需要层次理论。在他看来，作为生物的人与神不一样，生物是有需要的，神没有需要。他认为人的需要有低级需要和高级需要之分。为此，他把人的需要分为生理需要、安全需要、归属与爱的需要、尊重的需要、自我实现的需要五个等级。他认为人的需要是从低级向高级不断发展的，只有在较低级的需要得到满足之后，较高级的需要才能成为追求的目标。马斯洛的需要层次理论有着深刻的人本主义色彩，在学界影响很大，很多后继者得益于他的启发，阐述了自己的需要理论。马斯洛的需要层次理论对解释美国资本主义社会里人的需要具有一定的科学性，但是由于其构建需要层次理论的历史观和方法论与历史唯物主义有着很大差异，我们需要区别分析。

（四）赫勒的激进哲学及其“激进需要”

东欧布达佩斯学派代表人物阿格妮丝·赫勒（Agnes Heller）是研究马克思需要理论的重要奠基人。在她的《马克思的需要理论》、《激进哲学》和《对需要的专政》（与人合著）中，赫勒一反苏联从宏大政策叙事出发，以日常生活中人的需要为批判的出发点，对马克思的需要理论进行了重新理解和阐释。赫勒认为，“需要的异化问题是马克思对需要的哲学分析的中心”①。赫勒以激进需要革命理论为主要内容，从微观视角对人的本能、本性、需要、道德做了深入研究。为了实现激进需要的革命，她提出了要通过激进哲学对资本主义社会中出现的“异化的需要”以及对苏联模式进行总体性批判，以实现理性的激进的需要的乌托邦和走向“自由人联合体”。赫勒认为马克思的“自由人联合体”“表现出了最美丽的对成熟人性的渴望，一种属于我们存在的渴望”②。在

① HELLER A. The theory of need in Marx. New York：ST. Martin's Press，1976：44.

② HELLER A，FEHERE F. The grandeur and twilight of radical universalism. New Jersey：Transaction Publishers，1991：96.

她看来，“自由人联合体”是可以满足“激进需要”的新的需要结构的社会，在这种新社会中，劳动成了需要的主角。赫勒对马克思需要理论的研究贯穿着对资本主义异化需要的批判精神，为西方左翼理论和实践提供了丰富的思想来源。但是她对马克思需要理论进行了激进化解读，而不是从资本主义的内在发展角度阐释和论证的，把革命的动力寄托于人的需要上，使马克思的需要理论蒙上了浓重的“左”倾人本主义和乌托邦色彩。

（五）萨特的需要理论及其需要类型说

存在主义马克思主义代表人物让·保罗·萨特（Jean Paul Sartre）作为研究需要理论的思想家常被忽略，事实上需要和匮乏构成了萨特晚年思想的核心范畴。萨特把需要理解为人的内在规定性，萨特说，“需要就是生存于人的内在性之中的匮乏”①。在《辩证理性批判》中，他把需要理解为人的生存境况的基本因素和人与环境联系的中介，是人对其生存和发展条件的依赖性，因为人有需要才构成了实践的根据和动力，才使人的存在和自然物具备了意义。萨特认为，如果没有需要，人就没有了行动的梦想和前进的动力，所以需要是人的存在意义和价值的源泉以及社会发展的起点和动因。萨特对人的需要的划分不同于其他思想家，他把需要分为五种：对物质的需要，对文化的需要，对自由的需要，对他人的爱的需要，对成为“完善的人”的需要。在萨特看来，这五种需要又可以归为两种类型，即人类增殖而造成的对物的日益增长的需要和要求提高生活质量的需要。萨特把需要当作真正的人道主义的起点，他认为，“一切事物都可以通过需要来解释”②。在他看来，需要不仅是集体、集团、社会结构的产生根源，还是阶级和道德的产生基础。总的来说，萨特对马克思的需要理论做了极大丰富和发展，尤其是他把需要引入伦理学，对马克思的需要理论做了创造性发展。但是需要注意的是，他的需要理论与马克思的需要理论也有诸多不同之处，比如在普遍性需要上，在对个人需要的重视程度上，以及在对需要的历史和历史的需要的不同把握上，都存在着明显差异。萨特的需要理论带有浓厚的自由主义和相对主义色彩。

---

① SCHILPP P A. The philosophy of Jean-Paul-Sartre. Lasalle，Illinois：Open Court，1981：31.

② 萨特．辩证理性批判：上．合肥：安徽文艺出版社，1998：216.

（六）鲍德里亚的消费社会理论及其缺陷

需要是让·鲍德里亚（Jean Baudrillard）消费社会理论的一个重要范畴。在其消费社会理论里，鲍德里亚认为，现代资本主义社会的一大特征就是消费主义横行，消费主义和技术主义的合流，塑造了与之相适应的消费需要的文化意识形态，使人们的消费需要从对物的需要变为对符号的需要，在符号的支配下，人的主体意识和需要被大众媒体所驯化，致使人的具体的真实需要被符号所掩盖。如他所说，“砸烂这个算不上猥亵，但算得上物品丰盛的，并由大众传媒尤其是电视竭力支撑着的恶魔般的世界，这个时时威胁着我们每一位的世界”①。鲍德里亚在其《消费社会》中，对当代资本主义通过符号宣传来强化人们的虚假需要进行了尖锐批判。他以符号学为批判切入点，从物的批判转向了符号批判，对当代资本主义消费异化带来的精神生态问题进行了深入剖析，为我们批判当代资本主义社会的异化消费打开了一扇窗。作为后现代主义理论家，鲍德里亚能够洞穿当代资本主义社会下人们消费的虚假繁荣，并提出了他的独到理论见解，其目光无疑是敏锐的。然而，由于受到后现代主义一贯注重上层建筑的文化批判的影响，鲍德里亚对马克思的生产理论进行了抨击，认为对生产社会和消费社会做出明确区分是必要的。这使他在批判异化消费时严重脱离了社会现实矛盾，不自觉地陷入了生产-消费的断裂鸿沟，走向了“符号决定论”的理论歧途。

（七）马尔库塞的需要理论与人的单向度批判

赫伯特·马尔库塞（Herbert Marcuse）在《单向度的人》中，受到马克思的异化需要理论的启示，把人的需要划分为“虚假需要”和“真实需要”。他认为正是由于“虚假需要”的出现和存在，人的“真实需要”才被遮蔽和弱化。他指出，虽然现代资本主义使人们的物质生活需要越来越丰富，但是这些需要并不是人们的本真性需要，而是受资本主义意识形态主导的，“从外面强加于人的‘虚假需要’”②。在马尔库塞看来，人的真实需要是出自人的本性的自主需要，而虚假需要则是人们滥用物质和知识资源制造出来的需要。马尔库塞对虚假需要深恶痛绝。他指出了虚假需要的极大危害性，在人的存在和发展上，虚假需要使人受制于社会，使人成为受压抑和摧残的单向度的人。在政治领域，

① 鲍德里亚．消费社会．南京：南京大学出版社，2014：1.

② 马尔库塞．单向度的人．上海：上海译文出版社，2008：6.

虚假需要使政治派别单一化、同质化，民众被限制在“形形色色的官僚制度上”。在思想领域的单向度倾向，让人们建立了一种“单向度的思想和行为模式”[①]。在社会领域，单向度使现代资本主义社会严重病态化。马尔库塞认为在现代资本主义制度下，被奴役者由于自己的虚假需要在被历史性地满足，于是他们开始变得觉悟不到自己的受奴役状态了。在对虚假需要的克服上，马尔库塞主张要以革命的形式来实现，但是这种革命并不是马克思意义上的无产阶级革命，而是“现代的乌托邦”革命。在他看来，革命既不是仅仅为了现有范围内的需要的满足，也不是仅仅为了提升需要的等次，而是为了要与这种范围决裂，是质的飞跃[②]。总体来看，马尔库塞的需要思想为批判现代资本主义异化需要现象提供了较为独特的理论切入点，但是他缺少了像马克思那样对现代资本主义社会现实的生产关系的深入研究，导致了他的需要思想在实践上的窘境——他的真实需要的满足与虚假需要的克服都难以实现。

（八）实用主义的社会历史发展“多元论”及其理论诘难

美国实用主义代表人以其“有用即真理，无用则谬误”的核心主张对马克思的唯物史观进行了抨击。实用主义极大推崇从功利主义出发的效果至上的原则。在约翰·杜威（John Dewey）看来，人对现实的解释，完全取决于现实对满足他的需要和利益有什么效果，一切要以满足需要和实现利益的效果、功用为标准。杜威反对单一的决定论，主张多元论。杜威认为，马克思的历史唯物主义就是“经济决定论”。如他所说，不管人们怎么称谓它，“经济决定论现在是一个事实，而不是一种理论”[③]。除此之外，杜威还把马克思的社会发展“合力论”误解为“一元论”，提出了基于其实用主义主张的所谓社会历史发展的“多元论”。实用主义历史学家约翰·费斯克（John Fiske）更是认为，所谓历史就是人们根据自己的需要和方便而建构出来的历时性事件的偶然性堆积，并没有客观规律性和历史必然性。无独有偶，威廉·詹姆斯（William James）在其《信仰的意志》中也旗帜鲜明地反对机械论的历史观，拒绝历史的客观必然性和规律性。实用主义以效用解释一切，不可

① 马尔库塞．单向度的人．上海：上海译文出版社，1989：5.

② MARCUSE H. Studies in critical philosophy. Boston：Beacon Press，1973：16－17.

③ DEWEY J. Individualism old and new. New York：Minton，Balch&Company，1930：119.

避免地陷入了过程与结果、存在的价值与最终目的利益的悖论。

（九）莱博维奇的需要决定论及其理论责难

加拿大西蒙菲沙大学名誉教授迈克尔·A. 莱博维奇（Michael A. Lebowitz）是针对马克思《资本论》研究的一个重要人物。莱博维奇对马克思的生产力决定论提出了尖锐批评。在莱博维奇看来，马克思的生产力决定论存在三个难以克服的缺陷和三个理论盲点。在他看来，生产力决定论的缺陷在于它难以解释社会革命的必要性、阶级斗争的重要性和资本主义为什么最适合生产力的发展；生产力决定论的理论盲点在于它忽视了生产关系的重要性，忽视了人类和劳动者的作用。莱博维奇认为《资本论》在这些问题上的“失语”，是造成马克思主义理论缺陷的根源[①]。于是，莱博维奇立足于需要决定论完成了《超越〈资本论〉——马克思的工人阶级政治经济学》。在这本著作中，莱博维奇一反马克思从生产力和生产关系的矛盾揭示资本主义的缺陷，转而认为资本主义的缺陷和“随着社会发展而不断提高的人的需要的满足有关”[②]。莱博维奇认为，资本主义的灭亡不像马克思所论述的是因为生产力与生产关系产生了矛盾，而是因为它不能满足人的需要。莱博维奇的需要决定论以需要为切入点，对揭示资本主义的消亡给出了自己的独到解释，然而他从需要出发解读资本主义而不是从资本主义的运行规律出发去揭示资本主义的灭亡规律，这使他的理论染上了浓重的主观主义色彩。很显然，他最终没能完成对《资本论》的超越。

（十）多亚尔和高夫的需要结构模型论

英国新马克思主义学者莱恩·多亚尔（Len Doyal）和伊恩·高夫（Ian Gough）对人的物质生活需要做了深入的研究，并建构出了详细的结构模型。在《人的需要理论》一书中，莱恩·多亚尔和伊恩·高夫认为无论是在哪一种制度下，需要的满足的前提条件都是要有足够的需要的满足物。需要的满足物的数量、质量和结构是保证人的需要的满足水平的物质因素。除此以外，他们认为需要的满足物被用来满足需要的有效性，劳动和环境对需要的满足具有影响，资本财货、自然资源和人力资源的损耗/积累率等也是决定需要满足的重要因素[③]。莱恩·多亚尔

① LEBOWITZ M A. Beyond capital. New York：Palgrave Macmillam，2003：25.

② LEBOWITZ M A. Beyond capital. New York：Palgrave Macmillam，2003：163.

③ 多亚尔，高夫．人的需要理论．北京：商务印书馆，2008：296.

和伊恩·高夫在《人的需要理论》中提出了需要的“三元结构”理论模型。在他们看来，马克思的需要理论体现的就是一种“唯生产力论”。他们认为，马克思对“唯生产力论”的工具理性的过度强调，势必导致价值理性丧失，进而导致人类社会的生态危机①。

（十一）生态主义者杜宁的需要的限度理论

对于需要的有限性和无限性问题，环保主义者和生态主义者从伦理和经济的角度对需要进行了反思。美国的学者艾伦·杜宁（Alan Durning）在《多少算够——消费社会与地球的未来》一书中，对人的需要的有限性和无限性问题进行了重新认识，阐述了人的需要与自然的需要相和谐的重要性。最重要的理论依据是对需要的重新认识。在杜宁看来，需要的满足和消费的实现与个人幸福的联系并不大，人的需要更多并不意味着人生活得更幸福。他从营养学视角举例说明，正是现代人对需要和消费的过度富营养化追求，才使得一系列的富贵病（心脏病、脑血栓、胸癌、肠癌）等问题不断滋生。他号召人们要正视人的需要在社会中是有限的，要尊重自然，关爱地球，实现人与自然的和谐共生。他说，地球供养数十亿人，人类的能力取决于我们是否继续把消费等同于满足②。

（十二）美国新黑格尔主义的马克思主义关于马克思需要理论的研究

对于马克思的需要理论，美国新黑格尔主义的马克思主义代表人物伊恩·弗雷泽（Ian Fraser）在黑格尔和马克思对辩证法的不同理解的基础上，深入论述了二者在人的需要的问题上的不同理解。弗雷泽认为马克思“误解”了黑格尔的辩证法，黑格尔的辩证法并不像马克思所说的那样具有神秘性的外壳，而且黑格尔没有混淆所谓范畴的运动和现实的运动的关系，“所以不需要颠倒”③。在弗雷泽看来，由于黑格尔和马克思对辩证法的理解不同，他们的需要理论在各自理论中的地位也有差异。弗雷泽等人之所以对马克思的需要理论产生如此看法，是因为他们的新黑格尔主义的立场和方法。置新黑格尔主义的马克思主义对马克思本真的需要理论的误读于不顾，新黑格尔主义的马克思主义的理论弊端

① 侯耀文．马克思需要理论的建构序列及其当代性．教学与研究，2020（9）：44－54.

② 杜宁．多少算够：消费社会与地球的未来．长春：吉林人民出版社，1997.

③ FRASER I. Two of a kind：Hegel，Marx，dialectic and form. Capital & Class：Spring，1997：102.

和方法错误也是显而易见的。

（十三）西方左翼学者政治哲学中关于马克思需要理论的研究

怀特·斯图亚特（White Stuart）从政治哲学视角对马克思的需要、劳动、正义与平等做了深入探讨。在《需要、劳动与马克思的正义观》中，怀特·斯图亚特认为，以需要原则解释正义原则是马克思借由需要与劳动的关系来批判资本主义的剥削不正义的一个理论铺陈。他认为，“根据这一原则，个人都有平等的权利获得需求的满足”①。在怀特·斯图亚特看来，马克思在《哥达纲领批判》中论述共产主义社会时提出的“各尽所能，按需分配”就是对这一原则的表述，因而他认为“各尽所能，按需分配”就是马克思正义观的思想核心。而且在他看来，正是基于对这一原则的默认，马克思才实现了对资本家压迫工人、剥夺工人劳动产品的不正义现象进行了揭示和批判。无独有偶，戴维·米勒（David Miller）也以需要为切入点，把“各尽所能，按需分配”当作马克思正义观的思想核心。在《社会正义原则》中，他认为，“需要能够被当作是使得人们在他们的社会中过上一种最低限度是体面的生活的那些条件”②。在这一对需要的理解上，戴维·米勒的解释颇具独到性。他主要想通过吸收马克思和人本主义的需要思想和话语，对他自己的社会正义思想进行阐发，但是他在对马克思需要理论的深度挖掘上，做得还远远不够。英国安德鲁·奇蒂认为，马克思的需要理论是马克思的理论学说中的一个主题。他认为，马克思把人的需要区分为“虚假的需要”“真正的需要”“‘非人’的需要”，这说明马克思早期在论述他的思想时确实高度重视人的需要问题，马克思正是以需要为切入点论述了建立在资本主义剥削制度下的需要是不合理的。

（十四）罗萨的社会加速批判理论及其对美好生活的反思

德国耶拿大学的加速理论家哈特穆特·罗萨（Hartmut Rosa）对加速社会与人们对美好生活的需要做了系统性反思。在《新异化的诞生——社会加速批判理论大纲》中，罗萨对生活在加速社会里的人们“如何拥有一个美好生活”以及“如果我们的生活不美好，那么问题在哪里”③ 产生了疑问。在罗萨看来，人们对美好生活的需要之所以出现

① STUART W. Needs，labor，and Marx's conception of justice. Political Studies，1996：3.

② 米勒．社会正义原则．南京：江苏人民出版社，2001：234.

③ 罗萨．新异化的诞生：社会加速批判理论大纲．上海：上海人民出版社，2018：3.

了悖论性的一面，是因为现代社会科学技术的加速发展一方面给人们提供了丰富的自主性资源，另一方面也在“挤压着人们的生活时间”①，造成了新的异化的诞生。罗萨认为，现代社会的不断加速导致了“只重数量不重质量”的逻辑，这正是人们美好生活需要得不到满足的“罪魁祸首”。如他所说，现代社会不断加快的生活节奏，的确已经不再让人们觉得生活是一件美好的事②。罗萨明确反对传统上所认为的只要拥有足够多的资源就等于拥有了美好生活。相反，他认为这是一种“资源拜物教”。在他看来，拥有美好生活的关键在于人要学会在世界中生存，并获得世界的支持，而获得世界支持的方式就在于与世界建立和谐的“共鸣”（Resonanz）关系。所以罗萨认为，社会学也应该研究人与世界的关系③。

（十五）分析马克思主义者休斯的理论辩护

在生态环境危机愈发严重的 20 世纪，西方马克思主义的一些学者开始注重反思人的需要与自然环境的关系，这是有助于解决 20 世纪人类社会发展的阶段性问题的。但是生态马克思主义内部的不同学者对马克思持有不同态度，很多人对马克思进行批判和指责：有的是在没有读懂马克思的情况下误解马克思的，有的是戴着有色眼镜在主观上否定马克思的，有的是主张辩证看待马克思的。针对绿色环保主义和生态马克思主义一些学者对马克思的指责和攻击，以乔纳森·休斯（Jonathan Hughes）为代表的生态马克思主义学者，给予了理论回应和辩护，尤其是他从马克思的需要理论维度为马克思辩护的尝试和努力，在捍卫马克思上取得了较好的理论效应。休斯认为马克思并不主张为了需要而置环境压力于不顾，“马克思希望看到的社会是每个人的需要的满足程度应符合人类生存的真实需要”④。休斯等人对马克思需要理论的创造性解释和有针对性的辩护，对捍卫马克思做出了积极贡献。

通过对以上研究的梳理，我们不难发现，国外关于马克思需要理论的研究主要有四个重要方面。其一，来自马克思的论敌。他们有的借由对马克思需要理论的批判来否定马克思主义，有的试图通过对马克思需

---

① 罗萨．新异化的诞生：社会加速批判理论大纲．上海：上海人民出版社，2018：3.

② 罗萨．新异化的诞生：社会加速批判理论大纲．上海：上海人民出版社，2018：4.

③ ROSA H. Resonanz：Eine Soziologie der Weltbeaiehung. Berlin：Suhrkamp，2016：20.

④ 休斯．生态与历史唯物主义．南京：江苏人民出版社，2011：230.

要理论的建构方法、理论结构和理论瑕疵进行放大，进而否定马克思的需要理论甚至整个马克思主义的理论基础。这一研究者群体主要集中在西方资本主义国家。其二，来自西方马克思主义流派的学者。在这一流派中，有人以马克思主义的基本立场，延续马克思对资本主义的批判精神，对当代资本主义国家的资本逻辑和异化需要展开批判。其三，来自坚定而正统的马克思主义学者。这些学者坚持站在马克思主义的基本立场，根据马克思需要理论的原意对其进行理论辩护。其四，来自社会主义国家阵营。他们对马克思需要理论进行了创造性运用和创新发展。通过上述介绍我们可以发现，虽然马克思的需要理论在国外思想界产生了重大影响，但从他们争论的主题、研究成果和研究水平、存在的问题来看，马克思的需要理论仍有巨大的研究空间。

四、本书的研究方法、创新点、理论价值与现实意义

（一）本书的研究方法

第一，文献研究法。本书的第一和第二部分在论述马克思需要理论的思想来源、发展历程、核心内容、建构逻辑和方法论特点时，紧紧依照马克思本人的文本书献进行本原性探索，深入挖掘马克思各个时期的文本论著，为研究找到可靠的文献基础。然后在严格遵从“论从史出、论由本撑”的基本方法下，对马克思需要理论的具体问题进行细致论析。

第二，发生学方法。马克思需要理论的形成历史与马克思以思维的方式把握历史发展过程的理论逻辑是内在统一的。按照逻辑与历史相统一的方法，以发生学逻辑来整理马克思不同时期的文本著作及其所蕴藏的关于需要的理论发展逻辑是本研究在对马克思需要理论的思想来源、发展历程、核心内容、建构逻辑等内容进行研究时所用的基本方法。该研究方法不仅有助于阐释马克思需要理论思想谱系的逻辑演进路线，以及不同时期思想之间的内在联系，而且有助于实现对马克思需要理论的理论逻辑和发展历史进行学理性、创新性研究探索。

第三，对比分析法。本书在研究范式和方法上不仅在纵向上坚持了逻辑和历史相统一的方法论，而且在横向对比上，突出了马克思需要理论与西方思想家需要理论的对比，以及不同学者不同观点的对比。尤其是在研究马克思同马克思论敌、西方马克思主义思想家等的思想理论差异上，该方法为主要研究方法。

第四，理论联系实际方法。理论是否联系实际、能否联系实际，不仅是优良学风问题，还是马克思主义学者的学术素养问题。本研究试图运用理论联系实际方法，将马克思需要理论的基本观点、原则和方法论启示，运用到当代世界发展现实和新时代我国社会主要矛盾转化的境遇中去，以求让其发挥理论的建设性力量。

第五，跨学科研究方法。本书除了运用文献研究法、发生学方法、对比分析法和理论联系实际方法等外，还综合运用跨学科（马克思主义哲学、政治学、政治哲学、伦理学、美学等）研究方法，对马克思需要理论进行了多维度思考，跨越了以往对马克思需要理论分门别类式的研究方式，实现了对马克思需要理论的整合性研究。

（二）本书的创新点

第一，内容创新。在研究内容创新上，通过对马克思各个时期文本的梳理，着重研究了马克思需要理论内在的理论逻辑和方法论原则，取得了更具学理性的研究成果；通过与西方思想家需要理论的对比研究，对马克思需要理论的科学性和优越性进行深入论释，并得出正本清源的系统性见解，厘清各种对马克思需要理论的误解；在面对现实问题上，以问题为导向，既注重马克思需要理论切进新时代中国发展现实研究，也注重与21世纪人类社会发展变局的关联性研究。

第二，方法创新。在研究方法创新上，本书以跨学科研究方法的普遍联系观点实现对以往的单一性研究方法的突破，既注重历时性研究，也注重共时性研究；既突出分门别类性，也兼顾运用多学科的理论、方法和成果，从整体上对该课题进行综合的交叉性研究。

（三）本书的理论价值

马克思的需要理论是科学的需要观和方法论，是马克思主义哲学的重要组成部分，具有鲜明的当代性，因而是深入解码当今时代问题的理论利器。马克思的需要理论距离我们不仅并不遥远，反而更贴合我们这个时代。从这个意义上来说，本书具有重要理论价值。

其一，有助于深化对马克思需要理论的系统性认识。马克思需要理论在马克思的学说体系里具有十分重要的奠基作用。马克思的需要理论与唯物史观的建构、唯物史观的运用和验证以及唯物史观的丰富和发展有着内在的理论联系。就目前学界研究来看，在有关马克思需要理论的基础性问题上依然存在着不少误解和争论。正是着眼于此，本书意在通过对马克思早期、青年时期、成熟时期以及晚期文本著作的全面梳理，对马克思需要理论的思想来源、发展历程、核心内容、建构逻辑和方法论，形成较为整全、系统的研究成果，以求对学界争论的一些基础性问题给予较为成熟且具有学术深度的回应。

其二，有助于破除对马克思需要理论的种种片面认识和理论曲解。马克思需要理论不仅受到西方一些思想家的直接理论责难，还经历了来自西方马克思主义的理论“重构”和诘难。有人从根本上对马克思需要理论进行责难和颠覆，有人以重构和修正的视角试图对马克思需要理论进行重建，这对马克思需要理论造成了很大的负面影响。正是基于此，本书意欲通过对马克思需要理论的思想史价值的挖掘，深入研究西方一些思想家的理论责难和质疑的限度和实质，以及西方马克思主义重建的有益尝试和理论缺陷，进而以成熟马克思的立场对其需要理论体系进行话语辩护，为当代人学研究提供些许学理资源。

其三，有助于对人类发展的现代性问题进行深刻反思。现代技术的发展和生产力的不断进步，在为满足人类需要提供诸多便利的同时，也给人们带来了现代性的恶果。生态环境问题、粮食安全问题、流行疾病问题、生物多样性危机问题等不断地涌现出来。这些问题的出现，为21世纪的人类社会发展注入了新的发展风险。这就要求我们，必须以一种虔诚的态度来反思人类自身的需要问题，比如在什么样的需要才是人类应当需要的、什么样的需要才是美好的、如何满足人类的合理需要等问题上必须进行理性的反思和实践上的作为。正是基于此，本书意欲结合当今世界人类社会的发展困境、当代中国社会主要矛盾变迁和新时代人民群众的美好生活需要，从学理上对西方现代性的需要困境与合理需要塑造、中国特色现代性与需要的历史变迁、面向新时代美好生活的需要哲学等议题进行深切反思，并在实践上对上述问题给予建设性见解，进而展现马克思需要理论的真理价值和当代生命力。

其四，有助于运用马克思需要理论反思当今中国问题。新时代社会主要矛盾的转化和美好生活需要的提出，不仅反映了人民物质文化生活水平的提高，体现了对新时代实现社会发展的新期待，而且对新时代各项工作提出了新要求和新任务。总的来说，近几年围绕美好生活需要的学术研究和探索，取得了相当可观的研究成果，但还明显存在研究不够深、文本依据找寻不够丰富、研究范式不够新颖、研究成果不够系统等一些亟待我们做出更多努力的薄弱环节。然而对这些问题的深入回答，却是新时代运用马克思需要理论解决我国社会发展矛盾问题的基本前提。

（四）本书的现实意义

马克思的需要理论无论对解码新时代中国社会主要矛盾的转化，还是对后疫情时代人类需要价值观的整合和重塑，都具有强大的现实价值。

其一，从中国视野来看，以马克思需要理论来分析和解决新时代中国社会主要矛盾的转化，为应对新时代我国经济社会发展的突出矛盾和问题提供了新的思路。基于此，本书将在前人研究的基础上，结合马克思需要理论发展的新时代境遇，通过系统化研究马克思需要理论的基础理论，以期从学术理论和具体实践上对如何理解新时代中国社会主要矛盾的转化以及如何满足和实现人民对美好生活的需要，给出一些理论参考和方法论启示。

其二，从全球视野来看，人类的需要面临着前所未有的危机。正是人类对需要的理解不够深入，才使得生态环境问题、流行病毒肆虐问题不断对人类社会发展造成冲击。尤其是新冠疫情，再次激起了人们对人类“合理需要”的反思。比如在如何为人类的需要立法、什么样的需要在全球视野内是正义的、如何满足人类的共同需要问题上，我们必须以一种人类视野进行反省和思考。正是基于人类社会的需要危机和需要困境，本书试图结合马克思需要理论对异化需要和虚假需要的批判，以及对建立合理需要的现代性反思，在实践层面对当今人类需要的具体问题给予中国特色的建设性参考。

第一章　马克思需要理论的文本逻辑

从对马克思需要理论的文本史考察来看，从《莱茵报》时期一直到马克思晚年时期，马克思需要理论在不同的时期有着不同的理论任务和理论诉求。但总的来看，遵循着这样一个内在逻辑：在《莱茵报》时期，马克思从贫苦阶级的生活现实出发，在《关于林木盗窃法的辩论》中，提出了贫苦阶级也“有满足自己正当欲望的需要”的主张。但是贫苦阶级的需要不仅得不到满足，反而被统治阶级僭越和褫夺。于是马克思决定要为贫苦阶级的利益和需要发声，他认为要保障贫苦阶级的需要，就必须有为贫苦阶级的利益和需要发声的“自由报刊”。基于此，《摩泽尔记者的辩护》提出了贫苦阶级对“自由报刊的需要”。为了维护贫苦阶级的利益和需要，在《评奥格斯堡〈总汇报〉》中，马克思提出了通过自由报刊来实现“需要的斗争”向“理论的斗争”转变的口号。在《德法年鉴》时期，马克思发现要维护人民群众的利益和需要，不仅要通过“理论的斗争”，而且要进行“革命的斗争”。马克思因此开启了把人的需要、解放与革命相结合的具体斗争之路。在《论犹太人问题》和《〈黑格尔法哲学批判〉导言》中，马克思结合人的自由解放，把批判矛头直接指向了社会制度，不仅批判了资产阶级的“利己主义需要”，还论证了无产阶级的“需要的革命”和“革命的需要”。在此基础上，马克思进而指出了要通过彻底的革命手段来实现无产阶级“需要的革命”。为了深入论证无产阶级的需要的合理性和揭示资本主义制度下无产阶级的需要的现实状况，马克思对资本主义制度下无产阶级的需要进行了多方面的考察。马克思对人的需要进行了肯定，但是现实中，资本主义制度下无产阶级的需要却被严重异化了，马克思认为要消除异化需要，就必须铲除产生异化需要的制度土壤，即通过无产阶级革命途径消灭私有制，实现共产主义。但是在通过革命的手段实现“需要的革命”这一问题上，反对声音一直存在。于是马克思为了论证无产阶级革命的必要性和合理性，在《神圣家族》中指出，人的需要和利益对社会革命具有巨大的推动作用，认为人的现实利益和需要就是“革命热情之花”。马克思指出，历史不过是追求着自己目的的人的活动而已，而物质利益和现实需要的满足就是这一目的所在。但是在实现革命的方式上，马克思在《德意志意识形态》中对“意识的空话”和“真正的社会主义”进行了批判，他认为“意识的空话”不能代替“革命的暴力斗争”，“真正的社会主义”也不能代表无产阶级的实际需要。虽然蒲鲁东一再强调要通过改良主义手段实现社会的公平分配，但这在马克思看来是不现实的。所以在《哲学的贫困》中，马克思不仅批判了蒲鲁东的“反对革命论”和“社会改良论”，而且对消灭资本主义制度的革命论进行了辩护。在完成革命的论证之后，马克思、恩格斯在《共产党宣言》中为无产阶级的需要发出了革命最强音，指出了资本主义是导致无产阶级受剥削压迫的制度根源，只有共产主义才始终代表着无产阶级的利益和需要，要实现共产主义的需要愿景，就必须向资本主义制度发起无情的革命斗争。为了深入揭示和论证资本主义如何剥削无产阶级，马克思在《资本论》及其相关手稿中，对资本逻辑和异化需要进行了深入研究。马克思发现了资本主义制度下资本增殖的需要与无产阶级的需要的二律背反，指出若要实现和保障无产阶级的利益和需要，就必须通过共产主义革命对资本逻辑和异化需要进行批判和扬弃。只有这样，才能走向《哥达纲领批判》中所描述的“按需分配”理想。所以，从以上阶段性历史文本的理论主题和理论任务来看，马克思的需要理论并不是像一些论者所说的有多个发展阶段，相反，马克思的需要理论从《关于林木盗窃法的辩论》发现贫苦阶级的需要开始，一直到《哥达纲领批判》走向“按需分配”理想，它们之间环环相扣，压茬论证，一直都处在形成过程中。

第一节 《莱茵报》时期贫苦阶级需要的发现与辩护

《莱茵报》时期不仅是马克思关注贫苦阶级的现实需要问题的起点，也是其关注利益问题和经济因素、解剖现实问题的尝试时期。在这一时期，马克思认识到贫苦阶级的合理需要和物质利益得不到保证，开始从现实出发考察造成这种状况的国家和社会根源。对此，马克思本人有过总结回顾，在1842—1843年期间，他作为《莱茵报》的编辑，第一次遇到要对所谓物质利益发表意见的难事。当时的莱茵省议会针对林木盗窃、地产析分等事关贫困人民生活需要的问题，以及自由贸易和保护关税问题进行了讨论，引发了代表官方利益的冯·沙培尔总督和代表贫困人民利益的《莱茵报》之间的辩论。马克思坦陈，就是对这些问题的辩论促使他开始着手研究经济问题。“在善良的‘前进’愿望大大超过实际知识的当时，在《莱茵报》上可以听到法国社会主义和共产主义的带着微弱哲学色彩的回声。”① 对此恩格斯也有过确证，马克思不止一次地对他说过：“正是他对林木盗窃法和摩泽尔河沿岸地区农民状况的研究，推动他由纯政治转向经济关系，并从而走向社会主义。”② 所以从马克思的回忆和恩格斯的确证来看，《莱茵报》时期无论在马克思的需要理论形成和发展史上，还是在马克思的整个学说史上，都具有十分重要的始源性意义。自《莱茵报》时期开始，马克思开始了他毕生奋斗的信念——为人民群众的物质利益和需要而进行革命斗争——的历程。在一定意义上可以说，马克思自此以后所进行的大多数革命实践和理论创造，是围绕《莱茵报》时期贫苦阶级的“物质利益之难事”问题群做注脚的。

一、《关于林木盗窃法的辩论》中贫苦阶级的正当需要

《关于林木盗窃法的辩论》是马克思研究贫苦阶级需要与物质利益问题的出发地，在整个马克思需要思想发展史上都具有重要的学理价值。在该文中，马克思第一次明确提出了贫苦阶级“同样也感到有满足

① 马克思，恩格斯．马克思恩格斯文集：第2卷．北京：人民出版社，2009：588-591.

② 马克思，恩格斯．马克思恩格斯文集：第10卷．北京：人民出版社，2009：701.

自己正当欲望的需要”①。这在马克思需要理论的发展史上具有始源性意义。马克思需要理论的正式提出时期，多定位于《1844 年经济学哲学手稿》和《德意志意识形态》，这是有误的。事实上，在《关于林木盗窃法的辩论》这篇文章中，马克思不仅对反人民的林木盗窃法给予了坚决反驳，而且明确提出了贫苦阶级的“自然需要”和“正当需要”。毋庸置疑，《关于林木盗窃法的辩论》就是马克思需要理论的起点。而这个起点的意义，不仅在于它帮助马克思实现了“现实转向”，而且在于它帮助马克思找到了他为之奋斗终身的东西，即捍卫无产阶级的利益和需要，实现贫苦阶级的自由解放。贫苦阶级，同样也感到有满足自己正当欲望的需要。在《关于林木盗窃法的辩论》中马克思指出，多年的贫苦阶级的自然生活习惯决定了他们“不仅感觉到有满足自然需要的欲望，而且同样也感到有满足自己正当欲望的需要”②。对于林木盗窃法把贫困农民捡拾枯树枝的行为列为偷盗，马克思认为这是十分荒谬的。贫困人民捡拾枯树枝是他们的“天然的习惯权力”，多少年来他们都是靠捡拾枯树枝来满足他们的基本生活需要的，因而这是合法的。在贫苦阶级看来，“既然自然的有机财富交给预先有所谋算的所有者，那么，自然的贫穷就应该交给需要及其偶然性”③。而林木盗窃法站在林木所有者的立场上，把捡拾枯树枝当成了盗窃，把贫困农民“从活生生的道德之树上砍下来，把他们当作枯树抛入犯罪、耻辱和贫困的地狱”④，这严重损害了贫苦阶级的物质生活利益，成了维护林木所有者私人利益的工具。马克思通过对林木盗窃法的深入批判分析，不仅论证了它的不合理性，而且揭示了封建普鲁士政府的反人民性立场。马克思开始意识到，在统治阶级主导下的法律制度，根本不会关心底层人民的物质生活需要，它们维护的只是统治者及其相关阶级的物质利益，它们不仅代表不了贫苦阶级的利益，而且成了统治阶级压迫他们的工具。

二、《本地省议会议员选举》中“精神的、普遍的需要”

以“物质利益”反驳“精神的、普遍的需要”，是马克思《本地省

① 马克思，恩格斯．马克思恩格斯全集：第 1 卷．2 版．北京：人民出版社，1995：252.
② 马克思，恩格斯．马克思恩格斯全集：第 1 卷．2 版．北京：人民出版社，1995：252.
③ 马克思，恩格斯．马克思恩格斯全集：第 1 卷．2 版．北京：人民出版社，1995：252.
④ 马克思，恩格斯．马克思恩格斯全集：第 1 卷．2 版．北京：人民出版社，1995：243.

议会议员选举》中的需要理论的核心内容。1843 年 3 月 9 日，《莱茵报》（第 68 号）发表了马克思的《本地省议会议员选举》政论文章。这篇文章的主要论敌就是保守的《莱茵-摩泽尔日报》。《莱茵-摩泽尔日报》以康普豪森和梅尔肯斯两位议员的当选为契机，提出了要在省议会中维护“比较自由的区乡制度”和“扩大等级权利”[①] 的主张，以此来维护等级利益。马克思对《莱茵-摩泽尔日报》的主张表示否定，他指出梅尔肯斯先生的当选之所以受到赞赏，就在于“梅尔肯斯先生首先反对利用自治权来损害这些利益，可是，当等级利益同普遍利益、普遍权利和理性发生冲突时，他则以同样坚决的态度指出等级利益不应超出自己的范围”[②]。在马克思看来，统治阶级炮制的“精神的、普遍的需要”[③]，只是保守的《莱茵-摩泽尔日报》反对选民们注重物质利益的幌子。在他们看来，选民们和某些唯物论者“不提出人民的精神利益和真正利益，却提出一些与此迥然不同的、格调低下得多的理由”[④]，这不过是选民们在对省议会选举施加影响而已。《莱茵-摩泽尔日报》反对选民们明智而慎重地提出“维护我市的真正利益”。在它看来：本地的利益不应该有这么高的地位，因为这将使“精神的、普遍的需要甚至不能透出一点微弱的光芒”[⑤]。针对科隆的选民们重视物质利益的主张，《莱茵-摩泽尔日报》颇具讽刺意味地认为，选民们只重视“物质利益”是不可能恢复到“旧汉撒同盟时代”的，还必须恢复那个时代的“精神状态”和“历史记忆”。马克思对此表示反对，他认为倘若科隆市真的能够恢复到汉撒城市时代，“‘一切精神的、普遍的需要’就必定会真的被埋葬”[⑥]，到那个时候所谓的“精神状态”也会错乱，“一切‘历史记忆’就必定会荡然无存！如果某个城市完全屏弃现代的一切合乎理性的和健康的观点，以便从此生活在过去的梦幻之中，难道政府不应当把‘精神的、普遍的需要’统统纳入自己的私有领域吗？在有人千方百计企图彻底毁掉现在和未来，以便恢复过时的、腐朽的秩序的地方，难道紧

---

① 马克思，恩格斯．马克思恩格斯全集：第 1 卷．2 版．北京：人民出版社，1995：434.
② 马克思，恩格斯．马克思恩格斯全集：第 1 卷．2 版．北京：人民出版社，1995：434.
③ 马克思，恩格斯．马克思恩格斯全集：第 1 卷．2 版．北京：人民出版社，1995：436.
④ 马克思，恩格斯．马克思恩格斯全集：第 1 卷．2 版．北京：人民出版社，1995：434.
⑤ 马克思，恩格斯．马克思恩格斯全集：第 1 卷．2 版．北京：人民出版社，1995：435.
⑥ 马克思，恩格斯．马克思恩格斯全集：第 1 卷．2 版．北京：人民出版社，1995：436.

握权柄不正是政府的责任，不正是它为了保存自己而应承担的责任吗？”①

三、《摩泽尔记者的辩护》与人民对“自由报刊的需要”

《摩泽尔记者的辩护》是马克思为了回应冯·沙培尔总督而写的。贫困人民对自由报刊的需要到底是“无理取闹”还是“求助的呼声”？马克思在《摩泽尔记者的辩护》中进行了揭示。在《摩泽尔记者的辩护》中，马克思以记者的名义不仅对总督的指摘进行客观的答复和回应，而且围绕摩泽尔河沿岸地区的贫困现实、人民的利益、人民对自由报刊的需要，揭露了封建主义制度下底层贫困百姓的生活现实，并在此基础上对自由报刊的人民性进行了论证。

其一，马克思剖析了摩泽尔河沿岸地区人民贫困的原因。摩泽尔河沿岸地区的贫困人民的“两种状况”（“私人状况”和“国家状况”）是导致人民贫困的现实因素。评价一种制度是好是坏，主要看它是否代表了最广大人民的根本利益，是否反映了人民的需要。普鲁士的封建官僚制本质上维护的还是封建主义官僚阶级的根本利益，他们对贫困人民的现状漠不关心，甚至认为是“无理取闹”。封建普鲁士官僚制不顾贫困人民的利益和需要，这是由它的一定的生产关系决定的。实际上，任何阶级社会里的由统治阶级主导的社会制度，都是他们自身意志、利益和需要的表达，是剥削阶级以上层建筑形式把剥削合法化的制度体现。摩泽尔河沿岸地区的贫困人民之所以贫困，并不是“一种简单的状况”，问题不仅仅在于农民本身，更在于封建的生产关系的弊端。按照马克思的理解，剖析摩泽尔河沿岸地区的贫困人民的现实，需要区分好两个不同的状况，一个是“私人状况”，另一个是“国家状况”。就摩泽尔河沿岸地区的贫困现实而言，作为“国家状况”的政府和管理机构却不承认摩泽尔河沿岸地区人民的贫困状况是普遍的，“而且也没有表示要消除它所承认的贫困状况”②。政府的发言人除了在形式上给予贫困人民一些言语关怀外，在内容上并没有什么实质性的努力。在政府眼里，贫困是一种“自然现象”，不是人为的因素所能改变的，“只好听天由命，只能设法减轻这种现象所引起的必然后果”③。在马克思看来，这是一种

① 马克思，恩格斯．马克思恩格斯全集：第1卷．2版．北京：人民出版社，1995：436.
② 马克思，恩格斯．马克思恩格斯全集：第1卷．2版．北京：人民出版社，1995：369.
③ 马克思，恩格斯．马克思恩格斯全集：第1卷．2版．北京：人民出版社，1995：369.

极其不负责的说辞。

马克思对普鲁士政府的这种极不负责的说法表示质疑。摩泽尔河沿岸地区人民的贫困与管理机构必然地产生着联系，即人民的贫困很大一部分原因就在于官僚阶级和官僚机构的不作为和漠不关心。所以马克思认为，“摩泽尔河沿岸地区的贫困状况同时也就是管理工作的贫困状况”①，摩泽尔河沿岸地区人民的贫困恰好反映了官僚机构的不作为，反映了管理阶级管理的贫困。管理机构由于其官僚阶级的本质，是不可能站在贫困人民的立场上来帮助他们解决贫困问题的。官僚机构“不可能在管理工作范围内，而只能在处于管理工作范围之外的自然的和市民私人的范围内发现造成贫困的各种原因”②，也不可能从其管理因素出发去找寻人民贫困的原因，他们只会把贫困的因素归结于管理因素之外的一些自然因素和贫困人民自身的因素。在马克思看来，即使有良善意愿的管理机构想要去扭转这种现实也无济于事，因为这是由贫困人民的现实和管理原则的“经常性的冲突”关系所决定的。马克思认为这是一种不可能消除的“本质的关系”，“这种本质的关系就是既存在于管理机体自身内部、又存在于管理机体同被管理机体的联系中的官僚关系”③，这种本质关系是造成人民贫困的根本原因。

针对导致贫困的“私人状况”，马克思提到作为摩泽尔河沿岸地区贫困的葡萄种植者，他们也会受到“私人利益”的影响而导致“不能无条件地认为他们的判断具有真实性”④。事实上他们自身也清楚，“在国内有许多私人利益正在受到损害，而人们不可能为了维护这些私人利益就放弃或修改总的管理原则”⑤。因为即使是很多“个人的”也代表不了人民的，所以个人的呼声也不可能代表人民的呼声。而且作为管理者的封建管理机构，一贯主张私人的利益和愿望应该由普遍的国家的利益和愿望来裁定。在政府的管理机构看来，即使整个摩泽尔河沿岸地区的贫困人民一起发出了“贫困的呼声”，其在整个国家的层面上也只是“一个私人的地位”，因为相比于整个国家，其仍然是渺小的。他们对贫

① 马克思，恩格斯．马克思恩格斯全集：第1卷．2版．北京：人民出版社，1995：376.

② 马克思，恩格斯．马克思恩格斯全集：第1卷．2版．北京：人民出版社，1995：376.

③ 马克思，恩格斯．马克思恩格斯全集：第1卷．2版．北京：人民出版社，1995：377.

④ 马克思，恩格斯．马克思恩格斯全集：第1卷．2版．北京：人民出版社，1995：377.

⑤ 马克思，恩格斯．马克思恩格斯全集：第1卷．2版．北京：人民出版社，1995：377.

困人民把“私人的苦难”升级为“国家的苦难”不会真正理睬，他们认为贫困人民的呼声只是来自底层的“无理取闹”。

然而，现实的问题，一方面是贫困人民向政府和管理机构发出的呼声得不到重视，另一方面是政府和管理机构对贫困现状的不作为。那么，贫困人民的呼声、利益和需要该如何才能得到保障呢？马克思认为必须有自由报刊来为人民代言，为人民的诉求服务。贫困人民由于有了迫切地发出呼声的诉求，产生了对自由报刊的实际需要。他们的这种实际需要并不是因为政府对自由报刊的限制才产生的，相反这种需要是因他们贫困的实际状况而产生的。在马克思看来，新闻出版自由原本就是应该有的，“以便满足已经出现的需要”①。

其二，人民的贫困与对“自由报刊的需要”。对导致人民贫困的现实因素，政府指责摩泽尔河沿岸地区的贫困人民把“私人利益”说成“国家利益”，摩泽尔河沿岸地区的贫困人民指摘政府把“国家利益”缩小为将人民群众的利益排斥在外的“自己的私事”。这样，在导致贫困的现实因素上就出现了两难境地，“私人状况”和“国家状况”观点迥异。马克思对此指出，“为了解决这种困难，管理机构和被管理者都同样需要有第三个因素，这个因素是政治的因素，但同时又不是官方的因素，这就是说，它不是以官僚的前提为出发点；这个因素也是市民的因素，但同时又不直接同私人利益及其迫切需要纠缠在一起。这个具有公民头脑和市民胸怀的补充因素就是自由报刊”②。

按照马克思的设计，在自由报刊的监督下，无论是官方的管理者，还是作为普通百姓的被管理者，都可以自由地“批评对方的原则和要求”。这个时候，无论是管理者，还是被管理者，他们之间不再是固化的从属关系，而是“理智的力量”和“合理的观点的体现者”，他们在“平等的公民权利范围内进行这种批评”③。对于自由报刊的存在价值，马克思认为，“唯有它才能使一种特殊利益成为普遍利益，唯有它才能使摩泽尔河沿岸地区的贫困状况成为祖国普遍关注和普遍同情的对象，唯有它才能使大家都感觉到这种贫困，从而减轻这种贫困”④，自由报

① 马克思，恩格斯．马克思恩格斯全集：第1卷．2版．北京：人民出版社，1995：378.

② 马克思，恩格斯．马克思恩格斯全集：第1卷．2版．北京：人民出版社，1995：378.

③ 马克思，恩格斯．马克思恩格斯全集：第1卷．2版．北京：人民出版社，1995：378.

④ 马克思，恩格斯．马克思恩格斯全集：第1卷．2版．北京：人民出版社，1995：378.

刊既是社会舆论的产物，也是社会舆论的创造者。从此可以看出，自由报刊在被马克思寄予厚望的同时，也体现出了人民性价值取向。而这与代表官僚利益的报刊（比如《科隆日报》）体现的封建性和保守性形成了强烈对比。

从马克思对自由报刊的价值定位中我们不难发现，在导致摩泽尔河沿岸地区贫困状况的问题上，虽然马克思提出了导致贫困的“两种状况”，但他最终还是勇敢地站在了贫困人民的立场上。马克思甚至明确认为，“摩泽尔河沿岸地区对自由报刊的需要，是这里的贫困状况的特殊性质所必然产生的”①。马克思在明确了自由报刊对贫困人民的存在价值后，认为自由报刊自身也要根据“人民对报刊的需要”，把自己办成符合“人民需要的报刊”。只有这样，自由报刊才能代表人民发出“求助的呼声”，体现自己的存在价值。

其三，报刊应关照贫苦阶级人民的需要。摩泽尔河沿岸地区的贫困人民对于自由报刊有着现实的迫切需要，但是自由报刊自身如何才能关注贫苦阶级人民的需要呢？马克思认为：报刊是带着理智和情感来对待人民生活状况的。因此报刊不可能像官方的发言那样有所掩饰，而是不通过任何官方的中介和影响，“原原本本地把人民的贫困状况反映到御座之前，反映给这样一个当权者”②，而且“在这个当权者面前，没有管理机构和被管理者的差别，而只有不分亲疏的公民”③。在马克思看来，如果报刊一旦被官僚的以及别的因素左右，它就不能超脱各种关系并反映这些关系本身，作为公正的“第三个因素”，它必须把摩泽尔河沿岸地区的贫困现实状况如实地呈现出来，这是办成人民需要的报刊的内在要求。

按照马克思的理解，自由报刊要办成人民需要的报刊，就必须学会和善于与政府和管理机构说话，真实地发出贫困人民的“求助的呼声”，“自由地、公开地、有力地向政府表明自己正当的伦理意志、热切的愿望和需要”④。对于表达的形式，一些人指摘贫困人民的“求助的呼声”仅仅是一种修辞，而没有如实地反映现实状况。对此马克思表示不同

① 马克思，恩格斯．马克思恩格斯全集：第 1 卷．2 版．北京：人民出版社，1995：363.
② 马克思，恩格斯．马克思恩格斯全集：第 1 卷．2 版．北京：人民出版社，1995：378.
③ 马克思，恩格斯．马克思恩格斯全集：第 1 卷．2 版．北京：人民出版社，1995：378.
④ 马克思，恩格斯．马克思恩格斯全集：第 1 卷．2 版．北京：人民出版社，1995：407.

意，马克思认为葡萄种植者的“求助的呼声”，既是修辞用语，也是在“本来意义上使用”的。反倒是官僚机构认为这夸大了对贫困现实本身的描述，是带有恶劣动机的图谋私利的行为。这种夸大其词、曲解实际情况的行为，就是“对国家法律的无理的、有失恭敬的指责”①，是对政府和国家法律的“无理取闹”。不难看出，在对待摩泽尔河沿岸地区的贫困状况上，马克思心中的自由报刊和政府的管理者的态度是截然不同的。虽然这个时候马克思碍于普鲁士政府的书报检查令，在形式上还没有完全坚定地站在贫困人民的立场上，但是就其理论内容而言，已经萌生出了人民主体地位的唯物史观思想。马克思的这种报刊观对其站在人民的立场，向封建制度和封建势力继续展开批判注入了强劲的斗争动力。

其四，马克思关注人民需要的方法蕴含着唯物史观的萌芽。马克思把贫困、利益、需要和自由报刊相勾连，并不是缺乏逻辑性的肆意而为。相反，马克思实际上要通过它们的内在联系揭示出官僚阶级看不到“真正的现实”，剖析出摩泽尔河沿岸地区的人民贫困状况的真实原因，论证贫困人民对自由报刊的需要的必然性。在该过程中唯物史观的萌发和人民立场的方法论运用，成为马克思进一步深入研究社会主义的契机。马克思通过对封建制度的批判和揭示，深入了“私人状况”和“国家状况”的“本质的关系”的维度中。这不仅帮助他找到了导致摩泽尔河沿岸地区人民贫困的制度因素，而且帮助他从人民的贫困现实出发揭示了人民对自由报刊的需要的必然性。虽然这个时候马克思还没有成熟地运用“社会关系”这一范畴来求解摩泽尔河沿岸地区人民贫困的原因，但是他企图从“客观关系”“客观立场”层面对封建制度的保守性、反人民性进行揭示，无疑对其唯物史观的形成有极大的推动作用。对于这种方法论的使用，马克思在文章中已有深刻的看法：“人们在研究国家状况时很容易走入歧途，即忽视各种关系的客观本性，而用当事人的意志来解释一切。但是存在着这样一些关系，这些关系既决定私人的行动，也决定个别行政当局的行动，而且就像呼吸的方式一样不以他们为转移。”② 正是基于这种唯物史观立场和方法的论述，马克思深信，“只要人们一开始就站在这种客观立场上，人们就不会违反常规地以这一方

① 马克思，恩格斯．马克思恩格斯全集：第1卷．2版．北京：人民出版社，1995：388.

② 马克思，恩格斯．马克思恩格斯全集：第1卷．2版．北京：人民出版社，1995：363.

或那一方的善意或恶意为前提，而会在初看起来似乎只有人在起作用的地方看到这些关系在起作用。一旦证明这些关系必然会产生某个事物，那就不难确定，这一事物在何种外在条件下必定会现实地产生，在何种外在条件下即使已经有了需要，它也不可能产生”①。这种还处在萌芽时期的唯物史观方法，不仅为马克思评判摩泽尔河沿岸地区的贫困状况提供了人民立场，而且为他解释自由报刊之于人民是实际需要的必然性提供了方法论指导。

四、《评奥格斯堡〈总汇报〉》等级代表制和“需要的斗争”

《评奥格斯堡〈总汇报〉》是马克思针对奥格斯堡《总汇报》刊登的泰·亨·冯·罗霍的《论普鲁士的等级委员会的组成》而撰写的评论性文章。泰·亨·冯·罗霍是1842年夏天去职的普鲁士内务大臣的兄弟，他的《论普鲁士的等级委员会的组成》一文得到了其内务大臣的兄弟的首肯。从历史背景来看，1842年6月，按照普鲁士政权的要求，各个下属省都要成立旨在维护已经过时的封建普鲁士等级代表制的等级委员会。普鲁士国王威廉四世的这一命令，遭到了包括资产阶级在内的民众的强烈反感。按照命令所说，等级委员会要按照等级划分从自己的议员中产生，然后在国王的统摄下成立联合委员会。等级代表制度要求委员会必须由“每个等级”产生，在莱茵省，虽然省议会的多数代表对此表达了不同的看法，但是该命令仍然被执行了。资产阶级反对派之所以反对等级委员会制度，是因为这样做无异于扩大等级制度的权力范围，而这与他们要求在普鲁士建立立宪代表制，即以政治平等为基础的人民代表制度是相悖的。正是基于此，马克思对奥格斯堡《总汇报》进行了论争。

首先，马克思提出了把“需要的斗争”变成“理论的斗争”的口号。作为《莱茵报》的主编，马克思以为有必要从理论上对普鲁士等级代表制的保守性和封建性进行揭示和批判。在这篇政论文章中，马克思结合罗霍提出的“需要的原则”和“需要的代表权”，“特殊利益的需要”和“国家的需要”，“特殊需要”和“最高需要”，对罗霍捍卫的封建主义特权制度进行了评判。马克思指出，“保守的报刊经常提醒说，

① 马克思，恩格斯．马克思恩格斯全集：第1卷．2版．北京：人民出版社，1995：363-364.

应当把持批判立场的报刊的观点仅仅当作个人的意见和对现实的歪曲来加以批驳”①。马克思对此表示不同意，他认为从理论上捍卫人民的需要是必要的。马克思认为：报刊是一种文化存在，能发挥强大的精神力量。“正是由于报刊把物质斗争变成思想斗争，把血肉斗争变成精神斗争，把需要、欲望和经验的斗争变成理论、理智和形式的斗争，所以，报刊才成为文化和人民的精神教育的极其强大的杠杆。”② 马克思认为，报刊斗争是维护人民物质利益和切身需要的一种斗争形式，因此报刊的作用就在于维护人民的物质利益和切身需要。马克思的这一观点明显与维护封建主义特权的奥格斯堡《总汇报》不同。奥格斯堡《总汇报》的所作所为，本质上是在维护封建特权阶级的特殊利益和需要。

其次，封建贵族的“特殊利益的需要”不能僭越“国家的需要”。特殊利益必须在普遍利益的统摄之下。马克思对《论普鲁士的等级委员会的组成》的作者从等级会议的“特殊利益的需要”与“国家的需要”的对立着手论证是赞同的。马克思认为，《论普鲁士的等级委员会的组成》的作者没有错，“他不是把省等级会议看作国家的需要，而是把它看作同国家相对立的特殊利益的需要”③。马克思不赞同拥有地产就意味着拥有权力的封建主义逻辑，普鲁士的封建政权把地产作为等级代表制的唯一因素和一般条件，这实质上是在扼杀非贵族阶级的普遍权利。这是封建主义统治者强化特权的典型表现。对于有些自由主义者提议把智力因素也作为需要等级代表制的一个特殊要素，从而建立“智力代表制”，马克思并不同意，他认为智力因素不是特殊的要素，它甚至不算是一种要素。它只能从内部划分，并不能成为相关的原则和因素。等级代表制度本质上还是普鲁士封建势力为了维护封建特权阶级私人利益的切身需要、抵制由自由主义反对派提出的立宪代表制度而建立的。在马克思看来，“私人利益的切身需要，才是等级制度的建筑师”④。等级制度本身不是“国家的需要”，而是同国家的需要相对立的“特殊利益的需要”。按照马克思的理解，等级代表制度就是要把特殊利益和切身需要政治化，从而使特殊的需要僭越为普遍需要的制度。但是很显然，封

① 马克思，恩格斯．马克思恩格斯全集：第1卷．2版．北京：人民出版社，1995：329.
② 马克思，恩格斯．马克思恩格斯全集：第1卷．2版．北京：人民出版社，1995：329.
③ 马克思，恩格斯．马克思恩格斯全集：第1卷．2版．北京：人民出版社，1995：342.
④ 马克思，恩格斯．马克思恩格斯全集：第1卷．2版．北京：人民出版社，1995：342.

建势力的这种政治化并不是国家理性的表现，相反是生长在国家肌体中的毒瘤。在这种政治化状况下，等级制度的特殊利益必然与代表着普遍利益的国家相对立，同国家的政治精神相异化。

最后，“人民代表制”是“最高需要”的体现。不同于特殊需要在政治上为自己寻求建立的合法性基础，建立在人民自身的代表权基础上的“人民代表制”，则“不会拿个别需要去同国家相对抗，而它的最高需要就是使国家本身得到实现”①，因为“人民代表制”会把“国家看作是自己的事业、自己的国家”。马克思指出，罗霍所断言的“等级代表制，即根据需要的原则产生的代表制，是一种幻想，因为这种需要本身就是幻想的”②。马克思在文中提醒罗霍：“我们要请我们的作者注意由于把需要当作人民代表制的原则而造成的后果。这些后果是不可避免的，以致连作者自己也一度对它们感到害怕，他不仅拒绝来自特殊利益的代表权方面的特定要求，而且拒绝这种代表权本身的要求。”③ 在马克思看来，以罗霍为代表的官僚阶级之所以推崇“等级代表制”，而反对最高需要的“人民代表制”，是因为把需要当作“人民代表制”的原则的后果是，人民不仅会要求政府来满足他们的现实的物质利益需求，而且会要求废弃代表官僚阶级利益的“等级代表制”，进而建立代表人民利益的“人民代表制”。在马克思看来，在罗霍的主张下从需要出发把“等级代表制”作为原则，将导致特殊利益与国家利益的对立和冲突，而冲突的结果必然是，特殊团体的需要想尽一切办法僭越国家的需要，一旦其需要得到满足，那么对国家的需要就意味着损害。所以在这种逻辑下，一旦特殊团体的需要被满足了，那么国家的需要就将不具有现实性。于是马克思道出了，“或者需要是现实的，那样一来国家就是不现实的，因为国家还保留着这样一些特殊要素，这些要素的利益在国家中得不到正当的满足，因此不得不另外把自己组织成为同国家发生契约关系的特殊机体；或者这种需要在国家中实际上得到了满足，因此，同国家相对立的这种需要的代表权是幻想的或危险的”④，“等级

① 马克思，恩格斯．马克思恩格斯全集：第1卷．2版．北京：人民出版社，1995：344.
② 马克思，恩格斯．马克思恩格斯全集：第1卷．2版．北京：人民出版社，1995：342.
③ 马克思，恩格斯．马克思恩格斯全集：第1卷．2版．北京：人民出版社，1995：342.
④ 马克思，恩格斯．马克思恩格斯全集：第1卷．2版．北京：人民出版社，1995：342.

代表制”这种“同国家相对立的这种需要的代表权是幻想的或危险的”①，必须以“人民代表制”替代之。

从马克思对罗霍的文章的分析批判中我们不难发现，普鲁士封建统治者打着代表制的幌子推行等级委员会制度，从需要出发夹带利己的“私货”的做派，实际上是想要把“完全属于过去的等级差别重新搬出来，并把它们当作等级组织的原则加以运用”②，很显然这与当时的国家现实是不相符的。封建势力从抽象的“等级差原则”出发，要把自己的“特殊利益的需要”合法化为一种普遍性需要的做法不仅是违背历史潮流的，而且是新生的资产阶级力量决定要扬弃的。总的来说，虽然这个时候马克思还习惯于用黑格尔的法哲学术语质疑和反驳罗霍的观点，但是他分析和批判封建特权阶级意欲使“特殊利益的需要”僭越“国家的需要”在方法上取得了很大进展。马克思认为应该从客观关系出发去分析封建特权将需要与代表制相勾连的意图，在他看来，“但是存在着这样一些关系，这些关系既决定私人的行动，也决定个别行政当局的行动，而且就像呼吸的方式一样不以他们为转移。只要人们一开始就站在这种客观立场上，人们就不会违反常规地以这一方或那一方的善意或恶意为前提，而会在初看起来似乎只有人在起作用的地方看到这些关系在起作用”③。很显然，相关的历史唯物主义已经萌芽。

从《莱茵报》的政论文章中我们可以发现，马克思在这一时期的需要理论逻辑是，先以现实思维发现了贫困人民贫困的现实原因，指出了统治阶级提倡的“精神的、普遍的需要”的虚假性和欺骗性，进而提出了贫苦阶级也有合理的现实的需要的主张。然而事实上，贫困人民的需要经常在代表统治阶级的等级制和保守主义报刊的合谋下日渐惨淡。这也说明了，在封建主义的普鲁士政权统治的阶级社会里，统治阶级的特殊需要对人民的需要的僭越和褫夺，导致了贫困人民的需要得不到满足，而且他们对满足需要的呼声，不但不被统治阶级所重视，还被当成“无理取闹”。因而，马克思认为贫困人民在自己的需要与统治阶级的需要产生矛盾和冲突时，他们必然有对“自由报刊的需要”。在他看来，贫困人民要维护自己的正当需要，就必须有自由报刊为他们发声，把

① 马克思，恩格斯．马克思恩格斯全集：第1卷．2版．北京：人民出版社，1995：342.
② 马克思，恩格斯．马克思恩格斯全集：第1卷．2版．北京：人民出版社，1995：332.
③ 马克思，恩格斯．马克思恩格斯全集：第1卷．2版．北京：人民出版社，1995：363.

"需要的斗争"变成"理论的斗争"。从马克思《莱茵报》时期的需要思想逻辑来看，马克思在《莱茵报》时期，就已经把重视贫苦阶级的合理需要作为批判阶级社会的一个重要切入点。在《莱茵报》时期，马克思的需要理论已经具备了批判性、人民性的理论特征，虽然还没有实现彻底的革命性转向，但已经开始孕育关于贫苦阶级的需要的"斗争"的思想，这为其后实现革命民主主义精神转向打下了基础。

第二节 《德法年鉴》时期"彻底需要的革命"与"利己需要"的扬弃

如果说在《莱茵报》时期，马克思"发现"了贫苦阶级的现实的合理需要，并开始着手为其满足而准备斗争的话，那么在《德法年鉴》时期，马克思已经开启了把人的需要、解放和革命相结合的具体斗争之路。在《论犹太人问题》和《〈黑格尔法哲学批判〉导言》中，马克思结合人的自由解放，把批判矛头直接指向了社会制度，不仅论述了无产阶级"需要的革命"，还论述了社会"革命的需要"，进而指出了要通过彻底的革命而非改良手段来满足人的自由解放需要。

一、《论犹太人问题》中利己主义需要与解放政治问题

解放政治是启蒙运动以来现代社会发展的内在逻辑，是资本现代性创生和发展的基点和动力，也是《论犹太人问题》论述的主要内容。马克思对犹太人问题的反思，正是围绕着解放政治这一核心主题层层论证的。在《论犹太人问题》中，马克思围绕需要的"解放"与解放的"需要"问题，深入批判了政治解放的局限性和不彻底性，指出了"普遍的人的解放"必然是从"自私自利的需要"到"普遍的需要"的解放。而在走向彻底解放的道路上，对作为"实际需要、利己主义"的犹太精神的批判和扬弃自然成了实现"普遍的人的解放"的必要工作。马克思围绕着这一工作，论证了扬弃犹太精神的必要性，阐释了革命的必然性选择和基本路径。总的来说，《论犹太人问题》和《〈黑格尔法哲学批判〉导言》是马克思思想史上"两个转变"的重要文本，对唯物史观和共产主义思想的形成具有重要的文本价值。

第一，《论犹太人问题》解答了犹太人需要什么样的解放，以及政治解放的限度问题。在对犹太人的解放问题上，由于对政治解放和人类解放的不同理解，马克思和青年黑格尔派的代表人物布鲁诺·鲍威尔产生了分歧。鲍威尔认为犹太人解放的症结在于犹太教和基督教的矛盾，因为在基督教统治下，人被简单地二分为基督徒和非基督徒，于是基于这两种宗教形成的人与人之间的对立就难以避免。鲍威尔认为这两种宗教的对立是不可调和的，进而认为，消除对立的方式就是彻底消除宗教——无论是基督教还是犹太教——让匍匐于神的人成为现代政治国家的理性的公民，获得公民的独立和自由。鲍威尔认为，这样一来，政治国家就消解了宗教神权的、封建王权的等级关系，人与人之间的关系自然就摆脱了神秘力量的控制，并得以建立平等的公民关系。不难看出，鲍威尔对现代政治国家寄予厚望。一方面，他认为现代自由国家的实现的前提就是要摆脱宗教神学的控制，所以他把人的解放问题寄托在了对宗教神学的切割上，他认为在政治层面对宗教的切割是实现人的普遍解放的基本前提。另一方面，他从思辨哲学的自我意识出发，认为抽象的普遍性是抽象个性的主导，国家理性是市民社会精神的统摄，因此现代国家决定了市民社会。鲍威尔认为，实现犹太人的解放就在于现代国家理性的实现，以及在现代国家基础上实现的政治解放。

对于犹太人的解放问题，马克思则开启了一条不同的解放之路。马克思认为鲍威尔的带有明显黑格尔法哲学色彩的政治解放，实际上仍是抽象的不彻底的解放。虽然政治解放在一定的历史区间内具有进步性，但是由于它还不是人的解放的最后阶段，所以它不可避免地带有历史局限性。以现代国家为中介的政治解放在给世人带来解放的同时，也使人陷入了新的解放悖论。如马克思所说，“政治解放的限度一开始就表现在：即使人还没有真正摆脱某种限制，国家也可以摆脱这种限制，即使人还不是自由人，国家也可以成为自由国家”①。在马克思看来，政治解放存在限度，如果人没有彻底摆脱宗教，没有彻底摆脱宗教人的身份，即使在政治解放后，人依然会受宗教控制，即使宗教神学在政治国家失去了权威，但在市民社会里的影响依然根深蒂固。正如马克思所说：“宗教从国家向市民社会的转移，这不是政治解放的一个阶段，这

① 马克思，恩格斯．马克思恩格斯文集：第1卷．北京：人民出版社，2009：28.

是它的完成；因此，政治解放并没有消除人的实际的宗教笃诚，也不力求消除这种宗教笃诚。”① 很显然，这种在政治国家层面主导的人的解放，并不能形成彻底的解放。不难发现，政治解放虽然在国家制度层面对实现人的自由权利发出了呼声，但是带来了政治国家和市民社会的分离，而且，人虽然在形式上得到了解放，但在解放的内容上又陷入了新的矛盾。政治解放不仅难以解决世俗的矛盾，而且势必带来市民社会里人的生存异化。如马克思所说：“在政治国家真正形成的地方，人不仅在思想中，在意识中，而且在现实中，在生活中，都过着双重的生活——天国的生活和尘世的生活。前一种是政治共同体中的生活，在这个共同体中，人把自己看做社会存在物；后一种是市民社会中的生活，在这个社会中，人作为私人进行活动，把他人看做工具，把自己也降为工具，并成为异己力量的玩物。”② 正是基于国家和市民社会的分离，马克思决定一改鲍威尔关于现代国家和市民社会的颠倒式理解，把国家重新奠基于市民社会之上，开启了一条沿着社会现实及其精神批判求解人的解放的路径。

第二，《论犹太人问题》通过对“犹太精神”的批判，解答了如何实现解放的问题。在明确了政治解放的局限性后，马克思认为“人的解放”的首要任务不再是对宗教神学和政治国家的批判，而是对市民社会的批判。马克思转向批判市民社会，认为批判的首要任务在于重建思辨哲学对于政治国家和市民社会的理解，扶正鲍威尔的颠倒了的解放之路。马克思明确认为不是国家决定市民社会，相反，市民社会决定国家。如他所说：“政治国家对市民社会的关系，正像天国对尘世的关系一样，也是唯灵论的。政治国家与市民社会也处于同样的对立之中，它用以克服后者的方式也同宗教克服尘世局限性的方式相同，即它同样不得不重新承认市民社会，恢复市民社会，服从市民社会的统治。”③ 在马克思看来，政治解放带来的二元对立，必须在对市民社会及其精神的批判中再次形成统一。于马克思而言，批判市民社会必须抓住市民社会的原则，所谓市民社会的原则，就是导致市民社会里人与人相对立的精神。

---

① 马克思，恩格斯．马克思恩格斯文集：第1卷．北京：人民出版社，2009：32.

② 马克思，恩格斯．马克思恩格斯文集：第1卷．北京：人民出版社，2009：30.

③ 马克思，恩格斯．马克思恩格斯文集：第1卷．北京：人民出版社，2009：30-31.

要彻底地批判市民社会，就必须抓住它的根本。而市民社会的根本就在于其主导精神。在马克思看来，这种精神就是“犹太精神”（作为犹太教信仰的德文原词是 Judentum，而在世俗意义上马克思使用的 Judentum 一词，特指犹太人在经商牟利的活动中表现出的唯利是图、追逐金钱的思想和习气），即犹太人的利己主义和“自私自利的需要”。如马克思所指出，犹太教的世俗基础就是“实际需要、自私自利”。马克思认为，在市民社会里，正是这种天然必然性成了人和社会之间的纽带。这种天然必然性本身就是“自私自利的需要”，人们基于这种天然必然性来实现“对他们财产和利己主义个人的保护”。在他看来，犹太人的这种精神就是人与人相对立、扼杀人间温情的元凶，就是使人们对金钱产生崇拜、使金钱奴役人的始作俑者。在他看来，对犹太人的解放“不是到犹太人的宗教里去寻找犹太人的秘密，而是到现实的犹太人里去寻找他的宗教的秘密”①。所以马克思指出，人类的普遍性解放必然就是人类“从犹太精神中获得解放”。

马克思对犹太精神给现代社会带来分裂进行了深入批判。马克思认为，犹太精神所主张的“利己主义和自私自利的需要”，不仅导致现实社会中人的存在的原子化，而且使这些原子化的个人陷入互相对立中。在马克思看来，资产阶级在揭开前现代社会虚伪的面纱的同时，又使现代社会重新陷入新的冰冷和残酷的关系中，发动了一切人反对一切人的斗争。市民社会里的人的自私自利决定了自我与他者的对立。每个自我都把他者看作手段，因此自我也成了为了满足实际需要和自私自利而互相利用的工具人。如马克思所说，犹太精神“扯断人的一切类联系，代之以利己主义和自私自利的需要，使人的世界分解为原子式的相互敌对的个人的世界”②。在马克思看来，“实际需要、利己主义是市民社会的原则；只要市民社会完全从自身产生出政治国家，这个原则就赤裸裸地显现出来。实际需要和自私自利的神就是金钱”③。总之，在犹太精神的主导下，“市民社会从自己的内部不断产生犹太人”④，“犹太人的神

① 马克思，恩格斯．马克思恩格斯文集：第 1 卷．北京：人民出版社，2009：49.
② 马克思，恩格斯．马克思恩格斯文集：第 1 卷．北京：人民出版社，2009：54.
③ 马克思，恩格斯．马克思恩格斯文集：第 1 卷．北京：人民出版社，2009：52.
④ 马克思，恩格斯．马克思恩格斯文集：第 1 卷．北京：人民出版社，2009：52.

世俗化了，它成了世界的神”[①]。在认清了政治解放后的现代世界的分裂后，马克思确定，所谓的政治解放不是“普遍的人的解放”或“一般人的解放”的最终解放。

第三，《论犹太人问题》解答了实现什么样的解放的问题。在明晰了犹太精神的本质之后，于马克思而言，人的彻底的解放的首要任务就是扬弃犹太人“实际需要”的世界观，建立符合人的“普遍的需要”的世界观。马克思指出，犹太教在“基督教作为完善的宗教从理论上完成了人从自身、从自然界的自我异化之后”[②]，功利地实现了自己的普遍性统治，“把外化了的人、外化了的自然界，变成可让渡的、可出售的、屈从于利己需要的、听任买卖的对象”[③]。“同样，在利己的需要的统治下，人只有使自己的产品和自己的活动处于异己本质的支配之下，使其具有异己本质——金钱——的作用，才能实际进行活动，才能实际生产出物品。”[④]“就连类关系本身、男女关系等等也成了买卖对象！妇女也被买卖”[⑤]。甚至在犹太精神主导下的“自私自利的世界”，法律之所以能够起作用，是因为将会反过来惩罚制定它的人，“这些法律之所以对人有效，并非因为它们是体现人本身的意志和本质的法律，而是因为它们起统治作用，因为违反它们就会受到惩罚”[⑥]。在马克思看来：“基督徒的天堂幸福的利己主义，通过自己完成了的实践，必然要变成犹太人的肉体的利己主义，天国的需要必然要变成尘世的需要，主观主义必然要变成自私自利。”[⑦]犹太教的利己主义在天堂里表现为“天国的需要”，在现实中表现为“尘世的需要”。

人的“普遍的需要”的建立和人的普遍解放是分不开的。“普遍的人的解放”或“人的解放的最后形式”必须扬弃犹太人的“实际需要”的世界观。而实现这条扬弃之路就是在拥有物质力量的无产阶级的革命下，建立起符合一切人的“普遍的需要”的“自由人联合体”。所谓的“犹太精神”根本不会创造出新世界，相反，它却把新世界的世间创造

① 马克思，恩格斯．马克思恩格斯文集：第1卷．北京：人民出版社，2009：52.
② 马克思，恩格斯．马克思恩格斯文集：第1卷．北京：人民出版社，2009：54.
③ 马克思，恩格斯．马克思恩格斯文集：第1卷．北京：人民出版社，2009：54.
④ 马克思，恩格斯．马克思恩格斯文集：第1卷．北京：人民出版社，2009：54.
⑤ 马克思，恩格斯．马克思恩格斯文集：第1卷．北京：人民出版社，2009：53.
⑥ 马克思，恩格斯．马克思恩格斯文集：第1卷．北京：人民出版社，2009：53.
⑦ 马克思，恩格斯．马克思恩格斯文集：第1卷．北京：人民出版社，2009：54-55.

物和世间关系纳入自己的逻辑里。犹太精神的金钱至上主义把金钱看作一切的价值。不仅贬低了人所信奉的诸神，而且把诸神逼退了位；不仅造成了人的劳动和人的存在的异化，而且使人受到它的奴役并“向它顶礼膜拜”。生活在市民社会中的工人，他们的工作也“仅仅是为了满足他们个人的需要的某种单一的东西”①。所以，扬弃犹太人的“实际需要”世界观，就必须找到对其彻底革命的理由，而这一最大理由就在于其拜物教的本质对人的生存和发展造成了异化，而这些异化的消除只有通过彻底的革命——无产阶级革命——才能实现。后来马克思在《神圣家族》中做了进一步发展。在批判蒲鲁东在头脑中谈论工人的需要和在思想中消除对工人的雇佣劳动时，他强调必须“用实际的和具体的方式来消灭它们”②。为了凝聚“巨大的”和“无可比拟的”力量，工人们需要以团体的形式进行合作，这样他们不仅可以谈论自己作为工人应该有的“直接需要”，而且可以谈论他们作为人所应该有的“各种需要”。只有这样，工人才能在“群众的存在中、在生活中真正成其为人”③，自由地生成和丰富自己的本质。

扬弃犹太人的“实际需要”世界观的另一个出路在于，彻底铲除它的世俗基础和实践土壤。事实上，在理论上对犹太精神进行批判是远远不够的，因为对于作为实际需要的世界观的犹太精神来说，它具有独特的经验本质。但在马克思看来，这种本质就是“实际需要”在观念中的表现，“因为实际需要的世界观，按其本性来说是狭隘的，很快就会穷尽”④。它只能在功利的实践中才能完成，追逐实际需要和私人利益的实践就是它的真理。所以，如果能够在现实的社会土壤中消除犹太人“利己的需要”的经验基础，让他们的利己意识在现实中找不到对象，那么犹太人以及犹太精神就将难以存在。如马克思所说，“社会一旦消除了犹太精神的经验本质，即经商牟利及其前提，犹太人就不可能存在，因为他的意识将不再有对象”⑤。以上两种扬弃犹太精神的路径也是扬弃革命民主主义、走向共产主义的路径，它们具有内在的一致性。

① 马克思，恩格斯．马克思恩格斯全集：第2卷．北京：人民出版社，1957：21.
② 马克思，恩格斯．马克思恩格斯文集：第1卷．北京：人民出版社，2009：273.
③ 马克思，恩格斯．马克思恩格斯文集：第1卷．北京：人民出版社，2009：273.
④ 马克思，恩格斯．马克思恩格斯文集：第1卷．北京：人民出版社，2009：53.
⑤ 马克思，恩格斯．马克思恩格斯文集：第1卷．北京：人民出版社，2009：55.

从马克思对政治解放、犹太精神的剖析和批判来看，他不仅成功运用了从意识和现实的关系中批判犹太精神的方法，而且萌生了以“人的类生活”来告别金钱拜物教和精于利己的犹太精神。马克思的这种“人的类生活”必然是扬弃把私人利益和无意识的自然联系起来的市民社会的“自由人联合体”。因此，《论犹太人问题》不仅延续了批判黑格尔法哲学的想法，而且开始了由革命民主主义向共产主义的转变。

二、《〈黑格尔法哲学批判〉导言》与“彻底需要的革命”

对人的彻底解放问题的思考是马克思《论犹太人问题》未竟的事业。对于犹太人的解放和人类的普遍解放，虽然马克思在《论犹太人问题》中阐述了大致的思路，但是在具体的实现路径上，比如在人的普遍解放的革命力量上，马克思只是做了大略的思考，并未给出详细论证。而作为《论犹太人问题》的姊妹篇，《〈黑格尔法哲学批判〉导言》为解放找到了革命的物质力量，并对人类的彻底解放事业的革命路径进行了探索。与蒲鲁东的改良主义不同，马克思认为实现人类的普遍解放，必须走彻底的革命道路，只有彻底的革命才能触动大厦的支柱，实现普遍的人的自由解放。如他所说，“对德国来说，彻底的革命、普遍的人的解放，不是乌托邦式的梦想，相反，局部的纯政治的革命，毫不触犯大厦支柱的革命，才是乌托邦式的梦想”[①]。在批判了纯粹政治革命的限度的同时，他提出了“彻底的革命只能是彻底需要的革命”[②] 的著名论断。需要指出的是，对于“彻底需要的革命”，研究马克思需要理论的东欧马克思主义著名思想家赫勒翻译为“激进需要的革命”，并以此建构了她的激进需要理论。

第一，《〈黑格尔法哲学批判〉导言》揭示了利己主义的蒙蔽与“普遍解放的需要”的沉沦。德国的各个阶级都难以充当革命的物质力量，因为他们的利己主义不允许他们为人类的解放事业做出无私的革命贡献，而且，他们自身没有革命的意识和感受不到“普遍解放的需要”。马克思指出，德国人习惯于在思维中，但“没有积极参加这种发展的实际斗争”[③]。法国却大不一样，法国人的革命积极性普遍高涨。法国的

① 马克思，恩格斯．马克思恩格斯文集：第1卷．北京：人民出版社，2009：14.

② 马克思，恩格斯．马克思恩格斯文集：第1卷．北京：人民出版社，2009：13.

③ 马克思，恩格斯．马克思恩格斯文集：第1卷．北京：人民出版社，2009：13.

革命由于不把自己归属于某一个特殊的阶级，所以他们都敢于充当“整个社会需要的代表”①，争做革命的急先锋。而德国的现状是各个阶级只为满足利己主义的需要。在马克思看来，“在德国，任何一个特殊阶级所缺乏的不仅是能标明自己是社会消极代表的那种坚毅、尖锐、胆识、无情。同样，任何一个等级也还缺乏和人民魂魄相同的，哪怕是瞬间相同的那种开阔胸怀，缺乏鼓舞物质力量去实行政治暴力的天赋，缺乏革命的大无畏精神”②。德国任何一个阶级都没有革命的勇气、胆识和“大无畏精神”，缺少同人民群众站在一起的开阔心胸以及发动革命的本领和天赋。所以，马克思认为现阶段的德国革命，既没有革命的基础，也没有革命的条件。

马克思指出，德国各个阶级的革命意识不够强、革命精神不坚定，主要有两个方面的原因。一方面，各个阶级由于利己主义的需要，在革命的态度上多数选择了“故步自封”，“这种利己主义故步自封，而且希望别人也能故步自封”③，正是各个阶级的利己主义才导致了德国革命的停滞不前。“德国的道德和忠诚——不仅是个别人的而且也是各个阶级的道德和忠诚——的基础，反而是有节制的利己主义；这种利己主义表现出自己的狭隘性，并用这种狭隘性来束缚自己”④。另一方面，各个阶级都感受不到“普遍解放的需要”。德国“市民社会任何一个阶级，如果不是它的直接地位、物质需要、自己的锁链强迫它，它一直也不会感到普遍解放的需要和自己实现普遍解放的能力”⑤。在此看来，醉心于“实际需要”的利己主义阶级，已经成为市民社会这个大机器中的一个环节，这使他们在享受利己主义带来的物质利益的同时，忘却了普遍解放的需要和革命意识的空场。他们既不能解放自身，也难以担任解放全人类的历史使命。

第二，《〈黑格尔法哲学批判〉导言》揭示了革命主体与“彻底需要的革命”的承担者。普遍的解放的承担者只能来自普遍解放的需要的觉醒者。马克思指出，“革命需要被动因素，需要物质基础”⑥。然而资产

---

① 马克思，恩格斯．马克思恩格斯文集：第1卷．北京：人民出版社，2009：16.
② 马克思，恩格斯．马克思恩格斯文集：第1卷．北京：人民出版社，2009：15.
③ 马克思，恩格斯．马克思恩格斯全集：第1卷．北京：人民出版社，1956：464.
④ 马克思，恩格斯．马克思恩格斯文集：第1卷．北京：人民出版社，2009：15.
⑤ 马克思，恩格斯．马克思恩格斯全集：第1卷．北京：人民出版社，1956：466.
⑥ 马克思，恩格斯．马克思恩格斯文集：第1卷．北京：人民出版社，2009：12.

阶级的阶级局限性决定了他们不可能充当人类彻底解放的革命主体力量，人类彻底革命的完成需要由一个没有任何特殊利益的阶级来承担。资产阶级纯粹的政治解放带来的只是局部的解放、新的特权和异化状况，因而不是人类的普遍的解放。德国的革命，必须由一个代表人类普遍需要的阶级来进行彻底需要的革命。毫无疑问，这个重任自然就落在了无产阶级身上，因为其是真正的“被戴上彻底的锁链的阶级”①。马克思之所以认为只有无产阶级具有革命的基础和条件，是因为无产阶级物质需要的普遍贫困处境，造就了他们要进行彻底革命的勇气和精神。

无产阶级在整个德国社会，没有任何私人利益，也没有任何特殊权利，享受的只是“普遍的不公正”，有的只是物质需要的束缚和彻底需要的革命的冀望。德国的无产阶级里，聚集着大量的“人为造成的贫民”“自然形成的贫民”“基督教日耳曼的农奴”。在所有阶级里，大多数以狭隘的利己主义作为其存在的道德基础，只有无产阶级在面对穷困人民的解放事业时，才抱有深刻的同情和感同身受。这就决定了在所有阶级里，只有无产阶级才能够向法国革命者那样，以整个“社会的总代表”的姿态勇敢地站在革命的前台，关注整个社会的解放。无产阶级意识到了要有“普遍解放的需要”，才会有“彻底需要的革命”的动力。从“普遍解放的需要”到“彻底需要的革命”，无产阶级都被赋予了主体地位。换言之，“普遍解放的需要”构成了无产阶级“彻底需要的革命”的目的，无产阶级又构成了“彻底需要的革命”的基础和前提。所以马克思认为无产阶级如果不能解放全人类，也就不能解放自身。

第三，《〈黑格尔法哲学批判〉导言》揭示了革命意识的唤醒与无产阶级革命的策略。德国革命的现实证明，生活在物质需要的枷锁中、承受着普遍苦难的无产阶级就是革命最佳的选择。然而德国革命在整个欧洲革命中的落后状况表明，实现“彻底需要的革命”，不仅需要有“社会的头脑”，还需要有“社会的心脏”。只为“普遍解放的需要”找到“彻底需要的革命”的主体力量还不够，还需要唤醒无产阶级的激奋的革命意识，激发无产阶级狂热的革命热情，使他们从内心产生革命的迫切需要。“任何一个阶级要能够扮演这个角色，就必须在自身和群众中激起瞬间的狂热。”② 无产阶级的阶级属性决定了这个阶级不仅可以

① 马克思，恩格斯．马克思恩格斯文集：第 1 卷．北京：人民出版社，2009：16.

② 马克思，恩格斯．马克思恩格斯文集：第 1 卷．北京：人民出版社，2009：14.

"与整个社会亲如兄弟"，而且能够把他们汇集起来，形成"社会的总代表"，成为"彻底需要的革命"的真正的"解放者"。在这个时候，无产阶级的利益就代表了整个社会的普遍利益。无产阶级必须打破影响整个社会彻底革命的利益枷锁，只有这样无产阶级以及整个社会的革命意识才能被激发，进而产生革命的需要、凝聚革命的物质力量，"使他们对自己大吃一惊"①。

但是进行革命只有满腔的热血还远远不够，还需要革命的哲学理论的指导。"普遍解放的需要"必须在理论需要和实践需要结合时才能成为现实。在马克思看来，德国的解放之路必须是"物质武器"和"精神武器"结合之路。所谓"精神武器"，就是解放的头脑，就是革命的哲学理论。所谓"物质武器"，就是作为革命的"心脏"的无产阶级。在马克思看来，"哲学把无产阶级当做自己的物质武器，同样，无产阶级也把哲学当做自己的精神武器；思想的闪电一旦彻底击中这块素朴的人民园地，德国人就会解放成为人"②。德国人的解放就是"人"的解放，德国的革命如果不从根本上完成，人的彻底的解放也将无从实现。新哲学如果不能消除无产阶级，使其成为自由人，也就谈不上成为现实。相反，如果无产阶级不能够把新哲学变成革命的现实，他们自身也就不能实现解放。

三、《德法年鉴》时期马克思需要理论的思想史地位和意义

与《莱茵报》时期的需要理论相比，《德法年鉴》时期马克思需要理论已经带有鲜明的革命性。首先，《论犹太人问题》这一文本在马克思主义思想史上，不仅具有唯物史观意义，也蕴含着鲜明的共产主义的革命思想。其中围绕犹太精神的"实际需要、利己主义"的批判，不仅为其在《神圣家族》中进一步剖析犹太人问题、批判现代国家及其人权理论做了铺垫，同时也为其转向政治经济学研究提供了契机，尤其是为在《1844 年经济学哲学手稿》中结合人的需要理论深入批判资本主义的生产方式和建构异化劳动理论积累了丰富经验。其次，《〈黑格尔法哲学批判〉导言》不仅延续了《论犹太人问题》的解放话题，而且在更深层次上为实现人的"彻底需要的革命"做了具体探索。《〈黑格尔法哲学

① 马克思，恩格斯．马克思恩格斯文集：第 1 卷．北京：人民出版社，2009：7.

② 马克思，恩格斯．马克思恩格斯文集：第 1 卷．北京：人民出版社，2009：17－18.

批判〉导言》进一步把“普遍解放的需要”“彻底需要的革命”和无产阶级相联系，这正是他的思想学说实现“两个转变”的具体体现。《〈黑格尔法哲学批判〉导言》蕴含了丰富的唯物史观思想和共产主义的革命理论。这不仅为他在《神圣家族》中批判埃德加的思辨唯心主义和蒲鲁东的改良主义做了预告，也为他在《1844 年经济学哲学手稿》中进一步深入探讨资本主义生产方式下无产阶级的异化需要、异化劳动和共产主义革命奠定了基础。总之，《论犹太人问题》和《〈黑格尔法哲学批判〉导言》一起构成了马克思思想转变中的里程碑。

第三节 巴黎手稿对无产阶级的需要和异化需要的初步探索

在《莱茵报》和《德法年鉴》时期，马克思从人民群众的物质利益和现实需要出发，批判了封建的普鲁士政权和国民经济学的反人民性，为维护人民的物质利益和现实需要找到了制度病因。在此之后，马克思从德国革命的现状出发，发现人民群众要想捍卫自己的物质利益和现实需要，只靠宗教解放和政治解放是远远不够的，还必须向反人民的剥削制度开火，发动无产阶级的彻底需要的革命。在他看来，发动革命的物质力量就是无产阶级。《1844 年经济学哲学手稿》（又称“巴黎手稿”）是对《〈黑格尔法哲学批判〉导言》《论犹太人问题》中关于“革命的需要”与“需要的革命”问题进行深化研究的续篇。在《莱茵报》和《德法年鉴》时期，马克思主要从历史、政治和法的方面对私有财产进行批判，而在《1844 年经济学哲学手稿》中，他首次以国民经济学批判为切入点，“从当前的国民经济的事实出发”①，结合私有制、异化需要与无产阶级革命，对异化劳动和私有制进行了深入批判。在批判私有制和异化劳动时，工人阶级的异化需要问题成了马克思的批判利器。

一、需要是人的本质力量的表现和确证

自《莱茵报》时期以来，马克思一贯重视人民群众的物质利益和现

① 马克思，恩格斯．马克思恩格斯文集：第 1 卷．北京：人民出版社，2009：156.

实需要，把维护人民群众的物质利益和现实需要作为批判封建主义和资本主义制度的落脚点。受此影响，在《1844年经济学哲学手稿》中，需要依然是受马克思重视的一个重要范畴，在马克思批判私有制的过程中具有重要地位。在笔记本III的“私有财产和需要”一节中，马克思把人的需要视为人的本质力量的表现和确证。在马克思看来，人是具有双重性质的存在物。一方面，人是直接性的自然存在物，同动植物一样是“受动的、受制约的和受限制的存在物”①，会有体现自己生命力和自然力的物质欲望，进而会对欲望的对象物产生需要。马克思举例而论，就像人的饥饿一样，人因为饥饿，所以需要从外界摄取满足需要的对象性外在物。在马克思看来：人的自然欲望的对象物是不依赖于人的欲望而存在的，但这些对象性外在物，“是表现和确证他的本质力量所不可缺少的、重要的对象”②。另一方面，作为自然的、肉体的具有生命的人，“他必须既在自己的存在中也在自己的知识中确证并表现自身”③，只有通过感性的需要的对象性外在物，才能表现自己的生命力量。人的需要的对象物不是天然地存在于人的感性世界中的，“不是直接同人的存在物相适合地存在着”④的，所以要通过满足需要的活动来展现自己作为自为存在物的实践力量才能获取。从以上马克思关于人的需要的指认来看，马克思不仅不反对人的需要，而且认为人的需要是人的本质力量的表现和确证。马克思对人的需要的肯定，构成了他分析和批判资本主义制度下人的需要异化问题的起点。

二、资本主义制度下无产阶级需要的异化

马克思固然肯定人的需要，但他对资本主义制度下人的需要的异化状况给予了坚决否定。无论是对无产者、有产者来说，还是在整个社会范围内，人的需要都呈现一种高度异化的状况。这种异化一方面导致了资产阶级需要的精致化，另一方面造成了无产阶级需要的简单化。不仅资产阶级的现实需要越来越精致化，而且满足他们需要的对象物也越来越精致化。但是，这对于工人阶级来说，完全是相反的。工人阶级的需

① 马克思，恩格斯．马克思恩格斯文集：第1卷．北京：人民出版社，2009：209.
② 马克思，恩格斯．马克思恩格斯文集：第1卷．北京：人民出版社，2009：209.
③ 马克思，恩格斯．马克思恩格斯文集：第1卷．北京：人民出版社，2009：211.
④ 马克思，恩格斯．马克思恩格斯文集：第1卷．北京：人民出版社，2009：211.

要沦为牲畜般的粗陋需要，而且“对于工人来说，甚至对新鲜空气的需要也不再成其为需要了”①。就工人而言，异化劳动使他们生活在极度的异化需要中。如马克思所说，“工人的需要不过是维持工人在劳动期间的生活的需要，而且只限于保持工人后代不致死绝”②。他们获得的工资仅仅能够维持正常的生命活动，就是保障他们能像牲畜一样存在的最低报酬。资本家付给工人工资主要是防止他们活不下去而导致生产难以为继。就像马克思所比喻的，他们的工资仅仅是工人的维修费，永远不可能超越资本家的“必要的需要”，他们和资产阶级的生产机器的保养和维修工具一样，仅仅是“为了保持车轮运转而加的润滑油”③。事实的残酷之处在于，哪怕在这种极为悲惨的生产生活状况下，工人们还是期待能通过异化劳动来争取更高的工资。于是，“他们越想多挣几个钱，他们就越不得不牺牲自己的时间，并且完全放弃一切自由，在挣钱欲望的驱使下从事奴隶劳动。这就缩短了工人的寿命”④。工人们越想多挣钱养家糊口，他们就越要让渡自己的劳动和自由时间，这种奴隶般的劳作导致他们越来越不自由，自然寿命由于外在损害而越来越短。就这样，工人在“极其片面的、机器般的劳动”⑤ 下，从精神到肉体，都被贬低为“生产的工具”。就整个私有制下的社会关系而言，人和人的关系被异化为利益骗取和抢夺的关系。如马克思所说，“每个人都指望使别人产生某种新的需要，以便迫使他作出新的牺牲，以便使他处于一种新的依赖地位并且诱使他追求一种新的享受，从而陷入一种新的经济破产。每个人都力图创造出一种支配他人的、异己的本质力量，以便从这里面获得他自己的利己需要的满足”⑥。“每一个现实的或可能的需要都是诱使苍蝇飞近涂胶竿的弱点”⑦，人们为了更广泛地占有和夺取“敌对的存在物”，就会想尽一切办法满足自己“对货币的需要”。因此，“对货币的需要是国民经济学所产生的真正需要，并且是它所产生的唯

① 马克思，恩格斯．马克思恩格斯文集：第 1 卷．北京：人民出版社，2009：225.
② 马克思，恩格斯．马克思恩格斯文集：第 1 卷．北京：人民出版社，2009：171.
③ 马克思，恩格斯．马克思恩格斯文集：第 1 卷．北京：人民出版社，2009：171.
④ 马克思，恩格斯．马克思恩格斯文集：第 1 卷．北京：人民出版社，2009：119.
⑤ 马克思，恩格斯．马克思恩格斯文集：第 1 卷．北京：人民出版社，2009：120.
⑥ 马克思，恩格斯．马克思恩格斯文集：第 1 卷．北京：人民出版社，2009：223.
⑦ 马克思，恩格斯．马克思恩格斯文集：第 1 卷．北京：人民出版社，2009：224.

一需要”①。生产者（工业宦官）不择手段地从别人那里骗取钱财。他们“厚颜无耻地用更卑鄙的手段来骗取银币，从自己按照基督教教义说来本应去爱的邻人的口袋里诱取黄金鸟”②。他们这帮人经常游走在众人中间，“迎合他人的最下流的念头，充当他和他的需要之间的牵线人，激起他的病态的欲望，默默地盯着他的每一个弱点，然后要求对这种殷勤服务付酬金”③。在马克思的眼里，工业宦官就是卑鄙的、厚颜无耻的骗子。他们生产的“每一种产品都是人们想用来诱骗他人的本质、他人的货币的诱饵；每一个现实的或可能的需要都是诱使苍蝇飞近涂胶竿的弱点”④。所以马克思认为，“私有制不懂得要把粗陋的需要变为人的需要。它的理想主义不过是幻想、任意的奇想、突发的怪想”⑤。若想实现人的需要的解放，就必须彻底扬弃私有制，只有这样人类才能真正实现“彻底需要的革命”。

三、扬弃私有制：占有自己的全面的本质

私有制使工人与自己的劳动产品、自己的劳动、自然以及人本身相异化，使他们“变成异己的和非人的对象”，他们的现实化就是与他们相异化的现实。对工人而言，私有制使他们的本质变得“愚蠢而片面”，以至于对需要的对象，只有在为他们所拥有，被他们吃、喝、穿、住等的时候才是他们的。在私有制下，“人（工人）只有在运用自己的动物机能——吃、喝、生殖，至多还有居住、修饰等等——的时候，才觉得自己在自由活动，而在运用人的机能时，觉得自己只不过是动物”⑥。所以，为了使工人占有自己的本质和生命，拥有自己的劳动活动和劳动产品，就必须扬弃私有制，让人以一种全面的方式完全“占有自己的本质”，成为全面、完整的人。如马克思所说：“对私有财产的积极的扬弃，就是说，为了人并且通过人对人的本质和人的生命、对象性的人和人的产品的感性的占有，不应当仅仅被理解为直接的、片面的享受，不应当仅仅被理解为占有、拥有。人以一种全面的方式，就是说，作为一

① 马克思，恩格斯．马克思恩格斯文集：第1卷．北京：人民出版社，2009：224.
② 马克思，恩格斯．马克思恩格斯文集：第1卷．北京：人民出版社，2009：224.
③ 马克思，恩格斯．马克思恩格斯文集：第1卷．北京：人民出版社，2009：224-225.
④ 马克思，恩格斯．马克思恩格斯文集：第1卷．北京：人民出版社，2009：224.
⑤ 马克思，恩格斯．马克思恩格斯文集：第1卷．北京：人民出版社，2009：224.
⑥ 马克思，恩格斯．马克思恩格斯文集：第1卷．北京：人民出版社，2009：160.

个完整的人，占有自己的全面的本质。”① 人的本质和人的对象性活动都是多种多样的。按照马克思的理解，在扬弃私有制后，人的“视觉、听觉、嗅觉、味觉、触觉、思维、直观、情感、愿望、活动、爱”② 等就是人的现实的实现，是人按照人的方式进行的一种“自我享受”。在马克思看来，因为工人阶级是受私有制迫害最深的阶级，所以若要使整个社会从私有制、奴役制中解放出来，就必须使工人自身得到解放，“通过工人解放这种政治形式来表现”③。工人的解放本身内在地包含着普遍的人的解放。人类社会现存着的人奴役制都包含在工人对生产的关系中，而且所有的奴役和压迫关系都是工人所在的社会生产关系的变异的结果。所以要实现工人的彻底解放必须进行无产阶级革命，实现共产主义。“共产主义是对私有财产即人的自我异化的积极的扬弃，因而是通过人并且为了人而对人的本质的真正占有”④。共产主义不同于对神的扬弃生成的理论的人道主义，它是基于实践活动的人道主义。无神论以扬弃宗教神学为中介，共产主义则以扬弃私有制为中介。所以在马克思看来，“无神论、共产主义才是人的本质的现实的生成，是人的本质对人来说的真正的实现，或者说，是人的本质作为某种现实的东西的实现”⑤，只有无神论和共产主义才能保障人的本质的丰富和发展，保障人的自由自觉的劳动本质的实现。在马克思看来，就像无神论扬弃天国的神明实现人的宗教解放一样，共产主义对私有制的扬弃也能实现对工人阶级自身的彻底解放。正如马克思所说，“对私有财产的扬弃，是人的一切感觉和特性的彻底解放；但这种扬弃之所以是这种解放，正是因为这些感觉和特性无论在主体上还是在客体上都成为人的”⑥。共产主义下人自身的解放，使人的任何器官完全属于他自己。“眼睛成为人的眼睛，正像眼睛的对象成为社会的、人的、由人并为了人创造出来的对象一样”⑦，人的感觉器官为了对象物而与对象物通过对象性活动发生对象性关系，对象物完全按照人的方式同人发生对象性关系，人也按照

① 马克思，恩格斯．马克思恩格斯文集：第1卷．北京：人民出版社，2009：189.
② 马克思，恩格斯．马克思恩格斯文集：第1卷．北京：人民出版社，2009：189.
③ 马克思，恩格斯．马克思恩格斯文集：第1卷．北京：人民出版社，2009：167.
④ 马克思，恩格斯．马克思恩格斯文集：第1卷．北京：人民出版社，2009：185.
⑤ 马克思，恩格斯．马克思恩格斯文集：第1卷．北京：人民出版社，2009：217.
⑥ 马克思，恩格斯．马克思恩格斯文集：第1卷．北京：人民出版社，2009：190.
⑦ 马克思，恩格斯．马克思恩格斯文集：第1卷．北京：人民出版社，2009：190.

人的对象性活动同对象物发生实践关系。这样一来，“需要和享受失去了自己的利己主义性质，而自然界失去了自己的纯粹的有用性，因为效用成了人的效用”①。所以马克思指出，“在社会主义的前提下，人的需要的丰富性具有什么样的意义，从而某种新的生产方式和某种新的生产对象具有什么样的意义”②。

四、重建需要：共产主义与需要的愿景

在构建符合人性的需要的探索上，马克思对共产主义寄予了厚望。他认为，从资本主义私有制向共产主义的革命性跨越，不仅是人向自身的合乎人的本性的复归，也是自觉实现的、在既往财富范围内的完全复归。马克思对共产主义下人与自然高度和谐的状态给予了充分肯定，在马克思看来，共产主义不仅是一种“完成了的自然主义”，而且是一种完成了的“人道主义”。共产主义的实现不仅可以解决人与人、人与自然之间的矛盾，而且能使个体与类的矛盾得以解决。它不仅包含着人的价值与自然的价值的高度统一，而且意味着人的本质的发展、人的自由实现和个性与类性的和解。需要指出的是，虽然马克思肯定共产主义是对私有制的扬弃，也认可它是满足人的需要的最好制度，但是，马克思并不认为所有声称自己为共产主义的“共产主义”都具有这种功能。其中，马克思特别批判了“粗陋的共产主义”和“专制的共产主义”，在他看来，这两个不能称为共产主义的“共产主义”。在马克思看来，这两种“共产主义”都不能摆脱私有制的影响和束缚，“也还不了解需要所具有的人的本性”③，都不能充分理解“人的需要在何种程度上成为合乎人性的需要”④ 的深意，因而它们不能解决好满足人的符合人性的需要问题。按照马克思的描述，在他所理解的共产主义制度下，人的富有体现为他具有人的完整性、需要的丰富性。“富有的人和人的丰富的需要代替了国民经济学上的富有和贫困。富有的人同时就是需要有人的生命表现的完整性的人，在这样的人的身上，他自己的实现作为内在的必然性、作为需要而存在。不仅人的富有，而且人的贫困，——在社会

① 马克思，恩格斯．马克思恩格斯文集：第1卷．北京：人民出版社，2009：190.
② 马克思，恩格斯．马克思恩格斯文集：第1卷．北京：人民出版社，2009：223.
③ 马克思，恩格斯．马克思恩格斯文集：第1卷．北京：人民出版社，2009：185.
④ 马克思，恩格斯．马克思恩格斯文集：第1卷．北京：人民出版社，2009：185.

主义的前提下——同样具有人的因而是社会的意义。贫困是被动的纽带，它使人感觉到自己需要的最大财富是他人。”① 这不仅是人的本质力量的证明，而且是人的本质得到充实的确证。由此来看，共产主义不仅是无产阶级革命实践的结果，也是满足符合人性的需要的前提。

总的来看，在《1844 年经济学哲学手稿》中，马克思借助对无产阶级的异化劳动和异化需要问题的深入分析和批判，探讨了在资本逻辑下无产阶级异化需要产生、发展和灭亡的深层原因，分析论证了资本主义的生产方式，提出了通过共产主义革命来获得无产阶级异化需要的解放与复归，为克服异化劳动和异化需要找到了正确的共产主义的途径，为带领无产阶级进行革命实践积累了丰富经验。马克思把异化劳动、对象性的实践活动和人的需要相结合，充满了丰富的历史唯物主义色彩，这不仅为他和恩格斯在《德意志意识形态》中充分阐发唯物史观打下了基础，而且为其今后在《资本论》中全面深入剖析资本主义奠定了基础。马克思对资本主义生产方式下人的需要问题和异化劳动的批判性考察，构成了他走向成熟的唯物史观的一个关键环节。在苏联马克思主义学者鲁宾看来，马克思在对私有制的考察中，已经注意到了地主、资本家和工人之间在消费上的不同特征，或者说注意到了消费的阶级性问题。

第四节 《神圣家族》中作为“革命热情之花”的利益需要

《神圣家族》延承了《〈黑格尔法哲学批判〉导言》在人类的彻底需要的革命中对无产阶级的历史使命的探讨，不仅阐释了唯物史观的人民主体论，而且进一步丰富了共产主义革命理论。在《神圣家族》中，马克思不仅论证了无产阶级的历史地位和革命主体力量，而且从人民群众的物质利益和现实需要出发，考察了现实的人的生活的现实动因。他站在人民群众的立场上严厉地批判了唯心论者，号召全社会关注人民群众的物质利益和现实需要，捍卫他们的利益诉求，唯有这样才能取得革命

① 马克思，恩格斯．马克思恩格斯文集：第 1 卷．北京：人民出版社，2009：194－195.

的成功。

一、历史不过是追求着自己目的的人的活动而已

马克思指出："历史活动是群众的活动，随着历史活动的深入，必将是群众队伍的扩大。"① 人民群众既是历史的创造者，又是历史的剧中人。然而青年黑格尔派却认为历史不过是"一小撮人物"创造的。就连自诩为社会主义理论家的埃德加也宣称工人什么也没有创造，工人只能创造满足他们单方面需要的单一性的事物。如唯心史观所认为的，"工人之所以什么都没有创造，是因为他们的工作仅仅是为了满足他们个人的需要的某种单一的东西"②。对此马克思给予了严厉的批判。他认为这是资产阶级思想家对无产阶级的冷血和无情。事实上，正是工人创造了一切。工人不仅为了满足自己的物质需要而创造，还创造满足别人需要的对象物。布鲁诺·鲍威尔把人民群众看作"流动的群氓"，这正体现了资产阶级的理论家对群众史观的漠视。马克思认为以布鲁诺·鲍威尔为代表的"批判家却永远是不通人性的人〔Unmensch〕"③。

二、物质利益和现实需要是革命的"热情"之花

马克思指出，正是物质利益和现实需要才让 1789 年的资产阶级革命取得了成功。在马克思看来，革命唤不醒群众的"热情"，革命的原则也不能引起群众的关注。"因为人数众多的、与资产阶级不同的那部分群众认为，在革命的原则中并没有体现他们的现实利益，并没有体现他们自己的革命原则，而仅仅包含一种'思想'，也就是仅仅包含一个激起暂时热情和掀起表面风潮的对象罢了"④。对于革命者而言，没有革命的利益也就没有长久的革命的热情。如果没有利益作为革命的激励，大多数人的革命热情很快就会消退。任何革命活动，唯有从人民的物质利益和现实需要出发，才能获得不竭动力。与青年黑格尔派动辄从哲学的思辨出发，抽象地谈论革命的动力不同，马克思主张从现实中寻找答案。历史活动是群众的活动，历史不过是追求着自己目的的人的活

① 马克思，恩格斯．马克思恩格斯文集：第 1 卷．北京：人民出版社，2009：287.
② 马克思，恩格斯．马克思恩格斯全集：第 2 卷．北京：人民出版社，1957：21.
③ 马克思，恩格斯．马克思恩格斯全集：第 2 卷．北京：人民出版社，1957：22.
④ 马克思，恩格斯．马克思恩格斯文集：第 1 卷．北京：人民出版社，2009：287.

动而已。“思想”一旦离开“利益”，就一定会使自己出丑。任何得到历史承认的群众的“利益”，当它最初出现于世界舞台时，总是在“思想”或“观念”中远远地超出自己的实际界限，很容易使自己和全人类的利益混淆起来。

三、走出唯心史观的“阿莉阿德尼之线”

人民群众的物质利益与现实需要是马克思彻底走出唯心史观的“阿莉阿德尼之线”。市民社会的利己主义者在他们那“非感性的观念”和“无生命的抽象”中，把自己看成与外界没有任何联系的“原子”。这种原子是“同任何东西毫无关系的、自满自足的、没有需要的、绝对充实的、极乐世界的存在物”①。然而在马克思看来，即使利己主义者刻意不去理会他们身外的现实世界以及身外的个人的价值，他们的“感性的现实”也会让他们停止对“极乐世界”的想象。现实中利己主义者的胃部会告诉他们，他们身外的感性现实并不是虚无的，相反构成了充实他们的感性现实的外界物。作为现实的人，他们都会有作为人的感性欲望，“他的每一种生命欲望都会成为一种需要，成为一种把他的私欲变为追逐身外其他事物和其他人的需求”②。这是因为“一个个人的需要，对于另一个拥有满足这种需要的手段的利己主义的个人来说，并没有什么不言自明的意义，就是说，同这种需要的满足并没有任何直接的联系，所以每一个个人都必须建立这种联系，为此，每一个个人都同样要成为他人的需要和这种需要的对象之间的牵线者”③。正是人与人之间的现实利益和需要把市民社会中的各个个体联系起来。如马克思所说，利己主义者“只是在观念中、在自己想象的天堂中才是原子，而实际上他们是和原子截然不同的存在物，就是说，他们不是超凡入圣的利己主义者，而是利己主义的人”④。

《神圣家族》不仅蕴含着丰富的历史唯物主义群众观点，而且多次强调从现实出发深入思考问题，表明了马克思在历经《论犹太人问题》和《〈黑格尔法哲学批判〉导言》后“两个转变”的基本完成。虽然《神

---

① 马克思，恩格斯．马克思恩格斯文集：第 1 卷．北京：人民出版社，2009：321.
② 马克思，恩格斯．马克思恩格斯文集：第 1 卷．北京：人民出版社，2009：322.
③ 马克思，恩格斯．马克思恩格斯文集：第 1 卷．北京：人民出版社，2009：322.
④ 马克思，恩格斯．马克思恩格斯文集：第 1 卷．北京：人民出版社，2009：322.

圣家族》在对一些具体问题的论证方面还有待深入，但这正为他以后全面批判和论证资本主义生产方式、异化劳动、异化需要和无产阶级革命积累了经验。总之，《神圣家族》这部著作不仅在唯物史观的发展史上，而且在科学社会主义发展史上都有重要的文本价值。

第五节 《德意志意识形态》与“需要革命”的实现途径

共产主义是人类实现彻底需要的革命的必经之路。然而在引领革命活动的关键点上，不仅费尔巴哈本人宣称自己是共产主义者，格律恩等人也宣称自己是“真正的社会主义者”，这在民众之间形成了很大的思想混乱。尤其是费尔巴哈，他宣称自己从人与人之间的需要出发，建立普遍的爱的联系。这在民众之间产生了十分消极的影响。基于此种情势，马克思、恩格斯决定暂停手边的其他事务，先对费尔巴哈和鲍威尔为代表的德国哲学以及各式各样的先知为代表的“真正的社会主义”进行批判，而批判的起点就是对“现实的人”的深入考察。他们的批判任务决定了，在通向革命的途径上，他们一方面从现实的人出发，向德国哲学开火，使哲学从天国降到人间，使之关注现实的人的物质利益和现实需要；另一方面从无产阶级的共产主义出发，甄别“真正的社会主义”。

一、历史的前提：满足现实需要的实践活动

在批判德国哲学之前，必须要弄清楚一个基本原理，即从现实的人的需要出发是考察人类历史的前提和条件。首先要明确的是，一切历史的第一个前提就是人必须生活。而若想生活下去，就需要有一定的物质生活资料。所以人的第一个历史活动就是为了满足需要而进行生产物质生活资料的“生产物质生活本身”。人们的需要是人们进行物质生产的动因，历史的前提就是满足物质生活需要的生产活动。这个几千年来人们为了维持生活需要的历史活动，就是人们创造历史的基本条件。而且随着人类社会的发展，人类还会在第一个需要获得满足的基础上，不断地产生新的需要。“已经得到满足的第一个需要本身、满足需要的活动

和已经获得的为满足需要而用的工具又引起新的需要，而这种新的需要的产生是第一个历史活动。"① 马克思、恩格斯认为，这就是人类历史的"第二个事实"。人和动物不一样。人的需要是意识到的需要，因为人的本能"是被意识到了的本能"②，而动物只能直接地表现自己的本能，却不能意识到自己的本能。当然，动物也不能为了满足本能欲求而进行创造性的历史活动。而人们却可以为了满足自己的物质生活需要，开展形式各样的物质生产活动，从而发展出更多的需求，"这些需求的产生，也像它们的满足一样，本身是一个历史过程"③。需要和生产方式使人与人之间一开始就存在一种物质联系。"这种联系是由需要和生产方式决定的，它和人本身有同样长久的历史；这种联系不断采取新的形式，因而就表现为'历史'，它不需要用任何政治的或宗教的呓语特意把人们维系在一起。"④

首先，从需要与人的发展来看，人的发展取决于人们生产他们所需要的生活资料的能力和方式，但是他们生产所需要的生活资料的能力和方式，并不是没有根由地发展而来的，而是"取决于他们已有的和需要再生产的生活资料本身的特性"⑤。如马克思、恩格斯所说，"随着人口增长而增长的对衣料的需求，由于流通加速而开始的自然形成的资本的积累和运用，以及由此引起的并由于交往逐渐扩大而日益增长的对奢侈品的需求"⑥。按照马克思、恩格斯的理解，人的发展不能仅从肉体的再生产方面来考察，更重要的是要从他们的生命和生活活动方式方面来考察。他们发展成什么样的人，既取决于他们的物质生产条件，还取决于他们在生活中怎么生产和生产什么。"个人怎样表现自己的生命，他们自己就是怎样"⑦，"他们是什么样的，这同他们的生产是一致的——既和他们生产什么一致，又和他们怎样生产一致"⑧。

其次，从需要与社会制度的变革来看，需要与社会制度有着天然的

---

① 马克思，恩格斯．马克思恩格斯文集：第1卷．北京：人民出版社，2009：531-532.
② 马克思，恩格斯．马克思恩格斯文集：第1卷．北京：人民出版社，2009：534.
③ 马克思，恩格斯．马克思恩格斯文集：第1卷．北京：人民出版社，2009：575.
④ 马克思，恩格斯．马克思恩格斯文集：第1卷．北京：人民出版社，2009：533.
⑤ 马克思，恩格斯．马克思恩格斯文集：第1卷．北京：人民出版社，2009：519-520.
⑥ 马克思，恩格斯．马克思恩格斯文集：第1卷．北京：人民出版社，2009：560.
⑦ 马克思，恩格斯．马克思恩格斯文集：第1卷．北京：人民出版社，2009：520.
⑧ 马克思，恩格斯．马克思恩格斯文集：第1卷．北京：人民出版社，2009：520.

联系。随着人的需要的层次性和多样性不断变化，人们也会根据他们的现实需要不断变革社会制度。然而青年黑格尔派不会懂得这个道理。费尔巴哈虽然将哲学从“彼岸的天国”拉回到了此岸的感性世界，但是不懂得他自身周围的感性世界并不是一成不变的，而是历史发展的“工业和社会状况的产物”，每一个历史阶段都是前一个历史阶段的结果，又是后一个历史阶段的前提，“其中每一代都立足于前一代所奠定的基础上，继续发展前一代的工业和交往，并随着需要的改变而改变他们的社会制度”①。

最后，从需要与社会分工的关系来看，由于生产率的提升和人的需要的产品的数量的增多，开始慢慢自然地形成分工。历史是从满足现实的人的现实的需要的现实的生产活动开始的。但是人的需要的增长、人口的增加和劳动生产率的提高导致了分工，而分工逐渐产生了私有制，私有制进而又导致了需要的异化，所以要通过革命消灭劳动分工和私有制，最终消灭异化需要。

二、意识的空话不能实现“彻底需要的革命”

马克思、恩格斯认为，“在思辨终止的地方，在现实生活面前，正是描述人们实践活动和实际发展过程的真正的实证科学开始的地方。关于意识的空话将终止，它们一定会被真正的知识所代替”②。人们只有摆脱思辨的“意识的空话”，符合现实生活逻辑的“实证科学”才得以成为可能。德国哲学习惯于从意识出发谈论物质生活，而在马克思、恩格斯看来，“不是意识决定生活，而是生活决定意识”③。意识从来都是被意识到的存在。他们明确宣称，“我们的出发点是从事实际活动的人，而且从他们的现实生活过程中还可以描绘出这一生活过程在意识形态上的反射和反响的发展”④。与德国古典哲学以思辨逻辑把握现实生活不同，马克思、恩格斯强调从“现实的人”的现实生活去把握意识，因为在他们看来，意识从来都是源于现实的物质生活的。“只有在现实的世

① 马克思，恩格斯．马克思恩格斯文集：第1卷．北京：人民出版社，2009：528.
② 马克思，恩格斯．马克思恩格斯文集：第1卷．北京：人民出版社，2009：526.
③ 马克思，恩格斯．马克思恩格斯文集：第1卷．北京：人民出版社，2009：525.
④ 马克思，恩格斯．马克思恩格斯文集：第1卷．北京：人民出版社，2009：525.

界中并使用现实的手段才能实现真正的解放”①，因而只有从现实的人的对象性活动出发，才能得到“真正的知识”。他们的现实逻辑非常清晰，即以从事着对象性活动的人来建构现实的物质生活的意识形态话语。他们很清楚，在想象的哲学里并不能实现现实的人的需要的革命。真正的解放必然包含人本身、人的需要和人的劳动的解放。“当人们还不能使自己的吃喝住穿在质和量方面得到充分保证的时候，人们就根本不能获得解放。”② 如果人们的衣食温饱需要不能得到有效满足，就像德国哲学从臆想中求解人的解放一样，不去注重现实的人的衣食住行，不去关心他们的现实生活需要被满足的状况，人自身的解放也就根本无从实现。后来恩格斯在总结马克思的贡献时指出，“正像达尔文发现有机界的发展规律一样，马克思发现了人类历史的发展规律，即历来为繁芜丛杂的意识形态所掩盖着的一个简单事实：人们首先必须吃、喝、住、穿，然后才能从事政治、科学、艺术、宗教等等；所以，直接的物质的生活资料的生产，从而一个民族或一个时代的一定的经济发展阶段，便构成基础，人们的国家设施、法的观点、艺术以至宗教观念，就是从这个基础上发展起来的，因而，也必须由这个基础来解释，而不是像过去那样做得相反”③。

求解现实的人的解放，必须以现实逻辑替代德国哲学的思辨逻辑。在马克思、恩格斯看来，“无产阶级的共产主义”革命才是真正符合现实逻辑的人的解放的正途，因为“无产阶级的共产主义”革命是真正立足于现实的个人的物质利益的革命形式，也是唯一能够触动私有制根基的现实革命形式。换言之，只有“无产阶级的共产主义”才真正符合无产阶级的物质利益和现实需要。只是实现触动生产关系的革命，也要依靠现实的革命的物质力量，而无产阶级就是革命的物质力量的现实主体。事实上，相比于“无产阶级的共产主义”革命，人类历史上没有哪一次革命能够如此彻底地要求消灭异化劳动。人类历史上无论是哪个阶级主导的社会革命，都没有消解他们所属的那个阶级本身。而无产阶级主导的共产主义革命不仅消灭了私有制，而且消灭了他们本身。所以，共产主义革命的彻底完成，也意味着一切阶级和民族的解体。

---

① 马克思，恩格斯．马克思恩格斯文集：第1卷．北京：人民出版社，2009：527.

② 马克思，恩格斯．马克思恩格斯文集：第1卷．北京：人民出版社，2009：527.

③ 马克思，恩格斯．马克思恩格斯文集：第3卷．北京：人民出版社，2009：601.

三、"真正的社会主义"不能反映实际需要

"真正的社会主义"又被称为"德国的社会主义"，是以赫斯、格律恩和克利盖为代表的德国知识分子掀起的一股小资产阶级社会主义思潮。这股思潮一度流行于德国知识界，它宣称德国科学有向世界揭示社会主义真理的使命。他们从抽象的概念出发，抹杀不同阶级之间的矛盾，鼓吹要通过人与人之间的爱建立普遍的联系。这股思潮对 19 世纪 40 年代的德国解放产生了恶劣影响。马克思、恩格斯对它进行了深入揭示和批判。

首先，他们对"真正的社会主义"的理论基础进行了批判。他们指出，"真正的社会主义"与德国的思辨哲学体系如出一辙，都是从"纯粹的思想"的思辨的想象活动中构造的。用黑格尔的理性主义思辨哲学和费尔巴哈的人本学哲学的一些原理，来阐释共产主义的某些思想，不仅是文献上的无知，也是操作上的失败。把共产主义的理论和现实的运动割裂开来，恰恰是头尾倒置，因为哲学的内容从来都是"现实运动的表现"。其次，他们对"真正的社会主义"的理论功能进行了批判。他们认为，所谓"真正的社会主义"的理论主张，只不过是易容过的情感天国里的理论变种。它不宣扬人间的革命，相反宣扬人间普遍之爱。由于这种理论关心的不是现实的人而是"人"，所以它不可能生发出革命运动的物质力量。它"丧失了一切革命热情，它就不是宣扬革命热情，而是宣扬普遍的人类之爱了"①。最后，他们对"真正的社会主义"的理论效应进行了批判。他们认为，虽然"真正的社会主义"的著作家们对"最合乎理性的"社会制度侃侃而谈，但是实际上他们所设计的理论与现实相去甚远。因为这些"真正的社会主义者"禁锢于德意志意识形态，所以他们不可能去考察现实的社会关系和现实中的物质利益。于马克思、恩格斯而言，"真正的社会主义"之所以是偏离现实的，是因为他们把理论完全游离在现实的物质利益之外，他们的理论完全是在"现实的党派利益"的外围构建起来的。"真正的社会主义"完全"是在现实的党派利益之外产生的"，他们的理论运动只能为社会上的青年美文学家、江湖医生和其他不入流的作家们打开"利用社会运动的大门"，

① 马克思，恩格斯．马克思恩格斯文集：第 1 卷．北京：人民出版社，2009：590.

但其自身只能沦为一场“最完备的社会文学运动”①。

总的来说，《德意志意识形态》结合人类历史、社会分工、社会制度、社会生产力、共产主义等范畴，不仅为人类历史找到了前提和基础，而且为马克思、恩格斯站在现实的人的彻底解放的立场上，批判德国哲学在想象的头脑里实现人类解放和揭穿“真正的社会主义”的荒诞理论做了铺垫。马克思、恩格斯对人们的现实需要的生成、发展和实现的论述，不仅指出了资本主义制度下无产阶级的需要异化状况，而且论证了只有无产阶级的共产主义才能实现人类的彻底需要的革命的基本观点。总之，马克思、恩格斯在该文本中对需要的相关论述，成了历史唯物主义中不可或缺的一部分。尤其是他们对需要理论的政治经济学分析，为他们在《资本论》及相关经济学手稿中深入揭示资本逻辑下人的需要的异化和解放做了很好的准备。

第六节　《哲学的贫困》对革命的辩护和“解放的需要”论证

马克思在经历了从革命民主主义到共产主义的思想转变后，如何以革命的手段消除妨碍人类实现彻底需要的解放的因素，就成了他一直思考和辩护的问题。在写作完《1844 年经济学哲学手稿》后，马克思、恩格斯忙于清算他们之前的哲学信仰的《德意志意识形态》。但是在这期间各种敌对革命的声音此起彼伏。一时间，宿命论经济学家认为工人阶级的贫困是“自然的结果”，空想社会主义者看不到消灭无产阶级普遍贫困的革命力量，人道学派希望通过对无产阶级的同情来消除贫困，蒲鲁东更是明确地反对革命论和兜售改良主义理论。这在工人群体中产生了很大的消极影响，也对无产阶级革命活动产生了很大的负面效应，以至于让马克思、恩格斯意识到，必须放下手中的《德意志意识形态》的写作，对蒲鲁东主义给予坚决批判。如恩格斯在给马克思的一封信中所说，如果《德意志意识形态》的出版会妨碍《哲学的贫困》一书的出版，那就把《德意志意识形态》“扔掉算了”，因为出版《哲学的贫困》

① 马克思，恩格斯．马克思恩格斯文集：第 1 卷．北京：人民出版社，2009：590.

一书要“重要得多”[1]。从此也可以看出，对蒲鲁东等人的反对革命暴力论进行批判已迫在眉睫。

一、蒲鲁东的反对革命暴力论和改良主义论

于无产阶级的自由解放而言，革命是实现他们利益诉求的必然选择。然而小资产阶级思想家蒲鲁东明确反对“暴力革命论”。在蒲鲁东看来，暴力革命只不过对现存的事物“简单地推倒”，并不能积极地解决无产阶级的实际问题。从他给马克思的信中，可以发现他对暴力革命的消极态度：您可能仍然抱着一种看法，认为如果没有出其不意的攻击，如果没有早先被称作革命而实际是乱动的那种东西，那么任何改革都不可能实现[2]。在蒲鲁东看来，“科学的全部使命就在于根据已有的成果和正在发展中的各种现象不断地探索各种可以立即实行的改革”[3]。所以他认为，不用进行暴力革命就能解决问题。蒲鲁东认为，通过社会改良的手段解决问题的代价要小很多。他提出，“用文火把私产烧掉总比对它施加新的力量实行大屠杀要好些”[4]。

为了反对革命暴力论，蒲鲁东主张通过社会改良实现“互助主义”的工场联合。蒲鲁东认为工场内的个别利益和整体利益是相互依存的，个体和集体并不对立。在蒲鲁东看来，正是这种建立在公平基础上的“互助主义”才创造了联合的条件。在他的设想下，通过联合，所有的生产者都可以获得公平的报酬，并把工人劳动产品的收益返回给他们，这样一来，资本家对工人们的剥削就不存在了。这在蒲鲁东的论敌埃德加尔看来，蒲鲁东表面上是“激进主义”的革命者，实际上却是“保守主义”的落后分子。对于消灭私有制，蒲鲁东选择了“平静地等待”。“他写道，人们必须让私有财产的运动平静地运行，运动在获得平等的时候就达到了平静，私有财产阶段只是进入社会组织的一个过渡时期。”[5]因为“蒲鲁东以贫困和人类的需要为出发点，他把贫困和需要这两个范畴变成绝对的范畴，设想每个人都是为了自己的需要同时也为了社会必

---

① 马克思，恩格斯．马克思恩格斯全集：第27卷．北京：人民出版社，1972：92.
② 卢森贝．政治经济学史：第3卷．北京：生活·读书·新知三联书店，1960：219.
③ 蒲鲁东．贫困的哲学．北京：商务印书馆，1998：220.
④ 卢森贝．政治经济学史：第3卷．北京：生活·读书·新知三联书店，1960：219.
⑤ 鲍威尔，李彬彬．蒲鲁东．现代哲学，2016（1）：15-23.

需的需要而工作的工人，这就是他的做法”①。但是在贫困产生根源的看法上，马克思和蒲鲁东相去甚远。蒲鲁东认为：无论是私有制，还是共产制，都是不合理的。社会上之所以出现了贫穷和富有的两极分化，是因为所有制成了窃取劳动果实的帮凶，一切所有制都会损害社会的平等。他认为在这两种所有制前提下谈论实现社会平等都是不现实的。他主张依靠“第三种社会形式”，而且在他看来，“第三种社会形式”不需要革命的手段就能够实现。

二、为革命辩护：推翻资本主义必须依靠革命

总的来说，蒲鲁东作为小资产阶级思想家，他的思想还是为了维护资产阶级的物质利益和现实需要。所以他不仅反对推翻资本主义制度，而且反对无产阶级通过革命暴力实现自己解放的需要。蒲鲁东的典型错误在于他把德国哲学和政治经济学相联系，生造出不需要革命就能实现公平正义的“第三种社会形式”。马克思认为，作为哲学家的蒲鲁东的错误之处在于他和其他一些经济学家一样，把抽象的范畴和现实的社会关系弄反了：“经济范畴只不过是生产的社会关系的理论表现，即其抽象。真正的哲学家蒲鲁东先生把事物颠倒了，他认为现实关系只是一些原理和范畴的化身。”② 在马克思看来：“他从经济学家那里借用了永恒关系的必然性；从社会主义者那里借用了把贫困仅仅看做是贫困的幻想。他对两者都表示赞成，企图拿科学权威当靠山。”③ 他依然没有走出“头尾颠倒”的理论误区。蒲鲁东不知道，所谓的原理和范畴从来都源于对现实的抽象。他想当然地拿“科学的靠山”为自己助威，比如从经济学作家的原理中挪用了“永恒关系的必然性”，在社会主义的文献里找来了“贫困的幻想”，并用来解释现实的贫困问题。但是他不知道，探讨贫穷问题，必须从生产力和生产关系的矛盾中去求索答案。在马克思看来，工人之所以会陷入贫苦，资本家之所以富有，根本原因就在于，资本主义的经济关系一方面成就了资本家的富有，另一方面也造就了工人阶级的赤贫。贫穷对工人来说不是与生俱来的，而是人为造就的。马克思认为，要想改变无产阶级的贫困处境，只有依靠革命的手段

① 鲍威尔，李彬彬．蒲鲁东．现代哲学，2016（1）：15－23.

② 马克思，恩格斯．马克思恩格斯文集：第1卷．北京：人民出版社，2009：602.

③ 马克思，恩格斯．马克思恩格斯文集：第1卷．北京：人民出版社，2009：616.

打碎资本主义的生产关系和剥削制度，除此之外，别无良策。如他所说："要使被压迫阶级能够解放自己，就必须使既得的生产力和现存的社会关系不再能够继续并存。"① 蒲鲁东试图通过不改变资本主义剥削制度来改良社会、实现平等的"和平药方"，注定是不奏效的。

在马克思看来，"经济学家的材料是人的生动活泼的生活；蒲鲁东先生的材料则是经济学家的教条"②。无论是蒲鲁东的"普遍理性"，还是"矛盾辩证法""科学的公式"，都只不过是对黑格尔哲学的稚嫩模仿。针对蒲鲁东自诩他拥有哲学的辩证法武器，马克思批评道，他的辩证法"就是用抽象的和矛盾的概念，如稀少和众多、效用和意见、一个生产者和一个消费者（两者都是自由意志的骑士）来代替使用价值和交换价值、需要和供给"③。这种在抽象观念里谈论生产和消费、需要和供给的做法，只是把资产阶级现实的政治经济学再次拉回到了抽象的德国哲学境地。这种做法，不仅解决不了现实的生产和消费的矛盾，也解决不了现实的需要和供给。蒲鲁东没有深得辩证法的要领，他以"构成价值"为中心创立的"超社会主义理论"只不过是对大卫·李嘉图的价值理论进行的乌托邦式的注解，在现实的运用上，注定是失败的。蒲鲁东从资本主义的现实出发，试图"平均主义"地改造现实的社会基础，只是理论上的一厢情愿。对革命的必要性，马克思认为无产阶级必须联合起来，发动反抗资本主义制度的暴力革命。马克思对此号召："不是战斗，就是死亡；不是血战，就是毁灭。问题的提法必然如此。"④ 实现无产阶级的自由解放和人类彻底需要的解放，必须通过诉诸强力、诉诸横暴的革命手段，打碎资本主义的制度基础。马克思指出："只有在没有阶级和阶级对抗的情况下，社会进化将不再是政治革命。"⑤ 这是因为，在存在阶级对立的社会里，若要实现社会关系的彻底变革，就必须以革命的途径推翻统治阶级的社会基础。无产阶级和资产阶级的阶级对立决定了"未来战斗的一切必要的要素在聚集和发展着"⑥，而"这个斗争的

---

① 马克思，恩格斯．马克思恩格斯文集：第1卷．北京：人民出版社，2009：655.
② 马克思，恩格斯．马克思恩格斯文集：第1卷．北京：人民出版社，2009：599.
③ 马克思，恩格斯．马克思恩格斯全集：第4卷．北京：人民出版社，1958：87-88.
④ 马克思，恩格斯．马克思恩格斯文集：第1卷．北京：人民出版社，2009：656.
⑤ 马克思，恩格斯．马克思恩格斯文集：第1卷．北京：人民出版社，2009：655.
⑥ 马克思，恩格斯．马克思恩格斯文集：第1卷．北京：人民出版社，2009：654.

最高表现就是全面革命”[①]。在无产阶级的革命逻辑里，只有依靠这种“全面革命”才能消灭同资产阶级的阶级对立，并最终实现他们自身的自由解放。相比于其他阶级，无产阶级是最革命的阶级，同时也是代表社会生产力发展要求的阶级。通过革命手段，无产阶级不仅可以打碎资本主义主导下的剥削制度，而且将发挥他们对解放和发展社会生产力的积极作用，因为在所有关于促进社会生产力发展的积极因素中，他们自身的革命因素就是解放和发展社会生产力的最有效因素。很显然，改良的手段由于不具有革命彻底性，从而不能实现社会生产力的真正解放和发展。

三、《哲学的贫困》对《资本论》需要理论的奠基

这部著作在马克思需要理论的发展史上具有十分重要的文本意义和思想价值。正如恩格斯在德文版序言中提到的，《哲学的贫困》是马克思在完全清晰了所建构的新历史观的基础上写成的，这本书中关于经济学的观点，体现出了很多新历史观的基本观点和方法。虽然《哲学的贫困》只是一部论战性著作，但是马克思自己坦陈，这部著作第一次阐述了一些具有决定性的观点，而且引起了较大反响。马克思曾做出说明，《哲学的贫困》是针对蒲鲁东的《贫困的哲学》写的，鉴于这部著作已经包含了《资本论》相关论点的萌芽，加之其初版已经售罄，所以决定将其重新发表。对于这部著作的基础性作用，马克思曾指出，《哲学的贫困》和《共产党宣言》可以作为学习研究的入门书籍。由此可以看出，这部著作在马克思心中的重要地位。总之，该部著作不仅为马克思撰写《资本论》奠定了基础，而且为其深入研究资本主义制度和资本主义制度下人的需要的异化问题做了铺垫。

第七节 《共产党宣言》为无产阶级的需要发出革命最强音

革命不仅是历史的火车头，也是革命者捍卫自身利益的撒手锏。

① 马克思，恩格斯．马克思恩格斯文集：第1卷．北京：人民出版社，2009：655.

《共产党宣言》是共产党人为了捍卫无产阶级的利益，带领无产阶级向资本主义发出的革命最强音。共产党人要向全世界公开自己的目的：带领无产阶级发动共产主义革命，推翻资本主义制度，实现无产阶级的自由解放和全面发展需要。事实上，在《共产党宣言》发表之前，马克思在《〈黑格尔法哲学批判〉导言》《神圣家族》《哲学的贫困》里，都对革命有过论证和辩护。尤其是在《哲学的贫困》里，马克思专门停下手中的重要任务针对蒲鲁东的改良主义和反对革命论做了针对性的批判。此次对反对革命论的批判完成之后，正值无产阶级的革命形势高涨，马克思和恩格斯根据对革命形势的客观判断，为了革命的需要，不再隐瞒自己的意图，决定带领无产阶级公开他们的革命宣言，向资本主义的反动统治发出革命的最强音，即“共产党人不屑于隐瞒自己的观点和意图。他们公开宣布：他们的目的只有用暴力推翻全部现存的社会制度才能达到。让统治阶级在共产主义革命面前发抖吧。无产者在这个革命中失去的只是锁链。他们获得的将是整个世界”①。

一、资产阶级：从革命的力量到革命的对象

资本主义生产力的迅猛发展致使全球市场不断开拓，这直接引发了人对物质生活资料需求总量的增加。在此种情况下，手工业再也不能满足市场扩张的需要。这最终触发了工业革命，并为资本主义的革命运动准备了条件。马克思、恩格斯并不否定资本主义在历史上的革命性，他们承认资本主义曾经是革命性的存在，也起到过革命的作用。但是资本主义对封建主义的革命性超越并没有消灭阶级对立和人与人之间的不平等。资本主义制度的确立并没有为无产阶级的自由解放带来希望，反而为工人阶级带来了新的剥削和压迫的条件，并让人与人之间除了形成了赤裸裸的利益关系和现金交易之外，再无别的联系。他们的直接需要就是“不断扩大产品销路”，最大规模地开拓世界市场，极尽所能地建立广泛的利益关系。

与此同时，资本主义也刷新了区域内国家满足需要的方式，在全球市场的主导下，他们不仅为自己生产生活资料，也为世界提供产品。如《共产党宣言》所述：“旧的、靠本国产品来满足的需要，被新的、要靠

① 马克思，恩格斯．马克思恩格斯文集：第2卷．北京：人民出版社，2009：66.

极其遥远的国家和地带的产品来满足的需要所代替了。"[①] 以前闭关锁国的民族由于交往市场的需要，开始被别的民族所需要了。资本主义以它独有的能量和面貌，创造了一个新世界。资本主义虽然带来了生产力的巨大变革和物质资料的极大丰富，但是同时也给无产阶级带来了赤贫。资本主义创造的这个对资本家有利的新世界，对满足工人阶级的物质利益和需要来说，却十分苛刻。资产阶级的利己主义需要使工人变成了交换价值。在资本主义制度下，资产者越来越富裕，无产者越来越贫穷。"工人变成赤贫者，贫困比人口和财富增长得还要快。"[②] 工人只能获得他们作为奴隶般生存下去的必需品，他们只能保证他们生命的再生产，并仅仅为增殖资本而活着，"只有在统治阶级的利益需要他活着的时候才能活着"[③]。然而资本主义的卫道士为了实现资本主义的利己主义需要，却不惜把他们的生产关系说成是永恒的规律。在马克思、恩格斯看来，"社会再不能在它统治下生存下去了，就是说，它的生存不再同社会相容了"[④]。资产阶级已经不能与它统治下的社会相容了，因为资产阶级亲手挖掉了他们赖以存在的基础。正是在此意义上来说，资产阶级也成了他们自身的"掘墓人"。在马克思、恩格斯看来，"资产阶级的灭亡和无产阶级的胜利是同样不可避免的"[⑤]。

二、无产阶级：从剥削的对象到革命的力量

随着资本主义的快速发展，无产阶级的队伍也越来越大，并逐渐成为一支强大的政治力量。他们开始懂得为了自身的利益和需要联合起来，成立反对资产阶级的同盟。"无产阶级内部的利益、生活状况也越来越趋于一致"[⑥]。他们也开始懂得利用资本主义的内部矛盾，迫使资产阶级在满足工人的需要上做出妥协。无产阶级已经成为和资产阶级相对立的阶级，而且与别的阶级（中间等级、流氓无产阶级）相比较而言，"只有无产阶级是真正革命的阶级"[⑦]。中间等级由于其天然的软弱

---

① 马克思，恩格斯．马克思恩格斯文集：第 2 卷．北京：人民出版社，2009：35.
② 马克思，恩格斯．马克思恩格斯文集：第 2 卷．北京：人民出版社，2009：43.
③ 马克思，恩格斯．马克思恩格斯文集：第 2 卷．北京：人民出版社，2009：46.
④ 马克思，恩格斯．马克思恩格斯文集：第 2 卷．北京：人民出版社，2009：43.
⑤ 马克思，恩格斯．马克思恩格斯文集：第 2 卷．北京：人民出版社，2009：43.
⑥ 马克思，恩格斯．马克思恩格斯文集：第 2 卷．北京：人民出版社，2009：40.
⑦ 马克思，恩格斯．马克思恩格斯文集：第 2 卷．北京：人民出版社，2009：41.

性，注定了他们只能在革命中左右逢源，保存自己，所以他们不是真正革命的力量，有的中间等级甚至是保守和反动的。虽然他们中也有一部分站到了无产阶级的立场上，但是也是因为他们担心未来的利益受损。再就流氓无产阶级而言，作为社会上的底层腐化了的团体，虽然他们有时也被卷入了无产阶级革命中，但是由于他们糟糕的生活状况，他们却心甘情愿地去干反动的勾当。所以中间等级和流氓无产阶级都不可指望，革命的成功必须依靠无产阶级来实现。正如马克思、恩格斯在《共产党宣言》中所指出的，“过去的一切运动都是少数人的，或者为少数人谋利益的运动。无产阶级的运动是绝大多数人的，为绝大多数人谋利益的独立的运动”①。换言之，在所有的阶级运动里，只有无产阶级的运动才是为了维护绝大多数人的利益，满足绝大多数人的需要。

三、共产主义：始终代表着无产阶级的需要

共产主义是真正代表着无产阶级的利益和需要的。共产党人是真正的无产阶级革命的领导力量。这是因为，共产党人不仅没有与工人阶级及其政党相对立的利益和需要，而且没有和所有无产阶级相对立的利益和需要，“共产党人始终代表整个运动的利益”②。共产党人“最近的需要”和其他无产阶级政党的需要一样，就是成长为革命的力量。共产党人不仅“为工人阶级的最近的目的和利益而斗争”③，而且“到处都支持一切反对现存的社会制度和政治制度的革命运动”④。然而很多自诩为社会主义（共产主义）的理论谎称也代表了无产阶级的利益和需要。其中较为典型的有这么几类：反动的社会主义、保守的或资产阶级的社会主义、批判的空想的社会主义和共产主义。

首先，拿“反动的社会主义”来说，其中封建的社会主义只是封建主义贵族为了激发工人阶级的同情心，佯作“已经不关心自身的利益，只是为了被剥削的工人阶级的利益才去写对资产阶级的控诉书”⑤。他们这样做是为了满足他们拉拢工人的需要，为他们的利益服务的。虽然

---

① 马克思，恩格斯．马克思恩格斯文集：第2卷．北京：人民出版社，2009：42.
② 马克思，恩格斯．马克思恩格斯文集：第2卷．北京：人民出版社，2009：44.
③ 马克思，恩格斯．马克思恩格斯文集：第2卷．北京：人民出版社，2009：65.
④ 马克思，恩格斯．马克思恩格斯文集：第2卷．北京：人民出版社，2009：66.
⑤ 马克思，恩格斯．马克思恩格斯文集：第2卷．北京：人民出版社，2009：54.

小资产阶级的社会主义也揭示了资本主义生产关系的矛盾，拆穿了资产阶级经济学家的“虚伪的粉饰”，证明了无产阶级的贫困和财富的分配不均，但是，就它的实际内容而言，“或者是企图恢复旧的生产资料和交换手段，从而恢复旧的所有制关系和旧的社会，或者是企图重新把现代的生产资料和交换手段硬塞到已被它们突破而且必然被突破的旧的所有制关系的框子里去”①。“真正的社会主义”一边诅咒自由主义，一边向人民群众宣扬革命的害处，不仅不能让他们获得什么，而且会失去更多。“这种社会主义是这些政府用来镇压德国工人起义的毒辣的皮鞭和枪弹的甜蜜的补充”②，实际上代表的只是小市民的利益和需要，与整个无产阶级的利益和需要相去甚远。其次，就保守的或资产阶级的社会主义而言，他们为了消除资本主义的弊病和保存资本主义的生产关系，变着法子反对革命。他们为了让工人厌弃革命，把自由贸易、保护关税和建立牢房，都说成是为了无产阶级的利益。按照他们的充满欺骗性的话语逻辑，“资产阶级的社会主义就是这样一个论断：资产者之为资产者，是为了工人阶级的利益”③。最后，就批判的空想的社会主义和共产主义而言，无论是普遍的禁欲主义还是粗陋的平均主义，他们虽然也是为了受苦受难的无产阶级的利益，但是都天真地想要通过和平的手段实现，他们不仅拒绝政治活动，而且拒绝革命活动，这使他们的主张充满了空想的色彩。虽然他们的很多观点是批判的、革命的，但是他们在真正维护无产阶级利益上很难实现什么“奇功异效”。所以，从以上形形色色的“社会主义”来看，它们都不可能成为指导无产阶级革命的理论武器。只有无产阶级的共产主义理论才是实现人的自由解放和建立人的普遍需要的“圣经”。只有共产主义革命才真正要同资本主义的利己主义生产关系决裂，“实行最彻底的决裂”，“共产主义革命就是同传统的所有制关系实行最彻底的决裂；毫不奇怪，它在自己的发展进程中要同传统的观念实行最彻底的决裂”④。共产主义革命的最终胜利也就意味着资产阶级利己主义需要的破产，无产阶级需要的满足条件的真正具备。正如马克思、恩格斯所说，“代替那存在着阶级和阶级对立的资产

① 马克思，恩格斯．马克思恩格斯文集：第2卷．北京：人民出版社，2009：57.
② 马克思，恩格斯．马克思恩格斯文集：第2卷．北京：人民出版社，2009：59.
③ 马克思，恩格斯．马克思恩格斯文集：第2卷．北京：人民出版社，2009：61.
④ 马克思，恩格斯．马克思恩格斯文集：第2卷．北京：人民出版社，2009：52.

阶级旧社会的，将是这样一个联合体，在那里，每个人的自由发展是一切人的自由发展的条件”①。

《共产党宣言》为无产阶级的自由解放和全面发展需要，发出了革命的最强音。如果说在《共产党宣言》之前，马克思关于无产阶级革命的论证主要出于为革命辩护的需要，那么在《共产党宣言》中，是出于为革命公开呐喊的需要。《共产党宣言》问世后，工人阶级开始以此为革命的理论武器，向资本主义发起革命的斗争。这部著作以简明、彻底、直接的话语方式表达了无产阶级的利益诉求和革命需要。正如列宁所述，《共产党宣言》“这部著作以天才的透彻而鲜明的语言描述了新的世界观，即把社会生活领域也包括在内的彻底的唯物主义、作为最全面最深刻的发展学说的辩证法以及关于阶级斗争和共产主义新社会创造者无产阶级肩负的世界历史性的革命使命的理论”②。《共产党宣言》的发表，标志着无产阶级为自身利益和需要的斗争，进入了新的历史阶段。

第八节　《资本论》对资本逻辑与异化需要的深度研究与扬弃

从《莱茵报》时期开始，马克思对物质利益和现实需要的探索，始终没有离开革命的需要。这是他数次决定深入研究经济学问题的关键因素。在这一点上，他后来在《〈政治经济学批判〉序言》中也提到，他担任《莱茵报》编辑时，“第一次遇到要对所谓物质利益发表意见的难事”③。同样的事情再次在马克思的身上出现：1857 年世界经济危机孕育了革命的新机，马克思决定在新一轮革命来临之前再次深入研究经济学问题，希望以此服务于革命的需要。马克思在给恩格斯的信中说道：“我现在发狂似地通宵总结我的经济学研究，为的是在洪水之前至少把一些基本问题搞清楚。”④《资本论》及其手稿就应运而生了。需要在《资本论》及其手稿中是一个非常关键的范畴。在写作《1857—1858 年

① 马克思，恩格斯．马克思恩格斯文集：第 2 卷．北京：人民出版社，2009：53.
② 列宁．列宁选集：第 2 卷．3 版修订版．北京：人民出版社，2012：416.
③ 马克思，恩格斯．马克思恩格斯文集：第 2 卷．北京：人民出版社，2009：588.
④ 马克思，恩格斯．马克思恩格斯文集：第 10 卷．北京：人民出版社，2009：140.

经济学手稿》时，马克思对需要体系和劳动体系专门做了考量。如他所说："关于需要体系和劳动体系这些问题应当放在什么地方讨论？在研究的过程中就会知道。"[①] 在《资本论》及其手稿中，马克思一方面运用历史唯物主义的世界观和方法论，把资本主义的生产方式作为其研究的对象，确立了政治经济学研究从抽象到具体的叙述方法论，通过对需要体系和生产体系的探讨，揭示了资本主义制度下人的需要与资本增殖的需要的对立状况；另一方面通过关联需要范畴与生产、分配、交换、消费等范畴，从抽象到具体，再现了人类社会发展的历史性变化和人的需要的历史性变迁。因而其中内含着非常丰富的需要理论。

一、需要与人类社会形态的变迁

在《1857—1858年经济学手稿》中的"货币章"，马克思以历史的思维把人类社会划分为三种形态："人的依赖关系（起初完全是自然发生的），是最初的社会形式，在这种形式下，人的生产能力只是在狭小的范围内和孤立的地点上发展着。以物的依赖性为基础的人的独立性，是第二大形式，在这种形式下，才形成普遍的社会物质变换、全面的关系、多方面的需要以及全面的能力的体系。建立在个人全面发展和他们共同的、社会的生产能力成为从属于他们的社会财富这一基础上的自由个性，是第三个阶段。"[②] 在最初阶段里，人满足的主要是生存性需要。这种直接性需要是人通过共同体中的人满足的，没有中间的"物"的中介作用。该社会形态下人的生存性需要还比较有限，生产的界限同时也是需要的界限。如马克思所说，"生产直接是消费，消费直接是生产"[③]。在第二种社会形态下，货币成了抽象的共同体，资本成了"特殊的以太"，"人的社会关系转化为物的"社会关系[④]，而且人与人之间的关系被物化了。无论是资本家还是工人，他们的需要都转向了对货币的需要。在这种物化社会里，人们唯一相信的就是作为物的货币。人们所从事的商业活动不是为了满足人们的消费需要，"现在，商业的目的

① 马克思，恩格斯．马克思恩格斯全集：第30卷．2版．北京：人民出版社，1995：525.

② 马克思，恩格斯．马克思恩格斯全集：第30卷．2版．北京：人民出版社，1995：107-108.

③ 马克思，恩格斯．马克思恩格斯文集：第8卷．北京：人民出版社，2009：15.

④ 马克思，恩格斯．马克思恩格斯文集：第8卷．北京：人民出版社，2009：51.

不是直接消费，而是谋取货币，谋取交换价值”①。人们的生产不再是为了直接的需要，而是为了占有作为物质化对象的货币。资本家把对货币的需要看成第一需要，把工人和社会当成自己物化需要的工具。工人为了占有货币，不得不把自己的劳动卖给资本家，他们的一切需要都被物化为对货币的需要。“以物的依赖性为基础的人的独立性”② 的社会形态下的人与人的关系、人与社会的关系，都被扭曲成了物化关系。在第三种社会形态下，人与人、人与社会之间的物化关系开始从资本主义生产方式的异化状况中解放出来，人的需要逐渐从极端利己主义的需要中解放出来，和社会需要不再对立，它们之间互为体现，相辅相成。在这种社会形态下，人的需要逻辑扬弃了资本的增殖需要，货币不再支配人，自由全面发展成了人的最高需要，人的自由个性得到了极大丰富和发展，而且人们的劳动也从异化中解放出来，成了自由自觉的活动。劳动不再奴役人，人以人的方式占有劳动，劳动成了人的自我价值实现的“第一需要”，“劳动会成为吸引人的劳动，成为个人的自我实现”③。这三种社会形态是人类社会历史性发展的外在体现，就满足人的需要的方式而言，无疑基于前两种社会形态的第三种社会形态是最符合人的发展需要的。马克思在此将人的需要和人类社会历史性形态变化、人的发展、社会的发展等相结合进行研究，体现了唯物史观的方法论自觉。

二、资本逻辑与异化需要的产生

在《1857—1858 年经济学手稿》中，马克思对异化需要的论述已经脱离了《1844 年经济学哲学手稿》中的人本主义色彩，不再仅仅局限于从感性的方面谈论人的生存需要、利己主义需要等，而是着重运用唯物史观的科学方法解释异化需要产生的社会性根源。马克思通过揭示资本主义生产关系的内在矛盾，把资本逻辑下异化需要的基本事实一一展现出来。

其一，资本逻辑下异化需要的制度性因素。在《1857—1858 年经济学手稿》中，马克思认为劳动异化是资本逻辑下一切异化的根源，问题的实质在于劳动创造了异化的世界，而且整个世界都与人的生存和发

---

① 马克思，恩格斯．马克思恩格斯文集：第 8 卷．北京：人民出版社，2009：46.

② 马克思，恩格斯．马克思恩格斯文集：第 8 卷．北京：人民出版社，2009：52.

③ 马克思，恩格斯．马克思恩格斯文集：第 8 卷．北京：人民出版社，2009：174.

展需要相对立。如果说马克思在《1844年经济学哲学手稿》中是以劳动异化的四个具体表现谈论人的异化的具体状况的，那么在《1857—1858年经济学手稿》中则主要是通过对资本主义生产关系和生产过程的深度揭示，来探讨出现异化的制度性原因的。马克思通过对资本主义生产方式中物化关系的揭示，探讨了资本逻辑下劳动异化与需要异化的历史必然性，论证了造成异化需要的社会关系因素。

其二，资本逻辑下异化需要的货币因素。在《1857—1858年经济学手稿》中，马克思指出，人因为有多方面的需要，所以必须靠交换来实现，而货币就成了交换的一般手段，货币让物的价值在物之外存在。但是在这种情况下，人对交换物的需要却被异化为了对货币的需要，人的商业活动的性质被扭曲。“商业的目的不是直接消费，而是谋取货币，谋取交换价值。”① 人们对物的消费需要被遮蔽，在资本逻辑下被异化成了对货币的需要，而且随着人对货币的依赖性越来越强，以至于让它逐渐僭越为人的无止境的异化需要。

其三，资本逻辑下异化需要的工资因素。资本主义生产关系下，工人的工资成了资本家控制和奴役工人的帮凶。在马克思看来，工资只是资本家为了满足工人的最低生活需要的欺骗性外衣。工人们为资本家赚取利润劳动，资本家付给工人们工资，在表面上看合情合理，没有什么不妥之处，但从实质上看，资本家付给工人的工资远远低于工人创造的剩余价值。在形式平等的背后是资本家通过不平等的雇佣关系对工人创造的剩余价值的榨取，因此“工资第一次被描写为隐藏在它后面的一种关系的不合理的表现形式”②。

三、资本和人的需要的二元悖论

在《资本论》及其手稿中，从马克思关于资本主义的三个隐喻（机械怪物、吸血鬼、魔术师）可以看出，资本逻辑下的人的需要逻辑完全让位于资本增殖的逻辑。在机械大工业时期，工人作为资本增殖的工具普遍被机械化，受制于资本的魔力和淫威。“机器生产使工人在就业上并从而在生活状况上遭遇的没有保障和不稳定性，成为正常的现象。”③

---

① 马克思，恩格斯．马克思恩格斯文集：第8卷．北京：人民出版社，2009：46.

② 马克思，恩格斯．马克思恩格斯文集：第10卷，北京：人民出版社，2009：276.

③ 马克思，恩格斯．马克思恩格斯文集：第5卷．北京：人民出版社，2009：522.

而工人阶级的生活无着落、得不到保障的现象越来越普遍。资本为了满足增殖的需要，对工人疯狂地敲骨吸髓。“资本是死劳动，它像吸血鬼一样，只有吮吸活劳动才有生命，吮吸的活劳动越多，它的生命就越旺盛。”① 不可否认，资本主义制度像魔术师一样，变造出了以往社会所没有的庞大的物质生产资料，但是这没有给工人阶级带来生活上的根本性的改变，反而使工人们进一步陷入了异化需要的深渊。资本没有成为满足人的需要的工具，人却反过来为资本增殖的需要所控制。资本作为工人的对立物，它的增殖就意味着工人劳动的贬值。如马克思所说：“资本自行增殖的秘密归结为资本对别人的一定数量的无酬劳动的支配权。”② 资本进行增殖的秘密就在于资本对工人阶级的无偿劳动的榨取和支配。在资本主义生产方式下，由于人与人之间普遍联系的存在，生产者不仅为满足自己的需要而生产，还为满足别人的需要而生产。而每个人的需要都要通过别人供给和满足。但是，私人劳动创造的产品一旦满足不了或者超过了社会的需要，那么商品的二重性价值都将难以实现，这是资本主义生产方式下存在的关于生产与需要的悖论。从根本上说，资本主义生产和需要的矛盾的病根还在于社会化大生产和资本主义私有制的矛盾问题。所以马克思认为，废除私有制正是消除资本主义生产悖论的关键所在。虽然劳动者创造了剩余价值，但是工人获得的工资只能够维持他们的最低生活需要。工人的受教育权被剥夺，就连工人的未成年孩子，也“变成单纯制造剩余价值的机器，就人为地造成了智力的荒废”③。异化劳动造成人的贬值。人的价值不仅在满足自身的生活需要的实践过程中体现出来，而且在满足他人的需要的过程中体现出来。资本逻辑下人的需要陷入了异化的困境，人的生存需要和发展需要都处在被抑制状态。而且资本增殖的需要使工人的贫困不断累积，工人的物质生活需要长期得不到满足，工人在资本家眼里，就如同生产的机器。于资本家而言，只有在机器运行不下去、需要维修的时候才去关注它。一旦不能满足资本家的追逐利益的需要，他们就会像丢掉工具一样放弃工人。正常情况下，人都有精神生活需要，“为自身利益进行宣传

① 马克思，恩格斯．马克思恩格斯文集：第5卷．北京：人民出版社，2009：269.

② 马克思，恩格斯．马克思恩格斯文集：第5卷．北京：人民出版社，2009：611.

③ 马克思，恩格斯．马克思恩格斯文集：第5卷．北京：人民出版社，2009：460.

鼓动，订阅报纸，听课，教育子女，发展爱好等等”①。但是在资本逻辑下，不仅工人的物质生活需要得不到满足，而且他们的精神生活需要难以得到充实。

四、异化需要与资本逻辑的扬弃

马克思通过对人的需要与人类社会形态的历史性变革和资本逻辑下工人的异化需要的产生根源进行论述，以历史的发展的眼光解开了资本主义固有矛盾的历史之谜，对资本逻辑下人的异化需要的克服进行了积极的探索。马克思相信，随着人类社会生产力的不断发展和人类需要体系的不断扩大，最终定能扬弃资本逻辑，实现人的自由全面发展需要。

其一，资本本身的自我否定也是扬弃资本逻辑的内在力量。资本主义的内在矛盾发展到一定阶段，资本本身也会产生毁灭自身的力量。在马克思看来，资本天生的局限性就在于它总是处处制造对立。“资本的限制就在于：这一切发展都是对立地进行的，生产力，一般财富等等，知识等等的创造，表现为从事劳动的个人本身的外化；他不是把他自己创造出来的东西当做他自己的财富的条件，而是当做他人财富和自身贫穷的条件。”② 在马克思看来，本质原因就在于它迫使无产阶级不得不把自己生产的商品作为资本家富裕的条件，而不是改善他们自己的生活条件和满足他们的现实需要的条件。这造成的直接性恶果就是资本家越来越富裕，无产阶级越来越贫穷。虽然资本逻辑下对立无处不在，但是马克思认为，资本的历史性存在决定了这些对立只是历史地存在着的，在时机成熟之时，不仅资本会扬弃自身，而且对立本身也会“产生出消灭它自身的现实条件”③。

其二，通过共同体的联合途径实现。消除异化需要的一个途径就是建立共同占有的联合体。马克思认为，最初的共同生产的目的并不是交换价值，“生产的共同性一开始就使产品成为共同的、一般的产品。最初在生产中发生的交换——这不是交换价值的交换，而是由共同需要，共同目的所决定的活动的交换”④。当然，建立共同占有的联合体不是

① 马克思，恩格斯．马克思恩格斯全集：第30卷．2版．北京：人民出版社，1995：247.

② 马克思，恩格斯．马克思恩格斯文集：第8卷．北京：人民出版社，2009：171.

③ 马克思，恩格斯．马克思恩格斯文集：第8卷．北京：人民出版社，2009：171.

④ 马克思，恩格斯．马克思恩格斯文集：第8卷．北京：人民出版社，2009：66.

任意的无条件的联合，而是物质和精神发展到一定程度的联合。在此，虽然马克思没有明确提出这种联合就是自由人联合体性质的联合，但是从他提出的“在共同占有和共同控制生产资料的基础上联合起来的个人所进行的自由交换”① 可以看出，这种在共同占有和共同控制生产资料基础上的联合就是共产主义的自由人联合体。

其三，培养社会的人的一切属性。在马克思看来，“要使这种个性成为可能，能力的发展就要达到一定的程度和全面性，这正是以建立在交换价值基础上的生产为前提的，这种生产才在产生出个人同自己和同别人相异化的普遍性的同时，也产生出个人关系和个人能力的普遍性和全面性”②。在资本逻辑下，由于工人的需要的片面化和贫困化，他们不可能实现自由个性的全面发展。相反，随着资本逻辑的支配，工人的劳动异化程度只会越来越严重。他们不能因劳动而自由，相反，他们的自由却被劳动所束缚。正是基于此，马克思认为消除人的异化需要，必须实现劳动的解放，使工人获得自由自觉的劳动活动，并在作为“第一需要”的自由劳动中培养自身的全面个性。在马克思看来，“培养社会的人的一切属性，并且把他作为具有尽可能丰富的属性和联系的人，因而具有尽可能广泛需要的人生产出来——把他作为尽可能完整的和全面的社会产品生产出来”③，工人自身才能成为拥有享受的需要和享受的条件的“具有高度文明的人”。

在《资本论》及其手稿中，需要作为和生产、分配、交换一样的基本范畴，构成了资本主义生产过程中的关键环节。在《1857—1858 年经济学手稿》之后，马克思在《资本论》中又揭示了资本主义生产方式下工人阶级的需要的异化状况，得出了工人要实现需要的解放，就必须对资本主义制度发起需要的革命，实现共产主义的结论。马克思将需要同资本主义的物质生产相联系，揭示了资本逻辑下剩余价值的秘密，指证了资本主义生产方式对工人阶级的压迫和剥削，论证了人的需要的解放的可能性。虽然马克思在《1844 年经济学哲学手稿》中也对资本主义生产关系下工人阶级的异化需要进行了探讨，但其与《资本论》及其手稿的需要理论相比，还明显不太成熟。《资本论》及其手稿的需要理

① 马克思，恩格斯．马克思恩格斯文集：第 8 卷．北京：人民出版社，2009：53.

② 马克思，恩格斯．马克思恩格斯文集：第 8 卷．北京：人民出版社，2009：56.

③ 马克思，恩格斯．马克思恩格斯文集：第 8 卷．北京：人民出版社，2009：90.

论已经摆脱了《1844年经济学哲学手稿》时期的人本主义历史观痕迹，是以成熟的唯物史观考察资本主义制度下人的需要和社会发展问题的成功尝试。但是由于《资本论》只完成了很小一部分，所以其需要理论和其他内容一样，很多思想还未得到充分阐发，这也为《哥达纲领批判》继续深入探讨“按需分配”这个话题埋下了伏笔。

第九节 《哥达纲领批判》与走向“按需分配”

斐迪南·拉萨尔是普鲁士著名的工人运动领导者，同时也是社会主义运动中机会主义的代表性人物。拉萨尔虽然在德国早期的工人运动中扮演了积极的领导者角色，但是后来走向了反动之路。他在《给筹备莱比锡全德工人代表大会的中央委员会的公开答复》中提出了机会主义理论，并提出了反对无产阶级革命道路的主张。拉萨尔的反动理论渗透到了《德国社会主义工人党纲领》中，对工人运动产生了消极影响，受到了马克思的严厉批判。他认为《德国社会主义工人党纲领》是一个“极其糟糕的、会使党精神堕落”的纲领。为了遏制拉萨尔主义在工人运动中的不良影响，马克思撰写了《哥达纲领批判》，对拉萨尔等人的错误思想进行了全面的批判和肃清，不仅维护了科学社会主义的基本原则，而且勾画了未来社会中的“按需分配”原则，为无产阶级革命指明了方向。

一、拉萨尔的“分配决定论”及其理论危害

“分配决定论”本质上带有庸俗社会主义和机会主义的改良色彩，它受德国哲学和资产阶级经济学的影响，主张分配与生产是相互独立的，是由人的意志决定的。在“分配决定论”上，穆勒父子、杜林、拉萨尔都有相关论述。在他们看来，资本主义的生产关系本身没有问题，工人们之所以会陷入贫困是因为分配方式的缺陷，这是导致工人的需要得不到满足的根本原因。所以，要改善工人的需要状况，只需“按照平等估价原则”对资本主义的分配方式进行改良就可以。拉萨尔的“分配决定论”深得改良主义和机会主义要领。拉萨尔一方面主张，工人的贫困是由“铁的工资规律”（又称“工资铁律”）造成的。“铁的工资规律”

是让工人及其家人维持在最低生活保障层面的罪魁祸首。若要实现工人阶级的自由解放，只需废除“铁的工资规律”，依靠国家帮助成立和发展工人合作社，通过参与选举的斗争方式让工人获得劳动所得，满足工人的需要。另一方面他又为资本主义辩护，麻痹工人阶级。他向工人阶级宣称“铁的工资规律”是“自然规律”，不是资本主义造成的，不需要通过革命的手段实现激进的需要，并企图引导工人阶级走向“国家社会主义”。拉萨尔的“分配决定论”掩盖了无产阶级受剥削的实质，歪曲了工人阶级贫困的原因。

二、马克思对拉萨尔“分配决定论”的尖锐批判

马克思的态度非常明确，造成无产阶级贫困和需要得不到满足的根源就在于资本主义的生产方式。在他看来：把资本主义生产方式下工人的贫困归结为分配关系的不合理和工资的不等价，只是“把事物的外表当做事物的本质”①。分配不均衡的原因必须从生产资料所有制形式着手考察②。“消费资料的任何一种分配，都不过是生产条件本身分配的结果；而生产条件的分配，则表现生产方式本身的性质”③。在资本主义所有制下，工人阶级没有任何生产资料，他们满足自身生存生活需要的唯一方式就是把自己的劳动出卖给资本家。“雇佣工人只有为资本家（因而也为同资本家一起分享剩余价值的人）白白地劳动一定的时间，才被允许为维持自己的生活而劳动，就是说，才被允许生存；整个资本主义生产体系的中心问题，就是用延长工作日，或者提高生产率，增强劳动力的紧张程度等等办法，来增加这个无偿劳动”④。虽然资本家美其名曰发给工人们工资，但这只能保障工人们不被饿死。拉萨尔声称从“铁的工资规律”出发，但是并不懂得工资只不过是表面的，工资是隐蔽的劳动力的价格，而非劳动的价格。在马克思看来，“雇佣劳动制度是奴隶制度，而且劳动的社会生产力越发展，这种奴隶制度就越残酷，不管工人得到的报酬较好或是较坏”⑤，资本主义的雇佣劳动制度不可

① 马克思，恩格斯．马克思恩格斯文集：第3卷．北京：人民出版社，2009：441.

② 在这一点上，马克思明确认为分配关系是由所有制关系决定的，因为任何消费资料的分配都是由生产条件的分配决定的，而生产条件的分配则由社会生产方式决定。

③ 马克思，恩格斯．马克思恩格斯文集：第3卷．北京：人民出版社，2009：436.

④ 马克思，恩格斯．马克思恩格斯文集：第3卷．北京：人民出版社，2009：441.

⑤ 马克思，恩格斯．马克思恩格斯文集：第3卷．北京：人民出版社，2009：441.

能真正关心工人阶级的报酬高低，只会把工人们当作压榨的对象。由此来看，无论是资本主义制度下的工资报酬，还是拉萨尔声称的“铁的工资规律”，都没有揭示出工资的本质，而且按照其工资理论，工人们只会越来越贫穷。所以，消除无产阶级贫困依靠工资的改变并非正途，唯一正确的途径就是通过无产阶级革命，实现无产阶级专政，让无产阶级占有生产资料。

三、需要的满足：从“按劳分配”到“按需分配”

马克思认为无产阶级革命和专政是实现工人贫困解放的必由之路。按照马克思的理解，在实现共产主义之前，还存在一个过渡时期。在马克思看来，过渡时期还存有很多旧的社会制度的痕迹，在这个时候实现“按需分配”还不现实，需要以“各尽所能，按劳分配”原则来过渡。这是因为，在共产主义的初级阶段，生产力水平还不高，物质生产能力还不够强大，供人们需要的物质生活资料还不够充分，每个人都只能按照自己的劳动贡献参与物质生活资料的分配。在这一不发达阶段，生产资料归社会所有，每个人都不能凭借对生产资料的占有来支配和榨取别人的劳动成果。换言之，既不会像共产主义阶段实现“按需分配”，也不会像资本主义社会按照资本家的意志进行分配，只能按照过渡时期的“按劳分配”原则进行分配。只有到了共产主义的高级阶段，工人完全获得了解放，在体力和脑力劳动的对立消解的基础上，劳动成了“第一需要”的时候，“各尽所能，按需分配”的原则才能充分实施。从“按劳分配”到“按需分配”，这既是共产主义发展的阶段性特征的体现，也是工人的需要被阶段性提升的必然逻辑。

四、“彻底需要的革命”的最终实现：“按需分配”

马克思乐观地预判，需要的革命的最终实现一定是“按需分配”。他不仅为工人的解放找到了革命之路，还为工人阶级树立了崇高的“按需分配”愿景。马克思认为：“在共产主义社会高级阶段，在迫使个人奴隶般地服从分工的情形已经消失，从而脑力劳动和体力劳动的对立也随之消失之后；在劳动已经不仅仅是谋生的手段，而且本身成了生活的第一需要之后；在随着个人的全面发展，他们的生产力也增长起来，而集体财富的一切源泉都充分涌流之后，——只有在那个时候，才能完全超出资产阶级权利的狭隘眼界，社会才能在自己的旗帜上写上：各尽所能，按需分配！”① 在共产主义的高级阶段，社会会根据人们的实际需要进行劳动产品的分配。很显然，马克思的“按需分配”与拉萨尔的“分配决定论”有着本质不同，马克思提出的“按需分配”更具有超越性。首先，“按需分配”是对资本主义异化需要的克服。在资本主义生产方式下，工人的需要严重异化。资本主义的制度障碍使其自身的生存和发展陷入了困境。在资本主义社会，工人没有参与分配的权利，他们不仅不占有生产资料，而且创造的劳动产品不为自己所有。其次，“按需分配”不是从抽象的平等原则出发，而是基于现实的生产方式得出的结论。“按需分配”实质上是为了满足工人生活需要而做的庄严宣示。在私有制下，工人永远不可能实现按需分配，他们只能按照有产者的意志进行分配。

《哥达纲领批判》是马克思的一部十分重要的著作。其重要性表现在，它不仅在无产阶级革命运动的实践中发挥了引领革命的作用，而且在共产主义发展远景上为无产阶级擘画了乐观蓝图。马克思在这部著作中提出的“按需分配”构想，不仅为革命的无产阶级找到了革命的愿景，而且是其终其一生为了人民的利益和需要而不竭奋斗的结点。

① 马克思，恩格斯．马克思恩格斯文集：第3卷．北京：人民出版社，2009：435－436.

第二章　马克思需要理论的主要内容

虽然马克思没有关于需要理论的专门性著作，但是通过对马克思需要理论的思想史的梳理不难发现，马克思需要理论一直都在马克思的整个学说史上扮演着重要角色，发挥着重要的理论支撑作用。虽然需要理论在文本形态的体现上并不是太集中，但就马克思前后几十年来对学说的总体性建构来看，其需要理论仍呈现出了清晰可循的总体性理论框架。

第一节　马克思需要理论的一般内容

从马克思各个时期的文本来看，马克思需要理论的一般内容至少包括需要的基本范畴和特征，需要的体系和层级结构，需要理论的内在逻辑、方法论和理论特征，等等。只有弄清楚马克思需要理论的一般内容，才能发挥其解释和改造现实的理论功能。

一、马克思需要范畴辨析

没有需要范畴的澄明，就没有需要理论的奠基。虽然需要范畴在很多哲学学科领域很重要，但是哲学界在使用这个概念时却没有统一的共识。英国新马克思主义学者莱恩·多亚尔和伊恩·高夫在其《人的需要理论》中指出，需要这个概念的重要性不言而喻。在他们看来，“这个概念用途如此之广，我们简直难以想象，如果没有它，我们的各项工作如何能够进行下去”①。在社会生活中，需要这个范畴使用频率太高，以至于很多工作离开需要就不能够顺利开展，而且人们总是根据需要做出把什么事项作为优先性事项的决定的。然而，在他们看来，需要这个概念学界并没有界定清晰，“需要这个概念也一直遭到滥用”。他们认为，需要这个概念警醒世人，我们在赞美人的基本需要这个概念的合理性和重要性的同时，不要忘记这个概念的使用有时会导致严重伤害②。赫勒在研究马克思的需要理论时发现：马克思的需要概念有时候是模糊不清的……它有时候是经济学的，有时候是历史哲学的，有时候是人类学的，但却几乎渗透到了他的思想的各个时期和不同领域，这也说明在马克思的理论体系中，需要范畴起到了根本作用。马克思不是将需要作为一个总体的经济范畴来使用的。所以笔者认为，鉴于需要范畴的重要性，在展开相关理论研究之前，有必要站在马克思主义哲学的立场上，对需要这个范畴进行界定与区分。

需要在马克思主义哲学中是十分重要的基本范畴。马克思主义哲学的整个学说都是从“现实的人”出发建构起来的，而需要又构成了“从事实际活动的人”的一切活动的起点。虽然马克思关于需要的论述有很多，但是马克思未对其做过专门的详细定义。虽然在一些学术期刊上，有时会看到有学者把他们引用的一句话当作马克思对需要所下的定义：马克思认为，“需要是人对物质生活资料和精神生活条件依赖关系的自觉反映”③。但事实上，这句论述在新版《马克思恩格斯全集》、《马克思恩格斯文集》和《马克思恩格斯选集》中均未能找到。正是源于此，为学界持续讨论需要这一范畴留下了开放性空间。

在笔者看来，学界之所以长久以来未能对需要范畴达成统一的认识，除去一些主观因素外，关键在于给需要下定义时没有区分需要的词性和语境，即对需要的动词和名词的界定不清晰，把需要的动词和名词相混淆使用。因此在对需要的概念进行界定之前，必须要首先区分需要

① 多亚尔，高夫．人的需要理论．北京：商务印书馆，2008：1.

② 多亚尔，高夫．人的需要理论．北京：商务印书馆，2008：7.

③ 有些引用者标记这句话出自《马克思恩格斯全集》1957 年版第 2 卷第 164 页，事实上该页并无这句话。

的词性和使用语境。如果不分词性和语境简单笼统地对需要下定义，不仅会产生语境混乱，也会造成语义混淆。

需要（need）做行为动词时，有“应该要”和“必须要”两层意思。动词是用来表述动作状态的。按照动词的定义和功能来看，作为动词的需要就是特定时空环境下主体对对象的依赖状态。主体、对象和特定环境构成了需要的三要素。从内涵逻辑（亦称模态逻辑）来看，“应该要”是一种应然判断，有“应该有”的含义，“必须要”则是一种必然性判断，暗含着“不可或缺、非此不可”的意思。需要做行为动词时，总是指向一定对象（比如人需要食物、衣服、劳动），常被时空、程度等副词修饰。当没有时空、程度等副词修饰时，需要常被用来做抽象意义的表达。需要有时空副词、程度副词修饰时，常被用来做具体性表达。比如我此时此地非常需要食物。所以，需要的对象既可以是具体的，也可以是抽象的。理解需要必须首先区分是在何种意义上进行界定的。在抽象意义上使用作为动词的需要，是脱离现实时空环境和程度的抽象表达，内涵十分贫乏，外延十分丰富。总的来说，需要作为动词，较多的是在具体意义上使用的。

需要做名词时，是一个抽象概念。概念是对事物本质性关系的反映。需要作为抽象名词，其内涵反映的是需要主客体之间的依存关系。此时它没有任何实体属性，在现实中没有单独的某个具体事物与之相对应。在使用时常被形容词等修饰，比如本能需要、合理需要、虚假需要、异化需要等。需要做名词时是关系性存在，既离不开需要主体，也有赖于需要对象（客体）。需要的主客体之间只有发生了“对象性关系”才称得上产生了需要。需要的主体是产生需要动机的人，需要的客体是指引起人的需要的对象物。离开客体谈需要，那只能是主体的没有客体指向性的主观欲望。离开主体谈需要，客体会因为没有对主体的归向性而构不成“对象性关系”，因而只能是潜在的对象物。必须指出的是，需要无论是作为动词对“状态说”的反映，还是作为名词对“关系说”的反映，它们都是客观性的存在。说需要是客观性的存在，并不意味着不可以从主观性角度来理解。在需要的客观条件得到满足时，客观性的需要反映在主体意识里面，就构成了主观的需要（欲望或者想要）。

必须指出的是，作为生物本能性的生命体，人和动物都有原发性欲求，但是有所不同。这体现在：人的本能需要与动物的本能欲求不同，人的本能需要蕴含着社会性内容。从时空维度来看，人的本能需要总是处在一定的社会时空环境下，历史性地创造并历史性地得到满足的。而动物的本能欲求依然停留在自然化的状态。换言之，人的需要是理性的、被伦理规则规范过的社会自觉意识，是“自然人”（本能欲望）向“社会人”（实践理性）跃迁的鲜明体现。动物的本能欲求囿于理性能力的缺失，没有脱离也无法脱离自然化。人的本能需要因为超越了自然化具有社会属性而区分于动物的生物性欲求。在马克思看来，除了本能需要，人的社会性需要也是人的超越性需要，因为人能够按照自己的需要进行创造性活动。人作为唯一具有理性能力的生物，也是唯一能够真正拥有需要的生命体，因为人“懂得按照任何一个种的尺度来进行生产，并且懂得处处都把固有的尺度运用于对象”①。厘清这一点，对建构和理解马克思主义价值论极其重要。在马克思主义哲学论域里，需要这一范畴的至关重要性很大一方面体现在其对于价值论的奠基性意义上。

虽然价值被理解为“客体对主体的需要满足”已基本在学界达成了共识，但是一些学者对马克思主义的价值论是“需要价值论”还时有微词。他们反对“需要价值论”的两个关键原因都和对需要这一范畴的理解有着直接关系。一个原因在于他们认为需要范畴本身难以把握，使用时含混模糊、歧义甚多，在他们看来，用模糊的需要范畴来理解模糊的价值范畴并不足取。另一个原因在于他们认为需要是一切生物共有的属性，需要的主体不能局限在人这一生物上，这将导致“自然价值论”的错误。对于第一个原因，学界对需要的模糊性理解确实是客观存在的，如前文所述，学界对需要范畴的理解一直没有达成共识。对于第二个原因，对于除人之外的生物是否有需要学界也没有达成共识。所以质疑需要价值论的关键问题还在对需要范畴的理解上。一段时间以来，这种对“需要价值论”的颠覆性声音造成了价值论领域研究的严重混乱。

现在看来，反对“需要价值论”的学者之所以会有上述的不同认识，主要是因为他们对需要范畴的理解不够明晰和准确。他们中也有人认为需要价值论是功利主义的价值论，这种价值论错把“使用价值”当作了“价值”。事实上这种观点也是欠妥的，因为在“需要价值论”里，使用价值和价值是有明显界分的。揭示这种观点的不妥之处，关键在于

① 马克思，恩格斯．马克思恩格斯文集：第1卷．北京：人民出版社，2009：163.

对需要范畴的理解：如前文所述，需要的对象物可以是具体的也可以是抽象的。对前者来说，具体的需要的满足对应的就是具体的使用价值，抽象的需要的满足则对应的是抽象的“价值”。在以自然经济为主导的社会生产方式下，人们追求的是作为使用价值的有限的物质财富。在以市场经济为主导的现代社会里，价值的增殖和扩张是无限的，在此情景下人们追求的已经不是具体的物质财富，而是抽象的“价值”。这样一来，反对“需要价值论”的学者所质疑的会错把使用价值当成价值也就不存在了。不可否认，现代社会广泛存在着对使用价值的追求变成了对价值的追求，而这也是引起很多现代性问题的根本原因。正如国内有论者指出，随着现代性科学技术的迅猛发展，“人类的需要也空前增长，以致发生了质的变化，即对使用价值的追求变成了对价值的追求”①。但是，只要我们从根本上把需要范畴中使用价值和价值的关系澄清和辨明，就能够妥善解决这一问题。在笔者看来：价值是与需要相生相依的人学范畴。在马克思主义价值论视域下，只有从人学存在论视角，结合人的需要和人的发展，以实践思维、历史思维和社会维度揭示其生存论意义，才是以新唯物主义理解马克思意义上的价值论的正确路径。

二、人的需要的六重特征

人的需要具有多重特征。与德国古典哲学习惯于抽象地形而上学地谈论需要不同，在唯物史观视野下，人的需要具有合理性、客观性、社会性、多样性、历史性和实践性等特征。从人的需要的六重特征着手深入理解马克思的需要范畴，有助于我们全面地把握需要的内涵和外延。

其一，人的需要具有合理性。人有需要是人的固有属性。对于人来说，需要既是生命有机体（身体自然）的体现，也是人的社会（第二自然）性的彰显。人从来不会向不需要的东西提出需要，如果人向自己不需要的东西提出需要，这很显然陷入了逻辑上的悖论。理解这一点，需要从两个方面着手。一方面，有人会提出问题，如果人的需要都是合理的，那么这与人的需要的历史性是否矛盾。答案自然是否定的。它们之间不仅不矛盾，而且相互佐证。人的需要本身也遵循历史的辩证法，一个历史阶段的需要，在下一个历史阶段之所以不再有，是因为丧失了合

① 侯才．哲学的伦理化与现代性的重塑．北京大学学报（哲学社会科学版），2015，52（3）：47.

理性，而失去合理性的“需要”已经不是真正的需要。对此马克思专门做了探讨。他认为“过去多余的东西便转化为必要的东西”① 和“以前表现为奢侈的东西，现在成为必要的了”② 一样，都是必要性的历史性变化的体现。这说明需要的对象的合理性会随着历史的因素而变化。马克思还举了一个关于需要的发展性例子。他认为，在过去一些东西对人们来说是“奢侈品”，但是随着社会生产力的发展和社会的整体进步，这些“奢侈品”又成了人们所必要的了。马克思的这两个例子充分说明了需要的内涵的历史性、阶段性变化的特征。另一方面，人的需要与动物的本能欲求不同。由于没有理性能力，动物的本能欲求只能停留在动物性的欲求上。而人的需要是经过理性的意识规训过的欲求。人的本能欲求如果没有经过理性规训，那么就像动物的本能欲求一样，这恰恰说明人的本能欲求没有摆脱动物性，因而也是不合理的。对于人的需要与动物的欲求不同这一点，马克思曾指出，人的“这些需要是反映在头脑中，是进入意识的”③。动物的“自然需要”只是满足本能欲求的低级意识。而人由于具备了理性意识，可以根据真善美的法则判断什么是真正需要的。如马克思所指出的：“动物和自己的生命活动是直接同一的。动物不把自己同自己的生命活动区别开来。它就是自己的生命活动。人则使自己的生命活动本身变成自己意志的和自己意识的对象。他具有有意识的生命活动。”④ 这就是说，动物由于意识不到自己的生命活动，其生命活动只能表现为对本能欲求的满足，而具有对象性活动能力的人则可以根据自己的实践意识，把自己的创造性活动同动物的本能活动区分开来。所以，需要不仅是人的生存和发展的积极确证，而且是积极的、利于人的生存和发展的合理性欲求。易言之，凡不利于人的生存和发展的“需要”，都谈不上是真正的“需要”。

其二，人的需要具有客观性。人的需要是不以人的意志为转移的客观存在。在马克思看来，“任何人如果不同时为了自己的某种需要和为了这种需要的器官而做事，他就什么也不能做”⑤。按照马克思的阐释，

---

① 马克思，恩格斯．马克思恩格斯全集：第 46 卷：下册．北京：人民出版社，1980：20.
② 马克思，恩格斯．马克思恩格斯全集：第 46 卷：下册．北京：人民出版社，1980：19.
③ 马克思，恩格斯．马克思恩格斯选集：第 3 卷．3 版．北京：人民出版社，2012：996.
④ 马克思，恩格斯．马克思恩格斯文集：第 1 卷．北京：人民出版社，2009：162.
⑤ 马克思，恩格斯．马克思恩格斯全集：第 3 卷．北京：人民出版社，1960：286.

"需要"是一种"天然必然性"。由于人是兼具动物性和社会性的存在，所以人具有自然性需要和社会性需要。人的这两种需要，无论是历史性地产生还是历史性地满足，都是客观的。任何人都不能摆脱自己的肉体组织需要，因为这是现实的人创造历史的基本前提。在马克思看来，人的"第一需要"（自然需要）是由人的身体自然决定的，它是人的生命机能的体现，是不以人的意志为转移的，而且人的自然需要的满足是靠客观存在的自然界实现的。如马克思所说："它把整个自然界——首先作为人的直接的生活资料，其次作为人的生命活动的对象（材料）和工具——变成人的无机的身体。自然界，就它自身不是人的身体而言，是人的无机的身体。人靠自然界生活。这就是说，自然界是人为了不致死亡而必须与之处于持续不断的交互作用过程的、人的身体。"① 就人的社会性需要而言，它在现实的人的社会实践中生成，又在实践中不断被满足和发展。这说明，人的需要并不是凭空而来的，它的产生和满足都是历史的具体的，而且是遵守客观规律的。

其三，人的需要具有社会性。人是社会性动物的属性决定了人的需要必须在社会中才能满足。即使人在满足自身的生理性的第一需要时，也不像动物那样是完全出于本能的。人因为需要建立了与他人之间的社会联系，人因为需要的多样性又需要从别人的劳动产品中获取自己的需要满足物，这个时候，交往和交换的需要也就是满足自身求得满足物的需要。人的需要以及满足需要的实践活动成了人与人、人与自我、人与自然、人与社会之间的桥梁。在马克思看来，"由于他们的需要即他们的本性，以及他们求得满足的方式，把他们联系起来"②。这说明，需要是现实的个人产生联系的桥梁，人的需要决定了任何人都不能脱离与社会的紧密联系。马克思曾指出："人的本质是人的真正的社会联系，所以人在积极实现自己本质的过程中创造、生产人的社会联系、社会本质，而社会本质不是一种同单个人相对立的抽象的一般的力量，而是每一个单个人的本质，是他自己的活动，他自己的生活，他自己的享受，他自己的财富。因此，上面提到的真正的社会联系并不是由反思产生的，它是由于有了个人的需要和利己主义才出现的，也就是个人在积极

① 马克思，恩格斯．马克思恩格斯文集：第 1 卷．北京：人民出版社，2009：161.

② 马克思，恩格斯．马克思恩格斯全集：第 3 卷．北京：人民出版社，1960：514.

实现其存在时的直接产物。”① 所以任何人一旦脱离社会，不仅他的需要不能被满足，而且他的本质将陷入贫乏。

其四，人的需要具有多样性。人的需要是人的固有性质。一个人任何需要都没有他就什么也不能做，所以马克思认为人有各种需要。在他的著作里，据不完全统计，他提到的就有“基本需要”“生活需要”“直接需要”“必要的需要”“迫切的需要”“自然需要”“物质需要”“利己的需要”“实践需要”“审美的需要”“经济上的需要”“理论上的需要”“宗教需要”“交往的需要”。这些不同的需要，正是人的本质的丰富度的客观表达。但是在人类的早期社会里，人的需要都是“直接需要”，需要的范围还很有限。新的社会生产力的变革和发展，一般会带来人的需要的丰富和发展。所以，人的需要的多样性的程度，最终还要看一个时代的生产能力和水平。共产主义社会是人类社会发展的最高形态，只有在共产主义社会，人的需要的多样性才会充分涌现，从而人的本质的丰富性也会全面地展现出来。

其五，人的需要具有历史性。马克思指出，需要的形成是由于在人类社会中生产需要的对象，而因此也就生产需要本身。人是历史性存在，人的需要也是历史性地生成和发展的，这是人区别于动物的关键所在。如马克思所说，“人却懂得按照任何一个种的尺度来进行生产，并且懂得处处都把固有的尺度运用于对象”②。这说明人与动物不同，人可以根据自己的历史性需要来进行生产活动。针对施蒂纳把羊或者狗也视作历史性存在的做法，马克思曾给予了尖锐批判，他指出，“物质生活的这样或那样的形式，每次都取决于已经发达的需求，而这些需求的产生，也像它们的满足一样，本身是一个历史过程，这种历史过程在羊或狗那里是没有的”③。在马克思看来，随着人类社会的进步和人的生产能力的提升，人的需要的范围也会历史性地不断扩大，层次也会历史性地不断提高。就需要的范围来说，人在高度发达的社会里，不仅满足身体自然需要的满足物的可选择性范围十分广泛，而且其在精细化和文明化程度上有所提升。就需要的层次而言，人的需要也会随着历史的发展从生存性需要向发展性需要提升，从生理需要向更高的精神文化需要

① 马克思，恩格斯．马克思恩格斯全集：第42卷．北京：人民出版社，1979：24.

② 马克思，恩格斯．马克思恩格斯文集：第1卷．北京：人民出版社，2009：163.

③ 马克思，恩格斯．马克思恩格斯文集：第1卷．北京：人民出版社，2009：575.

转变。

其六，人的需要具有实践性。人是“具有自然力、生命力，是能动的自然存在物”①。任何人都需要以实践为中介，建立和满足需要的“外部的资料”（又称“外界物”）之间的关系，进而来满足自己的需要。人在满足现实的需要过程中，不断丰富和发展自己的本质。所以理解需要，不能脱离实践思维和现实视野。然而，无论是德国的哲学家们，还是政治经济学的“老学究们”，他们都习惯于从抽象的理论中理解和满足人的需要。对于前者，费尔巴哈就是一个典型的例子，他把满足其生物性需要的“吃喝的东西”当作人的本质。对于后者，瓦格纳就是这样的一个学究教授，他认为人和需要的“外部的资料”之间不是以实践为中介建立起来的“劳动的关系”，而是“理论的关系”。对于瓦格纳一味地在理论的关系中谈论人的需要及满足需要的“外部的资料”，马克思站在实践的立场上给予了坚决批判，在马克思看来，人与满足其需要的“外部的资料”之间并非只是理论的关系，相反，二者之间首先是一种现实的“劳动的联系”。人的现实的吃喝等需要必须首先得到满足，而这在理论中是无论如何也满足不了的。如他所指：“并不‘处在’某一种关系中，而是积极地活动，通过活动来取得一定的外界物，从而满足自己的需要。”②

三、“需要的整个体系”

在每个历史阶段，人们都会有不同的需要体系，需要的体系反映了一定时期内人的需要的结构、层次和特点。马克思需要理论的研究专家赫勒指出：“每个社会都有它独特的需要体系，因而用一个社会的需要体系来评价另一个社会的需要体系，是决不会有效的。”③ 关于“需要的体系”，马克思在不同的文本中有过不同的提法。如在《〈科隆日报〉第 179 号的社论》中，马克思提到了“物质需要的体系”；在《哲学的贫困》中，马克思提到了“需要的整个体系”；在《资本论》及其手稿中，马克思提到了不同的需要组成“一个自然的体系”；在《1857—

① 马克思，恩格斯．马克思恩格斯全集：第 3 卷．2 版．北京：人民出版社，2002：324.

② 马克思，恩格斯．马克思恩格斯全集：第 19 卷．北京：人民出版社，1963：405. 其中的“某一种关系”在此特指理论关系。

③ HELLER A. The theory of need in Marx. London：Allison&Busby，1976：90.

1858年经济学手稿》中，马克思专门思考了在哪里适合讨论“需要体系”和“劳动体系”的问题，他的设计是，“关于需要体系和劳动体系这些问题应当放在什么地方讨论？在研究的过程中就会知道”①。

需要的体系在马克思的需要思想中是一个常见的术语。国内学者陈力丹专门对马克思的需要的体系做了考察，他认为其来自黑格尔的术语“需要的体系”。笔者对此是赞同的。黑格尔在论述人的需要和社会生产的结构时曾指出，人的需要不同，满足不同需要的生产生活活动也不同。他拿工人买土豆和妇女买花边举例，工人买土豆和妇女买花边虽然都属于物质交换活动，但是满足的需要却不同。人们会有不同的需要，是由物质交换背后的社会生产结构决定的。在他看来，工人的老板不会像工人一样为了生存下去把土豆当饭吃，男子也不会像女子一样对花边感兴趣。黑格尔由此得出结论，人们的社会地位、性别差异等，导致了他们的需要不一样。这些不同的需要就构成了整个社会的需要的体系。

就马克思在不同文本中对需要的体系的重视，我们不难发现“需要的体系”在马克思需要理论中的重要意义。因此有必要深入考察其产生原因、内在组成和建立。其一，就需要的体系的产生原因而言，马克思在《资本论》及其手稿中指出，特定的产品对应一种使用价值，特定的使用价值对应特定的社会需要，“而这种需要的范围在量上是不同的，一种内在联系把各种不同的需要量联结成一个自然的体系”②。其二，就需要的体系的内在组成而言，马克思认为“需要的体系”包括物质需要的体系和精神（思想）需要的体系。人的需要包括物质需要和精神（思想）需要，所以根据这两类不同的需要，衍生出了不同的需要体系。在《〈科隆日报〉第179号的社论》中，对于物质需要和精神（思想）需要，马克思认为它们具有“同等价值”。其三，就需要的体系的建立而言，马克思曾提出了“需要的整个体系究竟是建立在意见上还是建立在整个生产组织上”③ 这个问题。马克思结合需要与生产做了回答：“需要往往直接来自生产或以生产为基础的情况。世界贸易几乎完全不是由个人消费的需要所决定，而是由生产的需要所决定。”④

① 马克思，恩格斯．马克思恩格斯全集：第30卷．2版．北京：人民出版社，1995：525.
② 马克思，恩格斯．马克思恩格斯文集：第5卷．北京：人民出版社，2009：412.
③ 马克思，恩格斯．马克思恩格斯全集：第4卷．北京：人民出版社，1958：87.
④ 马克思，恩格斯．马克思恩格斯全集：第4卷．北京：人民出版社，1958：87.

四、需要的层级结构划分

人的需要内在地具有层级和结构。人的需要的层级是指根据需要的地位不同或重要性不同，可以把需要分为等级不同的需要。人的需要的结构是指需要整体的各部分的组成和层次安排，它反映了一定历史阶段需要的种类和层次。对于人的需要的种类，马克思曾做过这样的划分：第一种是自然性需要。有时候马克思也称之为生存需要，它反映了人的最低生活需要。这种需要并非一成不变的，是“随着一定的文化水平而发生变化的自然需要”①。第二种是社会性需要。所谓社会性需要，就是社会产生出来的需要，马克思称之为人的“第二天性”。由于社会性需要使人脱离了动物性本质进入了社会性本质，因而马克思把它视为对自然性需要的超越。第三种是精神性需要。精神性需要是人们为了获得精神的满足而产生的正常需要，在现实的生活中常表现为人际交往、文学艺术欣赏与创作、知识的获取、宗教信仰等。相比前两种，人的精神性需要是一种内在的超越性需要。这三种需要恰好证明了人的需要的多样性，这是人的全面发展的内在要求。

人的需要的层次体现了人的需要的梯次性和秩序性。西方心理学家马斯洛曾对需要的层次做了划分，即生理需要、安全需要、归属与爱的需要、尊重的需要、自我实现的需要。对于需要的层次，马克思并未做过专门的论述，但是通过他的相关论述可以总结出生存性需要和发展性需要。就生存性需要而言，一切生命体都内在地拥有天然性的生存需要，这种天然性需要正是人作为自然有机体能够存活的需要。生存性需要反映了人作为生命体对维持自身存活的需要，人的生存性需要的满足是人从事一切生产生活活动的前提条件。人的生存保障不了，人就难以发挥改变世界的能动性作用。人只有首先保证自身生存下来，才能实现自身的全面发展。就发展性需要而言，马克思认为人在社会关系中的发展性本质是超越了人的自然本质的超越性存在，所以人的发展性需要是人超越自然需要的“第二需要”。在马克思看来：人的发展性需要是人的生存性需要发展的必然结果。作为“第一需要”的生存性需要满足的是人的动物性需要，作为“第二需要”的发展性需要超越了人的自然本

① 马克思，恩格斯．马克思恩格斯全集：第47卷．北京：人民出版社，1979：52.

质，发展了人的社会本质。但是需要指出，不是说“第二需要”超越了“第一需要”就比“第一需要”重要，事实上无论是“生存性需要”，还是“发展性需要”，都是人的“必要需要”。

五、人的需要与人的发展

无论是在《德意志意识形态》中，马克思、恩格斯把人的需要理解为人的本性，还是在《1844 年经济学哲学手稿》中，马克思把人的需要视为人的本质，都说明人的需要对人的极端重要性。所以，人有什么样的需要以及怎样满足需要，就是人的生存和发展的体现。人正是在产生需要—满足需要—实现自身发展的逻辑中不断丰富和发展自己的。但是不可否认，需要一旦异化，就会成为人的发展的阻碍性力量。所以，对于人的需要与人的发展，我们要辩证看待。

其一，真正的需要促进人的发展。人的需要是人从事一切活动的内在动因，人的本质力量正是在满足需要的实践活动中不断被确证的。人的需要中有一部分是人作为动物“与生俱来”的本能需要，这种需要有时也可称为自然需要、生存性需要、动物性需要。人的自然需要的满足是人的生命有机体得以存活的前提。如果人们的自然需要得不到满足，就谈不上人的发展性需要。所以，马克思、恩格斯在《德意志意识形态》中指出：“任何人类历史的第一个前提无疑是有生命的个人的存在。因此第一个需要确定的具体事实就是这些个人的肉体组织，以及受肉体组织制约的他们与自然界的关系。”① 人只有在满足自己的生存性需要的前提下，才能进一步实现发展性需要。发展性需要，有时也可以称为社会性需要（同自然需要相对应）。人的发展性需要是在生存性需要得以保障的前提下，人们在社会实践过程中形成的社会性需要。人需要同外界发生交换和交往关系，并因此形成一定的社会关系。这个社会关系就是人的本质。如马克思所说，“因为人的本质是人的真正的社会联系，所以人在积极实现自己本质的过程中创造、生产人的社会联系、社会本质，而社会本质不是一种同单个人相对立的抽象的一般的力量，而是每一个单个人的本质，是他自己的活动，他自己的生活，他自己的享受，他自己的财富。因此，上面提到的真正的社会联系并不是由反思产生

① 马克思，恩格斯．马克思恩格斯全集：第 3 卷．北京：人民出版社，1960：23.

的，它是由于有了个人的需要和利己主义才出现的，也就是个人在积极实现其存在时的直接产物”①。由此我们可以看出，人的需要的满足过程伴随着人的本质力量的确证，人的需要的发展过程伴随着人的本质的不断丰富和发展。

其二，异化需要阻碍人的发展。人的需要是“人的本质力量的新的证明和人的本质的新的充实”②。虽然真正的需要对人的生存发展来说必不可少，但是，资本逻辑下需要被异化成了“虚假需要”“异化需要”，变成了否定人的消极力量。在私有制下，工人阶级的需要却往往有悖于人的本质的丰富和发展。在马克思看来，“而在私有制范围内，这一切却具有相反的意义”③。在这种情况下，人不仅没有因为他们的“需要”而使自己得到发展，而且因其“需要”使自己处于一种异化状态。对于需要的异化，马克思在《1844 年经济学哲学手稿》中曾给予过充分的论述。在资本主义制度下，人的需要陷入了严重对立，“一方面出现的需要的精致化和满足需要的资料的精致化，却在另一方面造成需要的牲畜般的野蛮化和彻底的、粗陋的、抽象的简单化”④。从资本家的精致化需要和工人阶级的简单化需要形成的鲜明对比来看，私有制在成就了资本家的利己需要的同时，也使工人阶级的需要陷入了异化状态。在这种异化状态下，工人们成了没有感觉的存在物。和资本家无限制地追逐利润的需要不同，工人们的需要被严格地限制在维持他们身体得以存续的范围内，对他们来说，任何超出最低限度的基本生存以外的需要都是不被允许的。在这种情况下，工人与劳动、劳动产品和类本质、他人都处在严重的异化中。在这种状况下，工人的自由全面发展就成了空话。在马克思看来，若要实现工人阶级的需要的解放，就必须对资本主义制度进行无情的革命，通过革命的形式来砸开套在无产阶级身上的制度锁链，通过共产主义社会实现需要的革命，进而实现人的自由全面发展。

六、人的需要与社会发展

人的需要与社会发展存在着密切联系。在不同的社会形式下，人的

① 马克思，恩格斯．马克思恩格斯全集：第 42 卷．北京：人民出版社，1979：24.
② 马克思，恩格斯．马克思恩格斯全集：第 42 卷．北京：人民出版社，1979：132.
③ 马克思，恩格斯．马克思恩格斯文集：第 1 卷．北京：人民出版社，2009：223.
④ 马克思，恩格斯．马克思恩格斯文集：第 1 卷．北京：人民出版社，2009：225.

需要具有不同的内容和形式。在《1857—1858 年经济学手稿》中，马克思根据“人的依赖关系”“物的依赖关系”“个人全面发展的自由性”把人类社会划分为三种形式。按照马克思的理解，这三种社会形式各有其阶段性特征。就第一种社会形式而言，它的最明显的特征就是人对人的直接依赖关系，这种社会形式下的经济形式主要是自然经济，对应的社会发展阶段是前资本主义阶段。就第二种社会形式而言，它的主要特征是人对物的依赖关系，它的经济形式主要表现为商品经济，对应的社会发展阶段是资本主义阶段。就第三种社会形式而言，它的主要特征是人的自由全面发展的自由性和人们的共同生产能力成为社会财富，它的经济形式主要是自由时间经济，对应的社会发展阶段为后资本主义阶段。这三种社会形式下，人的需要及其满足方式各有不同。人的需要的生成和发展也随着三种社会形式变迁而不断发展变化。

其一，“人的依赖关系”社会形式下人的需要主要表现为“直接的需要”。按照马克思的理解，在这种社会形式下，人类的整体社会生产能力还比较低下，致使人们在满足自己需要的过程中，不得不以自然的血缘关系结合成的共同体的形式共同抵御入侵、一起同自然做斗争。在这种状况下，人们还没有“脱掉同其他人的自然血缘联系的脐带”，而且人们的生产力水平和能力只能“在狭小的范围内和孤立的地点上发展着”①。马克思对处在这种生产阶段的人们的需要进行了这样的阐述：人们的劳动产品和人们的需要是相等的，人们的需要不多于他们的劳动产品，他们的劳动产品也刚好能满足他们的需要。这是一种自然的基于自给自足生产能力的供需平衡。很显然，在这种供需平衡的状况下，虽然人与人之间存在着劳动产品的互相交换，但是“真正的交换”还没有发展起来。在马克思看来，人与人之间的劳动产品的交换只是“真正的交换的潜在形式（萌芽）”。虽然随着社会生产效率的提高和人们的需要的增长，相应地出现了分工，“直接生产者已有较高的文明状态”，但是总体来看，这个阶段的经济形式仍没有脱胎于自然经济形式。他们的生产的前提仍是自然经济形式，“也就是说，经营条件的全部或绝大部分，还是在经济自身中生产的，并直接从经济自身的总产品中得到补偿和再生产”②。在马克思看来，即使在这种经济形式下已经出现了剩余产品，

① 马克思，恩格斯．马克思恩格斯文集：第 8 卷．北京：人民出版社，2009：52.

② 马克思，恩格斯．马克思恩格斯文集：第 7 卷．北京：人民出版社，2009：899.

但“并没有超出自私自利的需要”，在一定程度上讲，“产品的占有，是衡量能够在多大程度上使需要得到满足的尺度”①。也就是说，他们在多大程度上占有产品，就是他们在多大程度上满足需要的衡量尺度。通过以上的对“人的依赖关系”社会形式下人们的生产、需要和产品分配的分析来看，在“人的依赖关系”社会形式下，人的需要至少存在以下几个特点：第一，需要的直接性。在这种社会形式下，人们的需要和人们的生产总体上处于均衡状态，他们的需要的界限与他们的生产的界限具有一致性。第二，需要的“非价值”性。在这种社会形式下，人们的生产并非要创造价值，而是要体现出对使用价值的需要。第三，需要的目的的简单性。在这种社会形式下，人们的需要及其满足并没有过多的目的性，他们的目的很简单，或者说，他们的生产的目的和他们的需要的满足的目的是直接同一的，就是“维持各个所有者及其家庭以及整个共同体的生存”②，维系他们自身和整个生活共同体的存续和发展。

其二，“物的依赖关系”社会形式下人的需要主要表现为对“货币的需要”。随着社会生产力的发展，“人的依赖关系”逐渐为“物的依赖关系”所代替，以劳动分工、商品交换为主要形式的商品经济逐渐瓦解自然经济，人的直接性需要开始发生变化。对于自然经济的解体，马克思认为，由于同外地人交往，由于有奴隶，由于要交换自己的剩余产品，等等，这种发展使那种因成为共同体基础而成为每一个客观的个人的基础的生产方式发生改变。自然经济的解体和商品经济的繁荣，为人获得对货币的“普遍的支配权”提供了可能。货币是商品经济的产物，在商品经济形式下，任何人都必须经过货币才能满足自身的各种需要。货币成了人与人、人与商品、人与社会之间的关系纽带。人们对货币的需要掩盖了他们自身的真实需要。货币不仅是人的欲望的唯一的对象，而且成了“发展一切生产力即物质生产力和精神生产力的主动轮”③。在这个主动轮的驱使下，人的直接性的自然需要和自产自足的生产形势都逐渐消失，并为新的需要形式和新的生产方式所代替。如马克思所说：“资本作为孜孜不倦地追求财富的一般形式的欲望，驱使劳动超过自己自然需要的界限，来为发展丰富的个性创造出物质要素，这种个性

① 马克思，恩格斯．马克思恩格斯全集：第42卷．北京：人民出版社，1979：34.

② 马克思，恩格斯．马克思恩格斯文集：第8卷．北京：人民出版社，2009：123.

③ 马克思，恩格斯．马克思恩格斯全集：第30卷．2版．北京：人民出版社，1995：176.

无论在生产上和消费上都是全面的，因而个性的劳动也不再表现为劳动，而表现为活动本身的充分发展，而在这种发展状况下，直接形式的自然必然性消失了；这是因为一种历史地形成的需要代替了自然的需要。"①"对货币的需要"取代"直接的需要"是社会发展的必然趋势，是社会生产力发展到一定阶段的产物。"货币的需要"并非一直就有的，而是历史发展到一定阶段的产物。马克思曾指出，这种需要是"历史地自行产生的需要即由生产本身产生的需要，社会需要即从社会生产和交换中产生的需要"②。资本家贪婪地追逐剩余价值就是对货币的需要的体现。所以整体来看，在"物的依赖关系"社会形式下，人的需要完全异化为了对"货币的需要"，这种需要构成了"物的依赖关系"社会形式下的典型特征。在这种需要的驱使下，资本从来不考虑"市场的现有界限或有支付能力的需要的现有界限"，人们生产的目的也背离了满足物质生活需要的初衷，沦为了对货币的需要。从上述来看，"物的依赖关系"社会形式不仅造成了少数人和多数人需要的强烈反差，而且为资本成为普遍的主导力量奴役人敞开了大门。在马克思看来，这种社会形式（第二种社会形式）是需要被人类历史所扬弃的，必须用一种新的社会形式（第三种社会形式）实现对它的变革和超越，用马克思的话就是，"第二个阶段为第三个阶段创造条件"。

其三，"个人全面发展的自由性"社会形式下人的需要的全面性。在"物的依赖关系"社会形式下人不能正常地满足自己的需要，反而被异化的需要所控制，成了"追逐资本"的手段而非目的。整个社会在资本的支配下，建立了一个异己的货币拜物教，人的关系完全被物的关系所僭越。如马克思所说，在"物的依赖关系"社会形式下，"物的关系对个人的统治、偶然性对个性的压抑，已具有最尖锐最普遍的形式，这样就给现有的个人提出了十分明确的任务。这种情况向他们提出了这样的任务：确立个人对偶然性和关系的统治，以之代替关系和偶然性对个人的统治"③。在马克思看来，这就需要社会的第三种形式来实现。第三种社会形式的最鲜明的特征就是建立在人的自由全面发展和人们共同的社会生产能力成为社会财富这一基础上的自由个性。按照马克思的设

① 马克思，恩格斯．马克思恩格斯文集：第8卷．北京：人民出版社，2009：69-70.

② 马克思，恩格斯．马克思恩格斯全集：第46卷：下册．北京：人民出版社，1980：19.

③ 马克思，恩格斯．马克思恩格斯全集：第3卷．北京：人民出版社，1960：515.

想，在第三种社会形式下，“一旦直接形式的劳动不再是财富的巨大源泉，劳动时间就不再是，而且必然不再是财富的尺度，因而交换价值也不再是使用价值的尺度。群众的剩余劳动不再是一般财富发展的条件，同样，少数人的非劳动不再是人类头脑的一般能力发展的条件。于是，以交换价值为基础的生产便会崩溃，直接的物质生产过程本身也就摆脱了贫困和对立的形式。个性得到自由发展，因此，并不是为了获得剩余劳动而缩减必要劳动时间，而是直接把社会必要劳动缩减到最低限度，那时，与此相适应，由于给所有的人腾出了时间和创造了手段，个人会在艺术、科学等等方面得到发展”①。马克思之所以认为第二种社会形式是第三种社会形式的基础，是因为第二种社会形式下已经创造了较为丰富的物质交换关系，人们的需要的体系也开始建立起来，这些为第三种社会形式下实现人的自由全面发展创造了条件。马克思、恩格斯深信，在可以预见的新社会形式里，共产主义将创造这样一种生产和交往的组织，它向社会全体成员保证，可以实现正常的，也就是仅限于需要本身的一切需要的满足。按照马克思的设想，随着第三种社会形式的实现，之前社会形式下的所有的异化需要都将为人的自由全面发展需要所代替。每个人的需要和发展成了社会发展的主要尺度，人们的需要复归为发展生产的目的。不仅每个人的物质需要和精神需要都将会得到长足的满足，而且每个人的能力、才华和本质将会实现自由和谐的发展。

第二节　马克思需要理论的地位作用

马克思需要理论在整个马克思学说中具有十分重要的理论地位。其重要性不仅体现在对唯物史观的意义上，还体现在政治经济学批判和科学社会主义理论当中。具体来讲，马克思需要理论在马克思的学说中至少有三个方面的重要作用。其一，马克思需要理论对唯物史观的深入阐发和论证具有奠基作用。其二，马克思需要理论对揭示资本逻辑下人的需要异化状况提供了一个支点。其三，马克思需要理论对辩护和论证资本逻辑下无产阶级需要异化的应然革命具有重要作用。赫勒显然很清楚

① 马克思，恩格斯．马克思恩格斯文集：第 8 卷．北京：人民出版社，2009：196 - 197.

这一点，她在《马克思的需要理论》中专门以“需要的体系”为题考察了劳动概念对于黑格尔和马克思两人的经济学、历史哲学和人类学范畴建构的“隐秘的”深远意义。

一、对唯物史观的深入阐发和论证

历史不过是追求着自己目的的人的活动而已，人所追求的目的就是满足自己的需要。但是，以需要理解历史还是以历史解读需要，以需要理解思想观念还是以思想观念理解需要，以需要解读社会关系和制度还是以社会关系和制度解读需要，牵涉到两种完全不同的世界观和方法论。马克思认为唯心史观的一大错误就在于“人们已经习惯于用他们的思维而不是用他们的需要来解释他们的行为”，如马克思所言：“这样，随着时间的推移，便产生了唯心主义世界观，这种世界观，特别是从古典古代世界没落时起，就支配着人的头脑。”[①] 所以马克思的唯物史观走了一条相反的路：他以唯物史观的世界观和方法论，从现实的人的需要出发，全面阐释了需要与观念的关系、需要与国家和法的关系等，同时这也为唯物史观找到了坚实的根基。

其一，人的需要与人类历史。现实的人的需要是理解历史的一把钥匙。与唯心主义历史观从抽象的需要概念理解人类社会的历史性活动不同，马克思结合现实的人的需要及其历史性发展，全面阐释了人的需要与历史的关系。马克思认为，人是“具有自然力、生命力，是能动的自然存在物”，所以人类要生存下去，“首先应当确定一切人类生存的第一个前提，也就是一切历史的第一个前提，这个前提是：……必须能够生活。但是为了生活，首先就需要吃喝住穿以及其他一些东西。因此第一个历史活动就是生产满足这些需要的资料，即生产物质生活本身，而且，这是人们从几千年前直到今天单是为了维持生活就必须每日每时从事的历史活动，是一切历史的基本条件”[②]。因此，马克思认为，任何历史观只要忽略了人的历史的“第一个前提”，就不可能真正理解历史的本质。但是，在理解了人类历史的第一个前提后，还必须弄清楚人类历史的“第二个事实”，即在满足一个需要的基础上，又会产生新的需要。马克思从现实的人的“第一个需要”和“新的需要”的历史性发

---

① 马克思，恩格斯．马克思恩格斯全集：第26卷．2版．北京：人民出版社，2014：766.

② 马克思，恩格斯．马克思恩格斯选集：第1卷．3版．北京：人民出版社，2012：158.

展，揭示了人类历史发展的现实性特征。但是德国哲学家并不这么认为，也不这样做。在他们看来，历史不过是精神的产物，他们想当然地认为，但凡缺少实证材料和在神学、政治和文学的谬论不能立足的地方，都没有历史，顶多算得上是“史前历史”。但是，他们对为什么会从“史前历史”过渡到“真正的历史”做不出任何解释。在马克思看来，理解历史还要深入把握人类历史发展进程中的“第三种关系”。“第三种关系”就是为了生产生命的夫妻关系、家庭关系。家庭关系发展到一定阶段后，就成了社会关系。起初家庭关系是唯一的社会关系，但是“当需要的增长产生了新的社会关系而人口的增多又产生了新的需要的时候，这种家庭便成为从属的关系了”①。马克思从需要的增加和新的需要的产生来解释人类社会发展过程中的家庭关系、社会关系，这与德国哲学根据“家庭的概念”来考察和阐明家庭关系形成了对比。

其二，人的需要与思想观念。思想观念是“实际的需要”的反映，“实际的需要”是理论体系的现实基础。在《德意志意识形态》中，马克思、恩格斯针对一些“社会主义者”从“纯粹的思想”出发而不是从“实际的需要”出发做了批判。马克思认为，那些自称是“真正的社会主义者”的人完全颠倒了理论与现实的关系。他们把英法的一些共产主义思想和德国的抽象哲学混淆在一起，认为共产主义的理论和著作不产生于现实的运动，不是运动的产物和表现，相反和德国的哲学体系一样是从观念中诞生的。对此，马克思很清楚，“真正的社会主义者”之所以有头足颠倒世界观，是因为他们始终没有摆脱德国哲学的控制，他们也看不到现实的实际情况。如马克思所批判道：“他们并没有考虑到，这些著作即使在宣传某些体系，也是以实际的需要为基础的，是以一定国家的一定阶级的整个生活条件为基础的。他们对该派某些著作界代表人物的幻想深信无疑，似乎这些代表人物所谈的是‘最合乎理性的’社会制度，而不是一定阶级和一定时代的需要。”② 由此可以看出，马克思把“实际的需要”“一定阶级和一定时代的需要”视为理论的现实基础，这充分体现了历史唯物主义的基本精神。正是基于此，马克思从一定阶级和一定时代的需要出发，进行了唯物史观的一段经典论述：“一切划时代的体系的真正的内容都是由于产生这些体系的那个时期的需要

① 马克思，恩格斯．马克思恩格斯选集：第1卷．3版．北京：人民出版社，2012：159.
② 马克思，恩格斯．马克思恩格斯文集：第1卷．北京：人民出版社，2009：588.

而形成起来的。所有这些体系都是以本国过去的整个发展为基础的，是以阶级关系的历史形式及其政治的、道德的、哲学的以及其他的后果为基础的。”①

其三，人的需要与社会关系。现实的人的需要及其满足是人们结成一定社会关系的促成因素。在现实的满足需要的对象性活动中，单个人的满足需要的对象性活动是有限的，人们必须在普遍的交往中才能满足自身各方面的不同需要。因此，也就催生了生产关系、交往关系和社会关系。如马克思、恩格斯所说：“为了进行生产，人们相互之间便发生一定的联系和关系；只有在这些社会联系和社会关系的范围内，才会有他们对自然界的影响，才会有生产。”② 所以，社会关系是现实的人的需要及其满足的产物。人们在满足需要的过程中形成的“联系和关系”，对于满足需要的外在物的生产和分配都发挥着重要作用。对于需要与社会联系和社会关系，马克思认为，人们为了满足各自的需要，必然会通过社会性协作来进行，在社会性协作中，人不仅满足自己的需要，也为别人满足需要创造条件。马克思并不反对人们通过他人来满足自己的各方面的需要，而且他认为这是人满足自身各种需要所必需的，甚至他有时也不反对合理的利己主义。马克思在论述人的本质、人的需要、财富和利己主义时曾指出：“人的本质是人的真正的社会联系，所以人在积极实现自己本质的过程中创造、生产人的社会联系、社会本质，而社会本质不是一种同单个人相对立的抽象的一般的力量，而是每一个单个人的本质，是他自己的活动，他自己的生活，他自己的享受，他自己的财富。因此，上面提到的真正的社会联系并不是由反思产生的，它是由于有了个人的需要和利己主义才出现的，也就是个人在积极实现其存在时的直接产物。”③ 人们正是有了利己需要才产生社会联系的。当然马克思在此提到的利己需要是具有中性意义的。但是在资本主义制度下，人通过他人满足自己的需要却走了极端化的道路，走向了极端的利己主义，每个人为了满足自己的利益需要，不惜对他人进行欺骗、侵占和掠夺。于是，在这种制度下，人与人之间的关系，就变成了赤裸裸的异化关系。在这种异化关系下，一些人可以利用剥削另一些人的劳动成果，

① 马克思，恩格斯．马克思恩格斯全集：第3卷．北京：人民出版社，1960：544.

② 马克思，恩格斯．马克思恩格斯选集：第1卷．3版．北京：人民出版社，2012：340.

③ 马克思，恩格斯．马克思恩格斯全集：第42卷．北京：人民出版社，1979：24.

来满足自己的利己需要，但是被剥削的另一些人的需要却得不到保障。

其四，人的需要与国家和法。人的需要促成了国家和法的诞生。人因为要满足自己的物质和精神需要，所以就必然地要和别人产生这样那样的交往形式。在马克思看来，“国家是从控制阶级对立的需要中产生的”①。马克思援引的柏拉图《理想国》中人们为了相互满足需要而建立政治共同体的观点恰好能说明这个问题。当人们需要协作才能满足各自的需要时，就生成了城邦。在柏拉图看来，城邦就是为了满足需要而建立的。但是在阶级社会里，国家和法总的来说是为满足统治阶级的利益需要服务的。占统治地位的阶级由于在经济、政治以及立法上拥有支配地位，所以获得了剥削被剥削阶级的手段。任何阶级社会的国家和法都是代表统治阶级的利益的。如马克思所说，“国家的意志总的说来是由市民社会的不断变化的需要，是由某个阶级的优势地位，归根到底，是由生产力和交换关系的发展决定的应该从社会的经济生活条件中得到解释”。在马克思看来，在大工业时代，“国家总的说来还只是以集中的形式反映了支配着生产的阶级的经济需要，那么，在以前的时代，国家就必然更加是这样了，那时每一代人都要比我们今天更多得多地耗费一生中的时间来满足自己的物质需要，因而要比我们今天更多地依赖于这种物质需要”②。由此来看，马克思从现实的人的需要角度对阶级社会的国家和法进行的本质的论述，丰富和深化了对唯物史观的理解。

其五，人的需要与人的自由。人的需要与自由存在着密切的关系。人的需要能否得到满足，是人能否自由的一个关键因素。然而，是从人的概念理解自由，还是从现实的需要及满足需要的人的实践活动理解自由，这是截然相反的世界观。与马克思同时代的桑乔认为，人只有先制定人的概念，然后才能取得自由，而且他认为，人们取得自由的程度取决于实现这个概念时的需要。马克思、恩格斯对此表示质疑，在他们看来，理解自由必须将其放进一定的生产力条件中，因为人们取得的自由以及自由的范围和程度从来都不是在理想中实现的，“而是在现有的生产力所决定和所容许的范围之内取得自由的”③。马克思、恩格斯认为，在社会生产力有限的情况下，人们的发展只能有这种形式，“一些人靠

① 马克思，恩格斯．马克思恩格斯全集：第21卷．北京：人民出版社，1965：196.
② 马克思，恩格斯．马克思恩格斯文集：第4卷．北京：人民出版社，2009：306－307.
③ 马克思，恩格斯．马克思恩格斯全集：第3卷．北京：人民出版社，1960：507.

另一些人来满足自己的需要，因而一些人（少数）得到了发展的垄断权；而另一些人（多数）经常地为满足最迫切的需要而进行斗争，因而暂时（即在新的革命的生产力产生以前）失去了任何发展的可能性”①。这说明，在生产力还不发达的情况下，人的需要只能有选择地被满足。事实上，由于多数人为了满足自己的需要，不得不以“非人的”方式来实现，因而他们的自由全面发展受到了限制。这种把被统治阶级排斥在自由全面发展之外的“非人的东西”，同“人的东西”一样，是现代社会关系的非正常的产物。“非人的东西”是“人的东西”的对立面，“是对建立在现有生产力基础上的统治关系以及跟这种关系相适应的满足需要的方式的反抗”②。作为正面的“人的东西”与“非人的东西”刚好相反，“是同某一生产发展的阶段上占统治地位的一定关系以及由这种关系所决定的满足需要的方式相适应的”③。马克思、恩格斯结合现实的人的需要、现实的社会生产力来理解人的自由，既体现了唯物史观的本真精神，也同桑乔等人的唯心主义观点划清了界限。

总的来说，马克思从现实的人的需要出发对人的需要与人类历史、思想观念、社会关系、国家和法、人的自由进行的论述，从现实意义上深化了对唯物史观的理解和论证。可以说，马克思正是结合需要对这些现实问题进行了理解，才深入地阐发了他的唯物史观思想。因而，历史唯物主义的需要理论和需要理论中的历史唯物主义思想是相得益彰、互为阐释的。

二、对资本逻辑下异化需要的揭示

马克思通过政治经济学批判，论证了无论是资本主义的政治经济学，还是现实中的经济活动，都是为少数人的利益服务的。马克思从现实的物质生产出发，通过对商品属性以及其流通实现进行阐发，揭示了在现实的资本主义生产关系中，商品是不可能被用来满足人民群众的需要的。马克思结合资本主义生产方式下无产阶级的需要状况，以人的需要异化来阐释资本的运行逻辑，不仅赋予了政治经济学批判以人学视野，而且对揭示资本逻辑和资本主义制度反人民性具有重要的理论

① 马克思，恩格斯．马克思恩格斯全集：第3卷．北京：人民出版社，1960：507.

② 马克思，恩格斯．马克思恩格斯全集：第3卷．北京：人民出版社，1960：507-508.

③ 马克思，恩格斯．马克思恩格斯全集：第3卷．北京：人民出版社，1960：508.

价值。

其一，人的需要与政治经济学。不同的政治经济学满足不同人的需要。对于工人阶级而言，资产阶级的政治经济学是使他们贫困的经济学，在这种政治经济学的理论逻辑里，资本家和工人的需要陷入了难以调和的背反状态。虽然整体而言，社会的需要和满足需要的生活资料不断地丰富和发展，但是工人阶级面对的处境却是需要的贫乏和满足需要的生活资料的丧失。这是因为，资产阶级的政治经济学从一开始就不是为满足无产阶级的需要服务的。对于工人的生活生存需要，资产阶级的政治经济学不仅在最初的价值意图上，把“工人变成没有感觉和没有需要的存在物，正像他把工人的活动变成抽去一切活动的纯粹抽象一样”①，而且认为“人无论在活动方面还是在享受方面都没有别的需要了”②。另外，资产阶级的政治经济学把使工人阶级尽可能贫困作为自己精打细算的出发点和普遍标准，并且把这些标准强加给工人阶级。在资产阶级的逻辑里，工人理所当然地就应该贫困，而且不应该有任何的享受需要。对于工人来说，任何奢侈的东西都是不被宽恕的。“一切超出最抽象的需要的东西——无论是被动的享受或能动的表现——在他看来都是奢侈”③。因此，在资本主义社会，其政治经济学实际上是让资本家富裕和让工人们贫穷的经济学。它倡导工人们要克制和节约，但不顾工人们的贫困处境，它的基本教条是教人克制生活中的一切需要。“对生活乃至人的一切需要都加以节制”④。在马克思看来：“它的真正理想是禁欲的却又进行重利盘剥的吝啬鬼和禁欲的却又进行生产的奴隶。”⑤“它的基本教条是：自我节制，对生活乃至人的一切需要都加以节制。你越是少吃，少喝，少买书，少去剧院，少赴舞会，少上餐馆，少思考，少爱，少谈理论，少唱，少画，少击剑，等等，你积攒的就越多，你的那些既不会被虫蛀也不会被贼偷的财宝，即你的资本，也就会越多。你的存在越微不足道，你表现自己的生命越少，你拥有的就越多，你的外化的生命就越大，你的异化本质也积累得越多。”⑥ 在这种

① 马克思，恩格斯．马克思恩格斯文集：第 1 卷．北京：人民出版社，2009：226.
② 马克思，恩格斯．马克思恩格斯文集：第 1 卷．北京：人民出版社，2009：226.
③ 马克思，恩格斯．马克思恩格斯文集：第 1 卷．北京：人民出版社，2009：226.
④ 马克思，恩格斯．马克思恩格斯文集：第 1 卷．北京：人民出版社，2009：226.
⑤ 马克思，恩格斯．马克思恩格斯文集：第 1 卷．北京：人民出版社，2009：226.
⑥ 马克思，恩格斯．马克思恩格斯文集：第 1 卷．北京：人民出版社，2009：226 - 227.

经济学下，货币成了一切的主宰，人们对货币的崇拜开始盲目起来。然而人们的一切情感的、生活的需要都被淹没在贪财欲中，在逐利的活动中失去了“生命和人性”。虽然货币能办成很多事情，但是“它除了自身以外却不愿创造任何东西，除了自身以外不愿购买任何东西，因为其余一切都是它的奴仆”①。

其二，人的需要与商品。商品的生产是资本主义的逻辑起点，也是从需要的满足物完全异化为资本家牟利的工具的重要环节。商品是用来满足人的需要的对象物。马克思从满足人的需要的属性阐发了商品的本质，赋予了商品属人的价值意义，这与资本主义的经济学是截然不同的。马克思指出，“商品首先是一个外界的对象，一个靠自己的属性来满足人的某种需要的物”②。在马克思看来，劳动产品之所以成了流通的商品，一部分原因是要经过交换来最大限度地满足人们的不同需要。如马克思所说：“一方面，生产者的私人劳动必须作为一定的有用劳动来满足一定的社会需要，从而证明它们是总劳动的一部分，是自然形成的社会分工体系的一部分。另一方面，只有在每一种特殊的有用的私人劳动可以同任何另一种有用的私人劳动相交换从而相等时，生产者的私人劳动才能满足生产者本人的多种需要。”③ 马克思认为：“商品可能是一种新的劳动方式的产品，它声称要去满足一种新产生的需要，或者想靠它自己去唤起一种需要。”④ 但是资本主义制度下的事实并非如此。商品虽然声称要满足人们的需要，但是沦为了资本家牟利的手段，商品陷入了两难境地。大多数人想要通过商品满足需要，但是占有生产资料的少数资产阶级却想要用它来满足利己需要。对大多数人来说，虽然他们因为需要制造了商品，但是商品却满足不了他们的需要，虽然工人的劳动力也是商品的一种，但是工人的商品“是单纯以满足需要、以消费为目的的简单的商品流通”⑤。工人的商品不归他们所有，只是资本家用来实现利润增殖的手段。

其三，人的需要与资本。资本的流动成了剥夺无产阶级需要的帮

① 马克思，恩格斯．马克思恩格斯文集：第 1 卷．北京：人民出版社，2009：227.
② 马克思，恩格斯．马克思恩格斯文集：第 5 卷．北京：人民出版社，2009：47.
③ 马克思，恩格斯．马克思恩格斯文集：第 5 卷．北京：人民出版社，2009：90－91.
④ 马克思，恩格斯．马克思恩格斯文集：第 5 卷．北京：人民出版社，2009：127.
⑤ 马克思，恩格斯．马克思恩格斯文集：第 6 卷．北京：人民出版社，2009：492.

凶。它“发展成为一种强制关系，迫使工人阶级超出自身生活需要的狭隘范围而从事更多的劳动”①。马克思曾对商品流通和货币流动做了对比揭示。在马克思看来：简单的商品流通是必要的，因为这是满足人们的需要的手段。也就是说，在商品流通过程中，占有使用价值是商品流通的最终目的。但是作为人格化的资本家，资本和货币并不如此，因为对它们来说，流通本身就是目的，实现资本增殖即是它们的出发点和复归点，只有在保证流通的前提下，才会不断增殖。与简单的商品流通不同，资本的流通是没有限度的，而且它不会把使用价值作为流通的目的，它有着绝对的致富欲。它“的目的也不是取得一次利润，而只是谋取利润的无休止的运动”②。作为资本的货币恰恰就是这样的，它的增殖欲望是无限的，它的需要就是像滚雪球一样积累财富。资本和人的对立，使马克思找到了政治经济学批判的价值入口。在资本逻辑下，人的需要不可能被满足，这是由资本增殖的本性所决定的，原因已经很清晰，“资本的目的不是满足需要，而是生产利润”③。也就是说，“因为资本达到这个目的所用的方法，是按照生产的规模来决定生产量，而不是相反，所以，在立足于资本主义基础的有限的消费范围和不断地力图突破自己固有的这种限制的生产之间，必然会不断发生不一致。”④

其四，人的需要与生产。需要是生产的目的，生产催生新的需要。资本主义社会生产的无政府状态决定了产品的供需不平衡。一方面，资本家除了想着要满足无产阶级作为生产机器所必需的生存需要，对满足其他的需要毫无考虑。另一方面，无产阶级十分贫困，虽然有足够丰富的产品供他们挑选，但是在资本逻辑下，产品的丰富不代表劳动人民就能够占有和享用这些产品，因为即使他们有消费的需要也消费不起。这种情况不仅导致了无产阶级生活状况的恶化，而且导致了生产过剩，大量的产品卖不出去，进而导致经济危机。对于生产过剩，李嘉图等人曾提出了反对意见。在他们看来：“把资产阶级生产或者看做不存在买和卖的区别而实行直接的物物交换的生产方式，或者看做社会的生产，在这种生产中，社会好像按照计划，以满足社会的各种需要所必需的程度

---

① 马克思，恩格斯．马克思恩格斯选集：第2卷．3版．北京：人民出版社，2012：198.

② 马克思，恩格斯．马克思恩格斯文集：第5卷．北京：人民出版社，2009：179.

③ 马克思，恩格斯．马克思恩格斯文集：第7卷．北京：人民出版社，2009：285.

④ 马克思，恩格斯．马克思恩格斯文集：第7卷．北京：人民出版社，2009：285.

和限度，来分配社会的生产资料和生产力，因此每个生产领域都能分到为满足相关的需要所必需的那一份社会资本。”① 马克思认为这是纯粹的虚构，李嘉图等人不了解“资产阶级生产这一特殊形式而产生的，而所以不懂又是由于一种成见，认为资产阶级生产就是一般生产”②。换言之，资本主义的生产并不是为了满足所有人的需要的一般性生产，而是一种满足赚取利润需要的特殊性生产。所以资本主义的生产不是为了满足广大劳动人民的需要而生产的，而是为了资本增殖而生产的。然而，在共产主义社会，生产被赋予了更加积极的意义。生产不再像资本主义社会的生产那样是为了赚取更多利润，而是为了满足最广大劳动人民的需要。所以在共产主义（社会主义）社会下，社会的生产力越发达，人们的物质生活资料就越丰富。相比资本主义社会生产的无政府状态，社会主义社会的生产更加注重供需平衡，既见物又见人，真正做到了坚持物的生产逻辑和人的需要逻辑的有机统一。按照马克思的设想，共产主义社会按需分配，人们根据自己的现实需要分配劳动产品。

其五，人的需要与生产力。需要的满足与一定历史阶段的生产力水平有着紧密的联系。在人类社会的早期，整个社会的生产力水平还十分低下，这导致了人们的需要水平也受到了限制。如马克思所说：“在文化初期，已经取得的劳动生产力很低，但是需要也很低，需要是同满足需要的手段一同发展的，并且是依靠这些手段发展的。”③ 然而，人的需要和人类社会的生产力一样，都是随着社会的发展而不断发展的，即“它们的历史同时也是发展着的、由每一个新的一代承受下来的生产力的历史，从而也是个人本身力量发展的历史”④。在资本主义社会里，资本主义强调发展生产力只是为了制造更多商品，从而满足赚取更多的利润的需要，但是无产阶级的需要却被资本逻辑遮蔽了。无产阶级的生产劳动活动与对产品的占有陷入了悖论。社会生产力越发达，他们生产得越多，他们就越被剥削，他们的需要就越得不到满足。究其原因，在于市场经济遵循的是资本逻辑。在资本逻辑下，资本的无限扩展性，导

① 马克思，恩格斯．马克思恩格斯文集：第8卷．北京：人民出版社，2009：268.

② 马克思，恩格斯．马克思恩格斯全集：第26卷：第2册．北京：人民出版社，1973：604.

③ 马克思，恩格斯．马克思恩格斯文集：第5卷．北京：人民出版社，2009：585－586.

④ 马克思，恩格斯．马克思恩格斯文集：第1卷．北京：人民出版社，2009：576.

致了不是为了满足人民的需要而生产更多的物质资料，而是为了生产而生产、为了赚取更多利润而生产，至于生产力的发展、生产的产品有没有被用来满足人的需要，资本家不会关心这些。在他们眼里，“只见物不见人”，这是资本主义社会“物的逻辑”掩盖了“人的逻辑”的鲜明体现。资本主义发展生产力是为了赚取更多的利润，实现更大规模的资本积累。社会主义发展生产力是为了满足最广大劳动人民的生活需要。

其六，人的需要与交往。人因为要满足多方面的需要，所以要从别人那里获得需要的满足物。这就需要人与人之间建立需要的广泛的交往联系，因为只有在交往联系中人们才能“创造新的需要和满足新需要的新方式”①。对于需要与交往关系，马克思认为，一方面，不同需要的满足召唤更宽阔的交往视野；另一方面，人的交往关系也在促进新的需要扩大。对此，马克思曾以世界交往为例，阐释了需要开拓交往空间，交往扩大需要空间。他指出：现代的交往方式“使各国人民彼此之间建立联系的一切历史事件，同样是扩大需求——建立世界市场的条件”②。在这一点上，恩格斯与马克思持相同的看法，在恩格斯看来，每个人都“需要和外部世界来往，需要满足这种欲望的手段：食物、异性、书籍、谈话、辩论、活动、消费品和操作对象”③。但是，在以资本为主导的市场交往关系下，人的需要被资本的需要驱逐，因此，随着交往空间的拓展和交往关系的深化，作为目的的需要不仅没有得到很好的满足，而且被资本逻辑所遮蔽。如马克思所说，在这种社会状态中，广大的生产者仍然或多或少只限于获得“食品”和“必需品”，因此，只要财富超出必需品的范围，绝大多数生产者就或多或少被排斥于财富的消费之外。这也从侧面说明了，在资本逻辑下人们之间交往关系的异化。这种异化和资本主义生产方式一样，同样是需要被扬弃的。

三、对需要的应然革命的辩护与论证

资本逻辑下无产阶级需要异化的实然状态，说明了资本主义以生产为主导的生产方式的不合理性和资本主义剥削制度的不正义性。若要扭转无产阶级的异化需要状态，实现无产阶级需要的革命，就必须向资本

---

① 马克思，恩格斯．马克思恩格斯全集：第32卷．2版．北京：人民出版社，1998：350.

② 马克思，恩格斯．马克思恩格斯全集：第42卷．北京：人民出版社，1979：382.

③ 马克思，恩格斯．马克思恩格斯全集：第21卷，北京：人民出版社，1965：331.

主义的生产方式和剥削制度发起需要的革命。这种革命的正义性体现在：共产主义以人的需要为出发点，生产的目的是实现人的自由全面发展。资本主义以生产为出发点，是为了追逐利润。所以，只有共产主义社会的需要才是人类社会的应然需要。认清资本主义社会下人的需要的实然状态，才能批判资本逻辑的实质，进而在对其进行革命的前提下实现人的需要的应然革命。科学社会主义作为一种科学的理论体系，有着鲜明的革命立场和价值理念。它的最终目的就是通过无产阶级革命，消灭一些人靠另一些人牟利的现象，实现“按需分配”的共产主义，进而实现全人类的解放，“把人的世界和人的关系还给人自己”①。

其一，人的需要与所有制。私有制满足的是少数有产者的需要，公有制满足的是绝大多数人的需要。在私有制主导的社会里，经常会出现一部分人通过占有另一部分人的劳动成果来满足自己的利己需要。比如在资本主义社会里，虽然无产者创造了满足需要的财富，但是他们的财富却被资本家无偿地占有。这势必导致财富和需要两极分化。对此马克思认为：“只有消灭资本主义生产形式，才允许把工作日限制在必要劳动上。但是，在其他条件不变的情况下，必要劳动将会扩大自己的范围。一方面，是因为工人的生活条件将会更加丰富，他们的生活要求将会增大。”② 但是在公有制主导的社会里，社会财富由大多数人共同占有，人们进行生产劳动的目的就是满足大多数人的需要。比如在共产主义（社会主义）社会里，每个人都参与创造满足需要的财富的劳动，每个人也都公平参与劳动产品的分配。虽然在共产主义社会的初级阶段，由于社会生产力的局限性，暂时只能“按劳分配”，但是到了共产主义社会的高级阶段后，社会物质财富充分涌现，每个人的需要都能得到充分的满足，这个时候就可以“按需分配”。由此看来，不同的所有制对满足不同阶级的需要的效用是不同的。资本主义制度是为满足资本家的发财欲服务的，共产主义制度是为满足占社会绝大多数的无产阶级的需要服务的。

其二，人的需要与阶级斗争。在阶级社会里，不同的阶级有不同的需要。在资本主义社会里，需要的阶级性体现在资本家与工人阶级需要的对立上。对资本家而言，他们的需要就是利用工人阶级生产商品，进

---

① 马克思，恩格斯．马克思恩格斯全集：第1卷．北京：人民出版社，1956：443.

② 马克思，恩格斯．马克思恩格斯全集：第44卷．2版．北京：人民出版社，2001：605.

而通过商品买卖赚取利润。这是一种典型的通过占有工人阶级创造的剩余价值来实现资本增殖的方式。对工人阶级而言，他们的需要是摆脱资本家的剥削，实现自由解放。所以，在阶级社会里，不同阶级的需要具有鲜明的差异性和对立性。然而，在共产主义社会里，由于阶级的消失，所有人都生活在一种自由平等的环境下，每个人都不会通过强制占有别人的劳动产品来满足自己的需要。在阶级社会里，不同的阶级在占有需要的满足物上的差异性，必然导致劳动产品分配不均的问题。所以，要结束一部分人通过无偿占有别人的劳动产品来满足自己的需要的状况，就必须通过阶级斗争来实现。如马克思所说："当物按人的方式同人发生关系时，我才能在实践上按人的方式同物发生关系。因此，需要和享受失去了自己的利己主义性质，而自然界失去了自己的纯粹的有用性，因为效用成了人的效用。"①

其三，人的需要与革命。需要与革命的勾连在马克思的整个学说中有着一贯的传统。马克思一向认为革命与人的需要能不能得到满足、得到多大程度的满足有关。早在《论犹太人问题》中，马克思就结合需要对政治革命进行了论述：政治革命"把需要、劳动、私人利益和私人权利等领域看做自己持续存在的基础"②。无产阶级的需要及满足状况说明资本主义制度本质上是反无产阶级的，在人类的历史进程中，它虽然曾经起到过革命作用，但是现在已经成了需要被扬弃的制度，它已经代表不了人类社会的发展要求。在资本主义社会，由于资产阶级是既得利益者，他们不可能主动地提出革命的需要，事实上，他们也意识不到革命的需要。恩格斯对此曾有过详细的分析，他认为资产阶级不可能革命，而且他们还会千方百计地阻碍无产阶级的革命行动。所以，他认为"工人阶级就应当单独地准备和实现社会变革"③。

其四，人的需要与资本主义制度。资本主义是以商品经济为基础的社会形式。从马克思对资本逻辑的批判中我们可以发现，资本主义制度的目的不是实现最大多数人的需要的满足，而是在资本作伥的情况下，为满足资本家的无限制的发财欲提供制度基础。资本主义社会中，人们的真正的需要被对货币的需要和追求所取代。在货币拜物教的魅惑下，

① 马克思，恩格斯．马克思恩格斯文集：第1卷．北京：人民出版社，2009：190.

② 马克思，恩格斯．马克思恩格斯文集：第1卷．北京：人民出版社，2009：46.

③ 马克思，恩格斯．马克思恩格斯全集：第28卷．2版．北京：人民出版社，2018：659.

人们为了满足极端的利己主义需要，不惜互相欺骗和利用。人们为了金钱可以卖掉一切，可以拿出一切东西来换取个人私利。人与人之间的道德温情被资本的冷冰冰的面孔冲淡。此外，资本主义条件下的异化劳动不仅导致了人的需要的广泛异化，而且使无产阶级的生存环境不断恶化。如马克思所说，“只是说出了雇佣劳动即自我异化的劳动的本质，这种劳动创造的财富作为他人的财富和它相对立，它自己的生产力作为它的产品的生产力和它相对立，它的致富过程作为自身的贫困化过程和它相对立，它的社会力量作为支配它的社会力量和它相对立”①。马克思在《资本论》中通过大量的分析论证，发现了资本主义生产方式的内在冲突性。在马克思看来，工人阶级不是“天生”的贫困群体，是由资本主义的生产方式导致的。资本主义一方面人为地制造了不同阶级群体的不同需要，另一方面还在精打细算地剥夺工人阶级的需要。这就出现了资本主义社会所不可避免的贫富对立、阶级对立和需要对立。资本主义制度既生产了财富，也给无产阶级带来了贫穷。这是因为，在资本主义社会，资本家的眼里透露着对资本增殖的无限的渴望。作为资本家的一小部分人的财富，完全是在对无产阶级的剥削和压迫上得来的。由此马克思得出结论，“资本主义生产比其他任何一种生产方式都更加浪费人和活劳动，它不仅浪费人的血和肉，而且浪费人的智慧和神经”②。

其五，人的需要与共产主义。在马克思看来：“对私有财产的扬弃，是人的一切感觉和特性的彻底解放；但这种扬弃之所以是这种解放，正是因为这些感觉和特性无论在主体上还是在客体上都成为人的。眼睛成为人的眼睛，正像眼睛的对象成为社会的、人的、由人并为了人创造出来的对象一样。”③ 资本主义制度下，工人阶级的需要异化状况说明了，如果不推翻资本主义的社会制度，工人阶级的自由全面发展需要就只能是“想象的或设想的全面性”④。只有完成了共产主义革命，工人阶级才能实现其现实关系和观念关系的全面性。如上文所说，在以商品经济

---

① 马克思，恩格斯．马克思恩格斯全集：第 35 卷．2 版．北京：人民出版社，2013：232－233.

② 马克思，恩格斯．马克思恩格斯全集：第 32 卷．2 版．北京：人民出版社，1998：405.

③ 马克思，恩格斯．马克思恩格斯文集：第 1 卷．北京：人民出版社，2009：190.

④ 马克思，恩格斯．马克思恩格斯文集：第 8 卷．北京：人民出版社，2009：172.

为基础的资本主义社会，工人阶级是唯一创造价值的阶级，但是现实的荒谬之处在于这些价值并不为工人阶级所占有。按照资产阶级的国民经济学的精打细算，工人阶级只能从他们创造的价值中拿走仅仅维持他们最低生活需要的一小部分，其余的则被资本家无偿占有。而且，随着新技术的发明和劳动生产率的提升，虽然整个社会的总财富在不断增加，但是"落到工人阶级手中的那一部分（按人口计算）或者增加得很慢和很少，或者是一点也不增加，并且在某些情况下甚至还会缩减"①。在这种情况下，工人阶级的需要并没有随着生产力的发展丰富了，而是减少了。但是，马克思对这种排斥无产阶级的生产做了诊断，他认为这种生产模式势必造成资本主义的生产悖论，"造成一种定会使当代资本主义经济陷于灭亡的冲突"②。如恩格斯为马克思《雇佣劳动与资本》单行本写的导言所述，"一方面是不可计量的财富和购买者无法对付的产品过剩，另一方面是社会上绝大多数人口无产阶级化，变成雇佣工人，因而无力获得这些过剩的产品。社会分裂为人数很少的过分富有的阶级和人数众多的无产的雇佣工人阶级，这就使得这个社会被自己的富有所窒息，而同时社会的绝大多数成员却几乎没有或完全没有免除极度贫困的任何保障。社会的这种状况日益显得荒谬"③。因此必须以共产主义制度扬弃资本主义的私有制。马克思深信这种制度"应当被消除，而且能够被消除"④。

第三节　马克思需要理论的内在逻辑

在研究《资本论》时，马克思在德文第二版的跋中坦陈，他的研究方法是否定的辩证法。实际上，这种方法也构成了马克思需要理论的内在逻辑线索。我们知道，追求人类的自由解放和全面发展是马克思的毕生理论与实践活动的最终目的。以人民群众的需要为视角，考察人类社会发展进步和人的自由全面发展是马克思主义的题中之义。需要是人的

---

① 马克思，恩格斯．马克思恩格斯全集：第 22 卷．北京：人民出版社，1965：242.

② 马克思，恩格斯．马克思恩格斯选集：第 1 卷．2 版．北京：人民出版社，1995：329.

③ 马克思，恩格斯．马克思恩格斯文集：第 1 卷．北京：人民出版社，2009：709.

④ 马克思，恩格斯．马克思恩格斯文集：第 1 卷．北京：人民出版社，2009：709.

本性，任何人都有需要的权利。然而在私有制的生产关系下，无产阶级的正当需要要么被剥夺，要么在资本逻辑中被异化，以至于他们不仅生活在无尽的剥削和压迫中，而且由于自身需要长期得不到满足，陷入了自身发展的悖论中。在私有制下，无产阶级的需要不可能得到满足。因而，若要实现无产阶级需要的解放，就必须砸碎资本主义的生产关系，建立一种符合无产阶级利益和需要的制度。而这种制度只能是共产主义制度。然而，改良不能消除阶级剥削的根源，革命才是最终正途。没有暴力革命就不能砸碎资本主义的制度基础，如果资本主义私有制不被推翻，实现共产主义就是一句空话。所以，建立共产主义制度必须以暴力革命为前提。然而，革命是最彻底的社会变革，实现革命的胜利不仅需要革命的理论作为指导，还需要革命的物质力量去推进。很显然，在所有的阶级里面，只有无产阶级是最革命的物质力量，在所有革命的理论中，只有科学社会主义才是最彻底的。虽然共产主义革命胜利后，还需要经历较长的过渡阶段才能最终实现“按需分配”的美好愿景，但是，由于这一美好愿景是马克思根据人类社会发展规律做出的科学预判，所以不仅具有理论上的应然性，还具有实践上的实然性。

一、需要之肯定：现实的个人有各种需要

对于人的需要，马克思的态度十分明确，现实的个人有各种需要。他指出，“任何人如果不同时为了自己的某种需要和为了这种需要的器官而做事，他就什么也不能做”①。与宗教神学的禁欲主义主张不同，马克思并不反对人的需要，相反他认为人的需要是现实的、客观存在的，人必须依靠需要的满足来实现自身的生存和发展。如马克思所说：“由于他们的需要即他们的本性，以及他们求得满足的方式，把他们联系起来（两性关系、交换、分工），所以他们必然要发生相互关系。”②所谓人的本性，就是人的本质属性，既包括人作为生物所天然固有的属性，也包括人作为社会存在体现的社会属性。所以人的本性包括自然属性和社会属性两个方面。就人的自然属性而言，“人直接地是自然存在物”③。人作为高级动物，也像其他动物一样，必须吃饱穿暖才能生存

① 马克思，恩格斯．马克思恩格斯全集：第3卷．北京：人民出版社，1960：286.
② 马克思，恩格斯．马克思恩格斯全集：第3卷．北京：人民出版社，1960：514.
③ 马克思，恩格斯．马克思恩格斯文集：第1卷．北京：人民出版社，2009：209.

下去。人像动物满足自身生理欲求一样，也要满足身体自然的需要。动物的欲求和人的需要的根本区别就在于有没有意识的主导、有没有介入社会实践或具备社会性。就人的社会属性而言，人由于要满足自身需要，所以就必须和外界建立起交往关系。人在满足需要的实践活动中不断丰富自身的社会关系，从而发展自己的现实性本质。换言之，人们由于自身需要和满足需要的方式，才建立起现实的社会关系，而社会关系又从现实性上规定了人的本质。所以，人一旦没有了需要，就没有了同他人交往的动因，人的本质也就贫乏起来。

对于人的本质，马克思曾有过类本质、自由自觉的劳动本质、社会关系本质和需要本质的论述。实际上这四种关于本质的论述是统一的，我们不能割裂开来谈“四种本质”的异同。对于人的类特性，马克思认为：“人的类特性恰恰就是自由的有意识的活动。”① 实践是人的类特性，动物没有实践活动，所以它们也就没有实践的类特性。在马克思看来：“通过实践创造对象世界，改造无机界，人证明自己是有意识的类存在物，就是说是这样一种存在物，它把类看做自己的本质，或者说把自身看做类存在物。”② 然而，如果我们把类本质看作人的内在抽象规定性，这就明显带有费尔巴哈的人本学痕迹，但是我们以马克思的实践观点理解类，把抽象的类放进历史中理解，那么人的类本质就具有历史性、生成性和发展性，进而也就超越了费尔巴哈的类本质。所以，劳动实践不仅确证了人作为人的类本质和社会关系本质，而且确证了人的需要本质。人的需要在人的劳动实践中生成，又在人的历史性劳动实践中得到满足。人的满足需要的对象性活动（劳动实践）越丰富，人的本质也就越能得到丰富和发展。劳动创造了人的本质，使人的需要脱离了动物性欲求。所以，在此基础上我们可以说人的需要就是人的本质属性。人如果没有需要及需要的满足，也就谈不上生存和发展。因此，马克思在从事理论工作的早些时期，就提出了人民群众具有需要的权利。如他在《关于林木盗窃法的辩论》中所说，贫苦阶级“这个阶级不仅本能地要求满足生活的需要，而且也感到需要满足自己权利的要求”③。

---

① 马克思，恩格斯．马克思恩格斯选集：第1卷．2版．北京：人民出版社，1995：46.
② 马克思，恩格斯．马克思恩格斯文集：第1卷．北京：人民出版社，2009：162.
③ 马克思，恩格斯．马克思恩格斯全集：第1卷．北京：人民出版社，1956：146.

二、需要之否定：资本主义与需要的异化

每个人都有需要和满足需要的权利。然而在资本逻辑下，资本主义私有制却成了工人们的需要的否定性力量，使人们的需要处在不平等、不均衡、有差别和高度异化的状态。无产阶级没有因为资产阶级对封建主义的否定而改善自己需要的状况，反而被资本主义生产关系支配和扭曲。雇佣劳动在导致劳动异化的同时，也把需要推向了异化。需要的异化体现为需要越来越粗陋化、物化、片面化、工具化、两极化、病态化。这些异化的需要，使工人阶级逐渐失去了存在和发展的条件，需要由促进人的发展的力量，异化成了否定人的发展的力量。

其一，需要的粗陋化。在资本主义制度下，工人阶级的需要的一个明显特征就是被迫返回到动物化。资本主义的雇佣劳动不仅使工人的需要范围不断缩小，而且使其需要的层次逐渐降低。他们的需要仅仅停留在维持自身生存的层面上，一切关于个人的发展性需要都被残酷地剥夺。工人只能保持自身不被饿死的低等粗陋需要，资本家们从不关心他们劳动以外的需要。国民经济学的理论家和资本家把工人阶级“当做仅仅有最必要的肉体需要的牲畜”①。对于整个社会满足人的需要的资料的增长反而会给工人阶级带来需要的退化和满足需要的资料的匮乏，主要有两个方面的原因。一方面，资产阶级和他们的经济学家荒诞地认为，工人维持其最低生活需要就是他们的生活和存在方式。他们把“工人的需要归结为维持最必需的、最悲惨的肉体生活”②，他们“理所当然”地认为除了维持生活的需要之外，工人“无论在活动方面还是在享受方面都没有别的需要了”③，在他们看来，这就是无产阶级的“人的生活和人的存在”。另一方面，按照他们尽可能使工人贫乏的标准，他们把工人视为“没有感觉和没有需要的存在物”④，工人们需要的贫乏决定了他们与一切奢侈的需要无缘。“一切超出最抽象的需要的东西——无论是被动的享受或能动的表现——在他看来都是奢侈”⑤。在

① 马克思，恩格斯．马克思恩格斯文集：第1卷．北京：人民出版社，2009：125.
② 马克思，恩格斯．马克思恩格斯文集：第1卷．北京：人民出版社，2009：226.
③ 马克思，恩格斯．马克思恩格斯文集：第1卷．北京：人民出版社，2009：226.
④ 马克思，恩格斯．马克思恩格斯文集：第1卷．北京：人民出版社，2009：226.
⑤ 马克思，恩格斯．马克思恩格斯文集：第1卷．北京：人民出版社，2009：226.

国民经济学的逻辑里，工人连对新鲜空气和身体运动的需要都应该被节约和克制。

其二，需要的物化。在资本主义制度下，“人——这就是私有制的基本前提——进行生产只是为了占有。生产的目的就是占有。生产不仅有这样一种功利的目的，而且有一种自私自利的目的；人进行生产只是为了自己占有；他生产的物品是他直接的、自私自利的需要的物化。因此，人本身——在未开化的野蛮状态下——以他自己直接需要的量为他生产的尺度，这种需要的内容直接是他所生产的物品本身”①。在这种状况下，人成了完全的自私自利的动物。虽然工人生产了产品，但是这些产品不被其占有，反而对工人进行控制和操纵，使工人成了物的奴隶。虽然工人们也像其他人一样具有满足自己的需要的权利和职责，但是私有制使工人“连他那些和大家一样的需要都不能满足；他每天必须像牛马一样工作十四小时；竞争使他降为物品，降为买卖的对象”②，也就是说，他们像牲畜一样超时限劳作。被降为物品的他们，纯粹成了资本家买卖的对象。在资本主义社会，人生产物品仅仅是因为要占有物品，而不是为了满足需要。由此可以看出，资本主义制度下需要的物化使社会生产完全偏离了人，因而生产的价值意义也被异化了。物的生产与人的需要的分离，也使劳动异化了。劳动者像机器一样重复毫无意义的生产活动，劳动的能动性和创造性被遮蔽，劳动者的价值只能由物来衡量，劳动者成了物的附属品，而不是占有物来满足自己的需要，人和物的关系完全错位。在这种物化生产下，工人的需要完全体现不出是他们的本质力量的绽放。相反，由于需要的物化，工人的本质的丰富性也越来越贫乏。

其三，需要的片面化。在资本主义私有制下，工人的需要仅仅停留于不被饿死冻死的最低生活需要。对于工人来说，“他只有作为工人才能维持自己作为肉体的主体，并且只有作为肉体的主体才能是工人”③。但是，资本家满足他们吃饱穿暖的需要不是他们大发善心，而是为了让他们像个机器一样能够继续工作。马克思对此曾感慨道，资本主义私有制使工人们变得“愚蠢而片面”，“以致一个对象，……被我们吃、喝、

① 马克思，恩格斯．马克思恩格斯全集：第42卷．北京：人民出版社，1979：33.
② 马克思，恩格斯．马克思恩格斯全集：第3卷．北京：人民出版社，1960：326.
③ 马克思，恩格斯．马克思恩格斯文集：第1卷．北京：人民出版社，2009：158.

穿、住等等的时候，简言之，在它被我们使用的时候，才是我们的”①。在他看来，资本主义制度下工人的需要被局限在单纯的物质需要内，精神需要、娱乐需要、享受需要对他们来说是十分遥远的。对工人来说，在私有制下，无论是精神感受，还是肉体遭遇，“都被这一切感觉的单纯异化即拥有的感觉所代替”②。资本主义的国民经济学让工人们成了“禁欲的但进行生产的奴隶”，它鼓励工人们去储蓄和自我克制。国民经济学的这种禁欲说使工人的需要越来越贫乏，人的发展的路径越来越狭窄，自由全面发展更是遥不可及。

其四，需要的工具化。在资本主义生产关系下，人不是目的，而是资本家追逐利益的手段。异化劳动把工人的“自主活动、自由活动贬低为手段，也就把人的类生活变成维持人的肉体生存的手段”③。虽然工人机械化的劳动无聊而单调，但是他们为了满足工资的需要，不得不在专门性的生产劳动中重复机器一样的运转。这不仅破坏了工人的需要的丰富性，也侵害了工人的本质的完整性。工人不再是完整的人，而是资本家牟利的工具。资本家唯一的需要是赚取利润。只要工人们的生活状况不妨害生产，他们就会想尽一切办法赚取更多的利润，进而极端地榨取工人们的劳动成果。但是，他们不仅靠榨取工人们的劳动成果赚钱，也利用工人们的粗陋需要来投机赚钱。如马克思所说：“正像工业利用需要的讲究来进行投机一样，工业也利用需要的粗陋，而且是人为地造成需要的粗陋来进行投机。”④ 一方面，资本家把工人看作生产剩余价值的机器，这台机器只有在有损坏时才会得到维修。对工人来说，他们吃的食物和喝的水就是他们作为机器存在的润滑油。对资本家来说，工人是和机器一样的生产工具。另一方面，资本家为了赚取利润，不惜利用工人们的粗陋需要来投机。因为在国民经济学看来，工人们支付不起“讲究的需要”，所以就利用工人们的粗陋需要来赚取利润。“工人的粗陋的需要是比富人的讲究的需要大得多的赢利来源。伦敦的地下室住所给房产主带来的收入比宫殿带来的更多”⑤。

---

① 马克思，恩格斯．马克思恩格斯文集：第1卷．北京：人民出版社，2009：189.
② 马克思，恩格斯．马克思恩格斯文集：第1卷．北京：人民出版社，2009：190.
③ 马克思，恩格斯．马克思恩格斯文集：第1卷．北京：人民出版社，2009：163.
④ 马克思，恩格斯．马克思恩格斯文集：第1卷．北京：人民出版社，2009：230.
⑤ 马克思，恩格斯．马克思恩格斯文集：第1卷．北京：人民出版社，2009：229.

其五，需要的两极化。在资本主义生产方式下，生产劳动成了工人的异己存在。生产劳动不仅不能使工人们越来越富裕，反而让工人们越来越贫穷。生产劳动造就了有闲阶级的富裕，同时也造就了工人们的赤贫。如马克思所说："工人生产的财富越多，他的产品的力量和数量越大，他就越贫穷。工人创造的商品越多，他就越变成廉价的商品。"① 在马克思看来，工人们的劳动异化的结果体现为，劳动产品对工人来说成了异己的存在物，并与劳动相对立。劳动异化的表现部分体现为："一方面出现的需要的精致化和满足需要的资料的精致化，却在另一方面造成需要的牲畜般的野蛮化和彻底的、粗陋的、抽象的简单化，或者毋宁说这种精致化只是再生出相反意义上的自身。对于工人来说，甚至对新鲜空气的需要也不再成其为需要了。"② 劳动异化让富人和工人们的需要陷入了极大的反差中。在马克思看来，"生产对富人所具有的意义，明显地表现在生产对穷人所具有的意义中；对于上层来说总是表现得讲究、隐蔽、含糊，是表象；而对于下层来说则表现得粗陋、明白、坦率，是本质"③。一方面作为资本的工具的资本家的需要"越来越精致化"，另一方面工人连自己作为动物的需要都不能保证。马克思认为资本主义生产方式下的资本家和工人的这种贫富对立，正是资产阶级国民经济学的现实表现。

其六，需要的病态化。人的需要的历史性发展和人的需要的满足物的生产，正是人的本质力量的确证和表达。然而，在资本主义生产方式下，"这一切却具有相反的意义"④。每个人的需要都是建立在对他人的算计和他人的需要的褫夺上的。"产品和需要的范围的扩大，要机敏地而且总是精打细算地屈从于非人的、精致的、非自然的和幻想出来的欲望。"⑤ 这具体表现在：一方面，他们都希望"每个人都指望使别人产生某种新的需要，以便迫使他作出新的牺牲，以便使他处于一种新的依赖地位并且诱使他追求一种新的享受，从而陷入一种新的经济破产"⑥。另一方面，他们都尝试通过异己的力量支配别人，压制人的本质，目的

① 马克思，恩格斯．马克思恩格斯全集：第3卷．2版．北京：人民出版社，2002：267.
② 马克思，恩格斯．马克思恩格斯文集：第1卷．北京：人民出版社，2009：225.
③ 马克思，恩格斯．马克思恩格斯文集：第1卷．北京：人民出版社，2009：229.
④ 马克思，恩格斯．马克思恩格斯文集：第1卷．北京：人民出版社，2009：223.
⑤ 马克思，恩格斯．马克思恩格斯文集：第1卷．北京：人民出版社，2009：224.
⑥ 马克思，恩格斯．马克思恩格斯文集：第1卷．北京：人民出版社，2009：223.

就是从别人那里获得某种利己需要的满足，以至于“每一种新产品都是产生相互欺骗和相互掠夺的新的潜在力量”①，每个产品都成了从别人那里骗取利益的诱饵。正如马克思形象地比喻道，“每一个现实的或可能的需要都是诱使苍蝇飞近涂胶竿的弱点”②。所以在马克思看来，私有制的理想绝不是把“粗陋的需要”变为“人的需要”，相反它的理想却是通过“卑鄙的手段”骗取别人的利益，来满足自己的利己需要。工业宦官像君王的宦官一样，他们最善于通过窥伺别人的弱点，利用谄媚和殷勤来麻痹众人，刺激他们的“病态的欲望”，骗取他们的钱币。此外，按照资产阶级的国民经济学逻辑，人的“真正需要”被异化成了对货币的需要，人在货币的支配下越来越贫穷。“货币的量越来越成为货币的唯一强有力的属性；正像货币把任何存在物都归结为它的抽象一样，货币也在它自己的运动中把自身归结为量的存在物。无度和无节制成了货币的真正尺度”③。

从以上资本主义制度下人的需要的异化的实然状况来看，资本主义的私有制不仅满足不了工人阶级的需要，而且是他们走向绝对贫困的制度病因。这恰好证明了马克思的结论：“私有制不懂得要把粗陋的需要变为人的需要”④，反而否定人、阻碍人和物化人。所以，要实现满足最大多数人的需要，就必须通过无产阶级革命的形式，推翻阻碍满足无产阶级需要的制度基础，建立符合最大多数人的利益和需要的新制度，这一制度就是共产主义（社会主义）制度。马克思通过分析资本主义私有制下人的尤其是无产阶级的异化需要的实然状况，揭示了资本主义制度下人的需要悖论，并为人类社会的发展设计了美好的应然愿景。

三、否定之否定：共产主义对需要的肯定

从资本主义制度下无产阶级的生活状态可以发现，正是资本主义的剥削制度造成了工人需要的贫困。无产阶级“现今的一切贫困灾难，完全是由已不适合于时间条件的社会制度造成的”⑤，必须以共产主义革

① 马克思，恩格斯．马克思恩格斯文集：第1卷．北京：人民出版社，2009：223-224.
② 马克思，恩格斯．马克思恩格斯文集：第1卷．北京：人民出版社，2009：224.
③ 马克思，恩格斯．马克思恩格斯文集：第1卷．北京：人民出版社，2009：224.
④ 马克思，恩格斯．马克思恩格斯文集：第1卷．北京：人民出版社，2009：224.
⑤ 马克思，恩格斯．马克思恩格斯全集：第4卷．北京：人民出版社，1958：364.

命的手段对私有制进行扬弃。“正像现实生活是人的不再以私有财产的扬弃即共产主义为中介的积极的现实一样。共产主义是作为否定的否定的肯定，因此，它是人的解放和复原的一个现实的、对下一段历史发展来说是必然的环节。共产主义是最近将来的必然的形态和有效的原则”①。也就是说，对于无产阶级来说，资本主义制度就是否定性力量，而“共产主义是作为否定的否定的肯定”力量。在马克思看来，共产主义不仅是扬弃私有制的必然的社会形态，而且是人的本质复归的必然环节。共产主义的公有制通过对资本主义私有制的否定，实现了对无产阶级的需要的重新肯定。因为在共产主义制度下，不仅人的需要得到重新确立、人的需要的丰富性大大提升，“一切生活必需品都将生产得很多，使每一个社会成员都能够完全自由地发展和发挥他的全部力量和才能”②，而且劳动成了人的“第一需要”。

其一，共产主义对人的需要进行了重新确立。在共产主义社会里，人的本质力量的实现作为需要而存在。每个人都不担心自己的劳动成果被强制性地褫夺。所有人都可以自由地发展自己的本质，并且按照人的关系建立起与他人之间的良好关系。在资本主义制度下，国民经济学使资本家把他们的富有建立在工人的贫穷上。工人的贫穷和资本家的富有形成了强烈的反差。物质财富不是为了工人的发展需要而存在，而是为了资本的增殖而存在。然而在共产主义社会里，资本主义的国民经济学被扬弃，每个人都成了富有的人，贫穷和富有不再对立。在共产主义社会中，人的本质得到了极大的丰富和发展，人的需要得到了多样化的满足。国民经济学造成的无产阶级的贫困和资产阶级的富裕得到了根本改变。共产主义社会中的人作为完整的人，“他自己的实现作为内在的必然性、作为需要而存在……贫困是被动的纽带，它使人感觉到自己需要的最大财富是他人。因此，对象性的本质在我身上的统治，我的本质活动的感性爆发，是激情，从而激情在这里就成了我的本质的活动”③。

其二，生产的规模足够满足所有人的需要。共产主义运动的性质决定了它必须扬弃一切旧的生产关系和制度。“它推翻一切旧的生产关系和交往关系的基础，并且第一次自觉地把一切自发形成的前提看做是前

① 马克思，恩格斯．马克思恩格斯文集：第1卷．北京：人民出版社，2009：197.
② 马克思，恩格斯．马克思恩格斯文集：第1卷．北京：人民出版社，2009：683.
③ 马克思，恩格斯．马克思恩格斯文集：第1卷．北京：人民出版社，2009：194－195.

人的创造，消除这些前提的自发性，使这些前提受联合起来的个人的支配”①。在资本主义社会里，生产的规模只能满足资本家的发财需要，而无产阶级为了谋取微薄的物质生活资料，不得不沦为资本家、特权者谋取财富增殖的工具。在马克思看来：“只要生产的规模还没有达到不仅可以满足所有人的需要……就总会有支配社会生产力的统治阶级和贫穷的被压迫阶级。”② 在共产主义社会里，社会生产力不再像在资本主义社会里那样不可控制，相反人们可以有计划地生产产品，这个时候，发展生产力是为了满足所有人的需要，“使社会生产力及其所制成的产品增长到能够保证每个人的一切合理的需要日益得到满足的程度”③。在共产主义制度下，每个人都参加生产，都能参与财富的分配和管理。社会上不再残留不劳而获的特权者、食利者。通过物质生产每个人都能过上富足和充裕的生活。社会生产的无政府状态让位于按照每一个社会成员的需要进行有计划的生产和调节。

其三，人与人之间的需要不再对立。在马克思看来，在共产主义的联合体里，每个人的需要都和他人的需要相联系，每个人的需要都需要别人的帮助来满足。这是因为，共产主义社会下的个人不像资本主义制度下的有产者那样自私自利，而是互帮互助、互相联系的共同体中的个体。在这个共同体中，任何个人都是各种需要的整体，并且就人人互为手段而言，“个人只为别人而存在，别人也只为他而存在”④，任何人都需要别人来满足自己的需要。在共产主义社会里，无论是生产还是消费，都是可以估量的。这就保证了产品和需要的均衡性。并且，由于物质产品的极大丰富，人与人之间的物质生活资料的竞争关系不存在了，也不再把对方作为牟利的手段，在资本主义制度下作为手段的人在共产主义社会里则成了目的，即“人与人之间的兄弟情谊在他们那里不是空话，而是真情，并且他们那由于劳动而变得坚实的形象向我们放射出人类崇高精神之光。”⑤ 每个人的需要真正被丰富起来，人与人之间的交往需要开始纯粹起来。毫不夸张地说，人之需要的丰富和发展正是“人

① 马克思，恩格斯．马克思恩格斯文集：第1卷．北京：人民出版社，2009：574.
② 马克思，恩格斯．马克思恩格斯文集：第1卷．北京：人民出版社，2009：684.
③ 马克思，恩格斯．马克思恩格斯全集：第19卷．北京：人民出版社，1963：124.
④ 马克思，恩格斯．马克思恩格斯文集：第1卷．北京：人民出版社，2009：236.
⑤ 马克思，恩格斯．马克思恩格斯文集：第1卷．北京：人民出版社，2009：232.

的本质力量的新的证明和人的本质的新的充实”的确切体现①。

其四，共产主义社会下劳动成为“第一需要”。人类社会进入共产主义的高级阶段后，人史无前例地得到了自由解放，人不再像机器一样进行无聊的重复性劳动，每个人都可以按照自己的兴趣工作，按照自己的意愿做事；也不再像牲畜一样被资本家强制剥夺了发展的权利，相反劳动成了满足需要的一种享受方式，劳动和享受的同一性被确立。而且在满足的过程中，每个人的爱好都可以得到承认和满足，每个人都全面占有和发展自己的本质。压在无产阶级身上的资本主义制度桎梏已经被无情地砸碎，无产阶级的劳动也没有了脑力劳动和体力劳动的二重对立。如果说资本逻辑下无产阶级的劳动仅仅是为了谋生、维持自己和家人的基本生活需要的话，那么在共产主义社会，“劳动已经不仅仅是谋生的手段，而且本身成了生活的第一需要”②。整个社会的生产力水平越来越发达，物质生活资料越来越丰富，即使没有强制性的手段，每个人的需要也都能得到满足。在那个时候，整个社会已经摆脱了资本主义的狭隘性和局限性，用马克思的八个字来讲就是：“各尽所能，按需分配！”

第四节　马克思需要理论的方法论遗产

德国古典哲学中的需要理论都忽略了人的存在和发展的历史性和具体性，导致了他们在分析和探讨满足需要的方法论时，不自觉地滑向了唯心论。然而，马克思的需要理论以历史和实践思维，把人的需要放在现实的社会条件下去考察，揭示了人的需要的历史性、具体性，因而内在地包含着需要的辩证法和辩证的需要论。由于马克思的需要理论坚持了历史唯物主义的世界观和方法论，并结合两大发现来理解，因而是科学的需要理论。它留给我们的方法论遗产是，在具体的满足需要的实践活动中，要坚持科学性和价值性相统一，个体性和社会性相统一，历时性和共时性相统一，有限性和无限性相统一，实然性和应然性相统一。在需要的个体性和社会性、历时性和共时性、有限性和无限性、实然性和应然性之间保持好张力。

---

① 马克思，恩格斯．马克思恩格斯全集：第3卷．2版．北京：人民出版社，2002：339.

② 马克思，恩格斯．马克思恩格斯文集：第3卷．北京：人民出版社，2009：435.

一、科学性和价值性相统一

马克思需要理论的科学性和价值性是统一的。没有需要理论的科学性，也就显示不出满足需要的实践价值性。没有理论上的价值性，同样也不会有实现无产阶级“彻底需要的革命”的科学性和现实性。马克思的需要理论结合唯物史观方法、政治经济学批判和科学社会主义视野，创造性地揭示了人的需要在人类社会发展中的重要意义，第一次以建构需要的美好愿景——“按需分配”——创立无产阶级通过自身实现自己需要的革命的理论体系。马克思需要理论的科学性，不仅在于它吸收了前人的科学理论，通过唯物史观和剩余价值学说，揭示了无产阶级的需要从肯定到否定，再到否定之否定的变迁规律，而且在于它的理论方法和基本原理是指导无产阶级革命事业的科学方法论。“马克思主义博大精深，归根到底就是一句话，为人类求解放。”① 马克思需要理论的价值性在于它自始至终都是为无产阶级的需要服务的。马克思的需要理论是无产阶级的革命理论武器，它指引着无产阶级通过革命的暴力手段推翻资产阶级的统治，从而“代替那存在着阶级和阶级对立的资产阶级旧社会的，将是这样一个联合体，在那里，每个人的自由发展是一切人的自由发展的条件”②。事实上，把马克思的需要理论的科学性和价值性相分离，总会不自觉地走向不可调和的二元论，陷入人道主义和科学主义的理论背反。这也是至今为止西方思想界仍然会以马克思的科学性来否定其价值性的原因。在西方马克思主义学界，一些科学主义马克思主义学者，总是不自觉地指责马克思的需要理论不具有价值中立性，所以认为其不具有科学的普遍性；相反，人文主义马克思主义学者认为，马克思的需要理论过度强调科学性而忽视价值性，导致了人与自然生态的必然性矛盾，使人类社会发展陷入了悖论。但是，事实上，不仅马克思的需要理论，而且马克思的其他所有理论学说体系都具有无产阶级价值指向性和基本原理、观点和方法的科学性。

二、个体性和社会性相统一

马克思指出，“人们之间一开始就有一种物质的联系。这种联系是

① 习近平．在纪念马克思诞辰200周年大会上的讲话．北京：人民出版社，2018：8.

② 马克思，恩格斯．马克思恩格斯文集：第10卷．北京：人民出版社，2009：666.

由需要和生产方式决定的，它和人本身有同样长久的历史；这种联系不断采取新的形式，因而就表现为‘历史’”[①]。人们的需要的产生和满足都是在社会实现的，因此人们在衡量自己的需要时，不能只按照个人的标准，还要按照社会的尺度。“我们的需要和享受具有社会性质”[②]。虽然马克思的需要把批判的矛头指向了资本主义个人主义似的利己主义需要，但是马克思并不反对需要的个体性，而是坚持“需要的个体性”和“需要的社会性”相统一。事实上，马克思历时性地论述人的需要理论，正是从现实的个人的需要出发的，不像唯心主义的哲学家们，把人理解为抽象的集合体。从需要的主体来看，按照马克思的理解，需要的主体既有单个的个体主体，也有多数的集体主体（社会主体）。马克思对个体主体和集体主体的双重肯定，表现为他不仅在理论上探索论证个体主体和集体主体的统一性关系，还在实践上探求了满足此二重主体需要的方法论。在马克思看来，个体和集体并不是绝对对立的，相反，个体是社会的个体，集体是个体的集体（社会）。在《德意志意识形态》中，马克思曾对个体和社会共同体做了论述：“只有在共同体中，个人才能获得全面发展其才能的手段，也就是说，只有在共同体中才可能有个人自由。”[③] 恩格斯同样认为，如果一个人只顾自己需要的满足，不为他人的需要打算，那么他将很难得到幸福，“而且决不是对己对人都有利。他需要和外部世界来往，需要满足这种欲望的手段：食物、异性、书籍、谈话、辩论、活动、消费品和操作对象”[④]。也就是说，只有在社会中坚持个体和集体相统一，才能不陷入需要的满足悖论。虽然马克思承认共同体对满足共同体内人的需要具有必要性，但是这是以区分不同性质的共同体为前提的。在马克思看来，并非所有的共同体都有满足人们需要的合理形式。比如，以资本主义私有制为基础建立的共同体，主要满足的是少数人（资产阶级）的需要，而不是作为大多数的无产阶级人民的需要，这种共同体的奉行的原则是个人主义和利己主义。但是在以公有制为基础的社会主义共同体下，却是截然相反的。与资本主义的社会共同体不同，在社会主义共同体里，奉行的是集体主义原则，在这

---

① 马克思，恩格斯．马克思恩格斯文集：第1卷．北京：人民出版社，2009：533.

② 马克思，恩格斯．马克思恩格斯选集：第1卷．3版．北京：人民出版社，2012：345.

③ 马克思，恩格斯．马克思恩格斯文集：第1卷．北京：人民出版社，2009：571.

④ 马克思，恩格斯．马克思恩格斯全集：第21卷．北京：人民出版社，1965：331.

种原则下，既强调个人需要的满足，也强调集体需要的达成。但是在个体性需要与社会性需要相冲突时，个体要服从集体。在社会主义下，“按照社会总体和每个成员的需要对生产进行的社会的有计划的调节”①。所以，在马克思的需要理论看来，个人需要和社会需要并不是天然地对立的，而是在个体性和社会性相统一中实现平衡的。这反映在现实中的具体方法上，就是坚持“个人需要”和“社会需要”相统一，既要强调满足多数人的社会需要，也要照顾到单个个人的合理需要。

三、历时性和共时性相统一

历时性和共时性相统一既是马克思需要理论的基本特征，也是马克思需要理论的科学方法论。事实上，无论是结构主义马克思主义片面强调马克思需要理论的共时性，还是存在主义马克思主义片面强调马克思需要理论的历时性，都是违背马克思需要理论的本真精神的。人的需要本身兼具阶段性与长远性，它既有历史性发展，也有阶段性满足。马克思的需要理论坚持时间性和空间性相统一的方法论告诉我们，在满足需要的实践活动中，既不能只为了眼前的特定时空内的阶段性需要，而不顾长远性需要的满足，也不能只为了长远性需要而牺牲人民群众阶段性社会空间条件下的合理需要。以历时性否定共时性，会走向需要的价值虚无主义，以共时性否定历时性，会陷入静止、僵化的自然主义的科学主义。从历时态结构来看，按照马克思在《1857—1858年经济学手稿》中的划分，人类社会主要有三大形式：“人的依赖关系”“物的依赖关系”“个人全面发展的自由性”。在这三大社会形式下，人的需要满足的手段、水平和规则也不同。从共时态结构来看，虽然第三个阶段是对前两个阶段的扬弃，但是在前两个阶段内的人们的合理需要也应该被满足，不然第三个阶段就失去了前提和条件。我们必须坚持历时性的长远需要和共时性的阶段需要相统一。以阶段性需要否定长远性需要是典型的短视主义。“杀鸡取卵、竭泽而渔”和“只顾一顿饭好，不顾以后饭饱”说的就是这个道理。以长远性需要否定阶段性需要是虚幻的理想主义。“只让马儿跑，不让马儿饱”和“罗马不是一天建成的”说的就是这个道理。在马克思的需要理论看来，资本主义社会里，资本家为了眼

① 马克思，恩格斯．马克思恩格斯文集：第9卷．北京：人民出版社，2009：296.

前利润的获取，不惜一切代价：一方面对无产阶级进行疯狂的压榨，另一方面对自然资源进行疯狂的掠夺。这就是一种极端的短视主义行为。在马克思看来，资本家只顾自己发财不顾工人阶级死活和对自然环境的污染，势必会遭到工人的反抗和自然的惩罚。短视主义的需要观念和空想主义的乌托邦式需要一样，都违背了辩证的需要论。既要重视人民群众的阶段性诉求的满足，也要兼顾长远需要的满足。对无产阶级而言，他们最长远的需要就是实现彻底需要的革命，建立按需分配的共产主义理想。但是，无产阶级为了实现长远性需要，只有首先保证他们阶段性需要的满足，才能为实现长远性需要积蓄力量。事实上，只向往长远性需要，只盯着长远性目标，不让人民群众体验阶段性需要被满足的幸福感，不仅人们的生活不会幸福，而且会让长远性目标逊色和贬值。长远性需要的满足是以阶段性需要的满足为前提的。超越历史条件和历史阶段性的长远性需要，不具有满足的现实可能性。人们正是在阶段性需要不断得到满足的过程中走向长远性需要的，这就是需要的长远性和阶段性相统一的辩证法。

四、有限性和无限性相统一

马克思的需要理论不同于形而上学的需要观，它是一种基于历史性实践的坚持有限性和无限性相统一的辩证需要论。就需要的有限性而言，需要主体在满足自己需要的实践过程中，由于受他们所属时代的生产力发展状况和他们本身的实践水平和能力所限，他们的需要的生成和满足是历史的有限的。研究需要理论的生态马克思主义著名学者莱斯在其《满足的极限》中，结合马克思的需要理论对需要的有限性做了探讨。在该著作中，莱斯对资本主义近乎疯狂的、无节制的无限性需要进行了批判。他认为，资本主义必须限制自己的不合理需要，片面地追求利润最大化就是当今世界出现生态环境危机的根源因素。资本主义追求利润的需要不仅使人的消费生活产生了异化，而且对自然环境造成了巨大的创伤。一旦资本主义的狂妄性需要超越了自然的有限的承载能力，就势必导致生态环境的危机。就需要的无限性而言，需要是随着社会生产力的发展和实践能力的不断提升而不断发展的，只要人的历史没有终结（事实上人类历史也不会终结），人们的需要和满足需要的实践就会无限地生成和发展。如马克思所说，“所谓必不可少的需要的范围，和满足这些需要的方式一样，本身是历史的产物”①。坚持有限性和无限性相统一的辩证需要观，不仅有利于人们不断深化和提升满足需要的手段和方法，而且能让人们在无限的历史和有限的人生的平衡中，既不陷入价值的虚无主义，也不滑入需要的极端主义。马克思的需要理论坚持有限性和无限性相统一的方法论启示我们，要在有限和无限、既成和生成的平衡中更好地把握“需要上升的规律”。

五、实然性和应然性相统一

马克思的需要理论既有对资本主义制度下无产阶级的需要异化的实然现状的分析和论证，也有对无产阶级自由解放和共产主义社会制度下“按需分配”的应然性判断和预测。因而，坚持实然性和应然性相统一就成了马克思的需要理论提供给我们的重要方法论。首先，坚持实然性和应然性相统一是内在于马克思的需要理论的科学方法论。无论是在《莱茵报》时期《关于林木盗窃法的辩论》提到的贫苦阶级的正当需要得不到满足，还是《1844 年经济学哲学手稿》和《资本论》及其手稿中工人需要的严重异化，在马克思看来，都是私有制对无产阶级的利益和需要造成的实然性剥夺和践踏。正是基于这些实然性的事实判断，马克思本着为无产阶级服务的价值立场，对无产阶级的自由解放和实现“彻底需要的革命”做出了价值性判断。“在资本主义社会中，使资本被超越的那个应然，就是‘工人自己的发展需要’”②。其次，坚持实然性和应然性相统一也是指导满足无产阶级历史性需要的科学方法论。在马克思的需要理论看来，坚持需要的实然性和应然性相统一，是指在满足需要的过程中，要注意以下两个方面：一方面，要尊重人民群众对美好需要的愿望愿景，化美好愿望为积极的实践动力。忽视了人民群众对美好需要的应然性期待，就会阻碍他们的劳动积极性。另一方面，也要遵守客观规律，在尊重客观事实的基础上力所能及地生产满足人民群众物质文化生活需要的相关产品。罔顾实然性状况和客观规律而提出不切实际的宏大愿景，必然会造成人们主观能动性的极端化，进而产生浮夸主义作风。任何时候人们都不能跨过生产力发展的必经阶段，去满足不切实际的主观性需要。对于这一点，马克思在很久以前就曾指出，人们需

① 马克思，恩格斯．马克思恩格斯文集：第 5 卷．北京：人民出版社，2009：199.

② LEBOWITZ M A. Beyond capital. New York：Palgrave Macmillam，2003：163.

要的强烈意志和主观愿望“归根到底，是由生产力和交换关系的发展决定的”①。对此，马克思在致安年科夫的信中曾明确说明：“人们不能自由选择自己的生产力——这是他们的全部历史的基础”②。所以，在生产力还不够发达的实然状态下，我们只能放下“瓦格纳式的”需要的应然性幻想，“通过活动来取得一定的外界物，从而满足自己的需要”③。

第五节　马克思需要理论的主要特征

马克思的需要理论具有多个维度的鲜明特征。立论方法的总体性、理论建构的实践性、价值立场的人民性、理论批判的革命性、理论体系的开放性是马克思的需要理论区分于别的需要理论的关键所在。

一、立论方法的总体性

马克思的需要理论综合运用了历史性、现实性、实证性的科学研究方法，它们相互促进，互为支撑，共同构成了马克思需要理论的总体性方法论。所以，任何从单一性的方法论角度解读马克思的需要理论都是不周延的。首先，从唯物史观的历史思维来看，马克思的需要理论把人的需要纳入了唯物史观视野中，把现实的人的需要作为考察人类社会历史活动的根本出发点，为我们以科学的历史观理解“历史之谜”提供了一把独特钥匙。这不仅揭示了现实的人的需要在人的生存和发展过程中的重要作用，也论证了现实的人的需要之于社会发展的独特意义。其次，马克思从早期的“理论的斗争”，转向通过研究现实的国民经济学，对资本主义私有制下无产阶级需要异化的根源性原因，以及资本逻辑下工人阶级需要状况的异化，进行了深度揭示和批判，得出了要实现无产阶级需要的解放，就必须扬弃资本逻辑和异化需要的结论。最后，马克思的需要理论结合现实中私有制下无产阶级需要异化的实然状况，论述了资本逻辑下异化需要对无产阶级的生存和发展的阻碍和束缚，得出了要实现自由解放，就必须消灭致使异化需要产生的制度基础，使无产阶

① 马克思，恩格斯．马克思恩格斯文集：第 4 卷．北京：人民出版社，2009：306.

② 马克思，恩格斯．马克思恩格斯文集：第 10 卷．北京：人民出版社，2009：43.

③ 马克思，恩格斯．马克思恩格斯全集：第 19 卷．北京：人民出版社，1963：405.

级从资产阶级的奴役制度下解放出来的结论。马克思以实证思维揭示了资本主义私有制对无产阶级需要的禁锢和阻碍的相关事实，得出了要实现无产阶级的需要的革命，就必须实现“彻底需要的革命”，走向共产主义的“按需分配”的结论。需要指出，在马克思的整个需要理论体系中，这些方法的应用，并不是彼此割裂、相互分离的，相反，是总体性运用。所以在此意义上来说，马克思的需要不仅有理论体系的科学性，也具有立论方法的总体性。

二、理论建构的实践性

实践性是马克思需要理论区别于其他需要理论的显著特征。在马克思的需要理论之前，黑格尔和费尔巴哈都对需要进行过专门性的论述。但是总的来说，他们总是“习惯于用他们的思维而不是用他们的需要来解释他们的行为”①。与黑格尔抽象地谈论需要和满足需要的手段以及费尔巴哈从感性抽象性出发谈论人的生物性需要不同，马克思所理解的需要自始至终都建立在“实践-需要”的历史性矛盾之上。马克思所论及的需要概念与实践活动一开始就有着紧密的联系。与黑格尔和费尔巴哈从抽象出发谈论需要的抽象主体性不同，马克思所言的需要从一开始就被赋予了现实主体性。需要不是头脑中的抽象的东西，相反是现实的个人的需要。基于人的能动的对象性活动，马克思对人的需要和人的本质进行了历史性的揭示，使人的需要得以在现实中满足。马克思曾指出：“人的思维是否具有客观的真理性，这不是一个理论的问题，而是一个实践的问题。人应该在实践中证明自己思维的真理性，即自己思维的现实性和力量，自己思维的此岸性。关于思维——离开实践的思维——的现实性或非现实性的争论，是一个纯粹经院哲学的问题。”②用马克思的实践思维来看待马克思的需要理论同样是恰当的。人能从事实践活动决定了人与动物不同，因为人不仅能够按照“种的尺度”生产他们需要的产品，而且能够把“固有的尺度”应用到对象活动中去。在马克思看来，人的需要与满足人的需要的实践活动之间的历史性矛盾，构成了人类社会历史发展的动力源泉。按照马克思的理解，人的需要对人的社会实践活动，人的需要对人的发展，人的需要对社会的发展都具

① 马克思，恩格斯．马克思恩格斯文集：第9卷．北京：人民出版社，2009：557.

② 马克思，恩格斯．马克思恩格斯文集：第1卷．北京：人民出版社，2009：500.

有十分重要的作用。基于历史唯物主义的实践精神，马克思对需要的历史性、层次性、发展性、多样性和阶段性进行了揭示。正是建基于现实的人的实践活动，马克思的需要理论才既发挥了解释世界的功能，也发挥了改造世界的功能。

三、价值立场的人民性

马克思需要理论始终代表着无产阶级的根本利益，自始至终都是为了服务无产阶级的革命斗争，最终实现全人类的自由解放。这是马克思需要理论与其他反动的形形色色的需要理论的根本差异。一方面，马克思需要理论的阶级性体现在其对无产阶级的现实需要的价值关怀上。实现无产阶级的“需要的革命”可以说是马克思终其一生重点关注的问题之一。在马克思需要理论中，马克思把无产阶级需要异化的扬弃和他们自身的自由解放、全面发展相联系，这不仅使马克思需要理论自带鲜明的阶级性立场，也让马克思需要理论在关照人的存在、人的解放、人的发展上彰显出了浓重的价值情怀。另一方面，马克思需要理论的阶级性还体现在对资本主义制度及资本逻辑的严厉批判上。在马克思需要理论看来，资本逻辑下无产阶级和资产阶级的需要具有人为的差异性和不平等性。资产阶级的需要是靠无产阶级的需要被矮化来实现的。这就造成了无产阶级的“实际需要”被剥夺了，如马克思所说，对需要被异化的无产阶级来说，“以致一个对象，只有当它为我们所拥有的时候，就是说，当它对我们来说作为资本而存在，或者它被我们直接占有，被我们吃、喝、穿、住等等的时候，简言之，在它被我们使用的时候，才是我们的”①。在资本逻辑的主导下，工人同自己的劳动成果相分离，他们创造的原本可以用来满足他们自身需要的劳动产品，却被资产阶级无情地占有，以至于他们劳动越积极，受剥削的程度就越深，“失去了动物的需要”。怀着对无产阶级悲惨生活的无比同情，马克思站在工人阶级的立场上，对资本逻辑下工人们的需要状况进行了揭示和剖析，得出了要实现无产阶级所追求的“彻底需要的革命”，就必须以暴力的手段推翻资本主义私有制，建立符合一切人的自由发展的共产主义公有制的结论。在他看来，当无产阶级支配了资产阶级的物质财富时，无产阶级需

① 马克思，恩格斯．马克思恩格斯文集：第1卷．北京：人民出版社，2009：189.

要的异化才真正得到解放。

四、理论批判的革命性

马克思需要理论自然内含着革命性特征。马克思需要理论就是为了实现人的自由解放而服务的。早在《莱茵报》时期，马克思发现贫苦阶级的需要被忽略时，就提出了要变“需要的斗争”为“理论的斗争”。从马克思需要理论的文本史逻辑来看，可通过社会制度的革命来实现无产阶级的需要的革命。在寻求实现无产阶级的需要的革命过程中，一些马克思的论敌在“是通过激进的革命斗争手段还是通过温和的改良手段来实现无产阶级的需要的革命”这个问题上，曾同马克思进行了理论论战。但是从无产阶级需要的异化制度根源来看，不打碎导致异化需要的制度基础，就不可能实现真正意义上的需要革命。马克思需要理论的批判性不仅体现在对资本主义下无产阶级需要异化上，也体现在对资本主义制度的否定性上。对于前者，对异化需要的批判构成了马克思需要理论的重要组成部分。资本主义的卫道士宣扬资本主义制度是迄今为止满足人民需要的最好的制度，他们通过建构具有欺骗性的关于需要的意识形态，来麻痹无产阶级的革命意识，企图让无产阶级失去革命的动力和斗志。马克思不仅揭下了资产阶级用来服务他们剥削无产阶级的意识形态的“虚假外衣”，还从无产阶级现实生活状况出发，揭示了导致无产阶级需要被僭越和褫夺的制度根源。也正是在对无产阶级的需要的异化的分析和批判中，马克思产生了对资本主义私有制下剥削制度的革命性诉求。

五、理论体系的开放性

马克思需要理论不仅揭示了人民的需要的合理性、资本逻辑下无产阶级异化需要的不合理性，而且树立了“按需分配”的美好愿景。但是，从整个人类社会发展阶段性来看，人类社会总体上还处在资本主义主导下的发展阶段。在这一历史阶段下，我们必须以历史的、开放性思维来看待马克思需要理论，既要让其在 21 世纪世界问题中发挥指导性价值，也要在时代赋予我们的新课题中不断赋予其新的时代内涵。虽然马克思的需要理论在理论形式上已成为较为完备的理论系统，但是这并不意味着马克思的需要理论是一成不变的。从马克思需要理论在西方马克思主义学界产生的理论回响和在中国取得的理论成就来看，其已经被其后的马克思主义者及马克思需要理论的研究者结合时代变迁，赋予了新的理论内涵。事实上，在对待马克思的学说的立场上，“马克思一再告诫人们，马克思主义理论不是教条，而是行动指南，必须随着实践的变化而发展”①。从现实来看，无论是 21 世纪的全球性问题（比如民族性需要和世界性需要、差异性需要和统一性需要、地域性需要和全域性需要等问题），还是新时代中国特色社会主义建设（如何理解新时代我国社会主要矛盾转化、如何理解新时代美好生活需要、如何满足新时代人民的美好生活需要等问题），马克思需要理论都可以给予理论性和前瞻性的回答。马克思需要理论在改造现实的实践中，也在不断发展自身。事实上，从马克思学说的发展史来看，“一部马克思主义发展史就是马克思、恩格斯以及他们的后继者们不断根据时代、实践、认识发展而发展的历史，是不断吸收人类历史上一切优秀思想文化成果丰富自己的历史”②。也就是说，整个马克思主义发展史，就是不同时代不同国家的马克思主义者，根据时代形势变化和本国国情，运用马克思主义的基本原理和方法解决现实问题的历史。在马克思主义看来，任何理论都是与时俱进的。理论一旦停止发展，就会丧失改造世界的功能。马克思需要理论同样具有开放性、与时俱进的理论品质，也必须以开放的姿态在回应时代的重大关切中丰富和发展自身。

① 习近平．在纪念马克思诞辰 200 周年大会上的讲话．北京：人民出版社，2018：9.

② 习近平．在纪念马克思诞辰 200 周年大会上的讲话．北京：人民出版社，2018：9.

第三章 马克思需要理论的理论效应

马克思需要理论对资本逻辑下无产阶级异化需要状态的揭示，对国外马克思主义思想家持续探索资本主义制度下人的需要问题产生了深远的思想效应①。它的理论效应几乎涵盖到所有国外马克思主义流派。受马克思的需要理论的影响，一大批国外马克思主义学者，比如弗洛伊德主义马克思主义者马尔库塞，东欧新马克思主义者赫勒，存在主义马克思主义者萨特，后现代马克思主义者鲍德里亚，生态马克思主义者本顿和休斯，等等，从不同角度对资本主义社会下人的需要问题进行了持续性的跟进研究。他们中有人沿着马克思的论题接续探讨了马克思的相关思想；有人在马克思需要理论相关论题的基础上，结合时代问题，拓展了马克思需要理论的理论视域；有人结合西方哲学论题的新发展形势，把当代西方哲学的话语和论题与马克思需要理论相结合，开辟了马克思需要理论研究的新视角；有人结合一些马克思主义学者对马克思需要理论的曲解与攻讦，试图回到马克思需要理论的重要文本，从源头上再现马克思的相关思想，以达到正本清源的研究效果。总的来说，这些国外

① 效应（effect）一词较早多用于自然科学领域，常用来描述一些因素和一些结果构成的一种因果现象。后来效应一词逐渐突破了对自然现象的使用局限，使用的范围逐渐扩大，不仅开始用于人文社会科学领域，而且突破了严格的科学定理、定律中的因果关系，还常用来描述效能、结果、效果、影响等。本研究对效应一词的使用，取效应的因果、效果、影响和效能意涵，即回答的是，马克思需要理论的“理论之因”，造就了什么样的“思想和实践之果”，以及何以造成了“思想和实践之果”、为什么造成了如此的“思想和实践之果”等问题。

马克思主义学者对资本主义大工业下人的需要的反思和批判，既有对马克思需要理论的承继和发展，也存在理论误读和思想偏离。如今，我们准确甄别这些国外马克思主义学者需要理论的最好办法，就是回到马克思，从马克思的立场和方法回顾和审视这些国外马克思主义思想家在哪些地方继承了马克思，在哪些地方偏离了马克思，以及在哪些地方背叛了马克思。

第一节　弗洛伊德主义马克思主义：马尔库塞的虚假需要理论

弗洛伊德主义马克思主义的法兰克福学派是研究马克思需要理论人物最多的一个马克思主义流派，也是产生需要理论最丰富的马克思主义流派。这个学派的需要理论的最大的特征，就是在思想方法上以弗洛伊德主义的基本理论结合马克思需要理论，对资本主义大工业下现代人的需要状况进行批判和反思。马尔库塞是弗洛伊德主义马克思主义的代表性人物。从他的《爱欲与文明》的副标题“对弗洛伊德思想的哲学探讨”可以看出，他试图运用弗洛伊德主义补充马克思主义，而他的虚假需要理论就是在这种思想背景下产生的。在虚假需要理论中，马尔库塞指出了人们在资本主义意识形态和集权主义的魅惑下，不仅丧失了对资本主义的批判和超越意识，也失去了鉴别虚假需要和真实需要的能力，仅仅沦为经济发展和资本逐利的工具，成了名副其实的“单向度的人”。马尔库塞的虚假需要理论在立论方法上选择了与历史唯物主义完全不同的弗洛伊德主义的抽象人性论，这虽然使他在一定程度上揭示了虚假需要的产生机理，但也使他在探索当代发达工业社会下虚假需要的救赎路径时陷入了困境。

一、虚假需要：马尔库塞的理论判定

对于什么是虚假需要，在马尔库塞看来就是为了特定的社会利益而从外部强加到个人身上的那些需要，“使艰辛、侵略、痛苦和非正义永

恒化的需要”①。按照马尔库塞的理解，“现行的大多数需要，诸如休息、娱乐、按广告宣传处世和消费、爱和恨别人之所爱和恨，都属于虚假的需要这一范畴”②。虚假需要使身处资本主义柔性压抑下的人们陷入需要的迷失而不自知：人们已经不知道什么是自己本真生活中的真实需要，什么是被外界强加的虚假需要。在这一点上，另一位研究需要的著名思想家鲍曼也发现了同样的问题：“真正的或者合法的需要同虚假的或应谴责的伪需要之间神圣的界限已经被取消。”③ 虚假需要之所以对人造成了很大的迷惑，就在于它脱去了暴力性强制的外衣，以软性强制实现对人的需要的操纵和控制。在《单向度的人》中，马尔库塞对虚假需要的隐蔽性、欺骗性、强制性特征进行了充分阐发。

首先，虚假需要具有隐蔽性。马尔库塞认为，强加到人们身上的虚假需要本质上是资本主义资本扩张需要。在资本逻辑的主导下，作为“死劳动”的资本通过无限制地吸收人的“活劳动”以实现自身的增殖。于资本而言，它只有不断地加快流动和增殖，才能最大限度地激发人们的消费欲望，进而满足资本家的利己主义需要。但是这对作为劳动者的工人阶级而言却是另一番景象：身处需要的异化状态下而不自知。资本家以改善工人生活条件和提升工人生活水平为幌子，扬言要让工人们过得更体面、更舒适。然而事实的情况是，在新科技手段的合谋下，资本家的“增益民生”承诺没有让工人受资本家剥削的程度减轻了，反而加强了。但是很多工人由于“工资和生活水平的提高”，已经意识不到自己的受剥削处境，越来越甘愿并乐于受资本主义的集权主义统治。

其次，虚假需要具有欺骗性。虚假需要在名义上是为了实现人的自由全面发展，而事实上却是人的自由解放的障碍。虚假需要假借社会需要之名，来行使压制个人需要之实。在社会性需要的压制下，社会凌驾于个人之上，个人的需要的权利被强制性地服从于社会需要的判断标准。在这种情况下，无论是个人的需要还是个人的发展，都处于一种压抑状态。很显然马尔库塞对此是坚决反对的。在马尔库塞看来，这是社会不健全的体现，因为健全的社会不会压制个人的需要，以牺牲个人需要来保证社会需要，相反，为了使人免于虚假需要的操纵和控制，会通

---

① 马尔库塞．单向度的人．上海：上海译文出版社，1989：6.

② 马尔库塞．单向度的人．上海：上海世纪出版集团，2008：89.

③ 鲍曼．被围困的社会．南京：江苏人民出版社，2005：131.

过生产丰富的物质生活资料来实现和发展人的真实需要。但是在资本主义大工业下的事实情况远非如此。资本控制下的大众媒体成了资本家逐利的帮凶。它们变着声调向劳动者宣扬经济的发展和资本规模的扩张有利于整个社会的商业发展和公共福利事业。但是事实上远非如此，资本主义生产率的提高不仅没有带来工人们需要的改善，反而“这个社会作为总体却是非理性的，它的生产率对于人的需要和才能的自由发展是破坏性的”①。

最后，虚假需要具有强制性。虽然相比于对劳动者的赤裸裸的强制性剥削和压迫，资本主义大工业下的虚假需要对工人们的操纵手段具有柔性，但是它是资本家通过隐蔽性、欺骗性手段从外界强加给劳动者的，其本质没有变。资本家为了资本的持续流动和工业的持续运转，总会想尽一切办法把代表他们的利益和需要的意识形态“由外向内”地灌输进工人阶级的头脑。虚假需要被强制性地灌输给劳动者以后，他们逐渐“适应”了资本主义的生活方式，“甘愿”在资本主义的集权主义统治下享受“幸福和自由”。他们不知道虚假需要的“发展和满足是受外界支配的”②，也无力识别和抗拒资本主义强加给他们的“虚假需要”。这给劳动者带来的直接后果就是，他们对真实需要的遗忘以及反抗意识的麻痹和弱化，最终沦为资本逻辑的“同路人”。马尔库塞认为，这种强加给劳动者的病态化的虚假需要，已经成了危及劳动者自由全面发展的严重障碍，必须对其进行批判和重建。

二、真实需要：马尔库塞的重建路径

鉴于虚假需要的消极影响，马尔库塞认为应该“重建”当代人的需要秩序，让需要回归人的本真状态。按照他的“新需要观”理论逻辑，马尔库塞从需要的主体性重建、需要的多样性重建、需要的原则性重建、需要的审美性重建等几个角度，对资本逻辑下虚假需要进行了批判性反思与重建，为当代大工业下劳动者走出虚假需要的困境提供了几种进路。

第一，需要的主体性重建：从“社会需要”到“个人需要”。马尔库塞认为，在现代资本主义集权主义社会里，资本家总是千方百计地想

① 马尔库塞．单向度的人．上海：上海译文出版社，1989：2.

② 马尔库塞．单向度的人．上海：上海译文出版社，1989：6.

要以“社会整体需要”来压抑劳动者个人的“个体性需要”。他认为正是资本家对高度工业化的社会下“社会整体需要”的欺骗性操纵，才使得劳动者的个人需要意识被麻痹。如马尔库塞所指出，在“社会整体需要”的欺骗性操纵下，人们错误地把“社会性需要”等同于“个人的需要”，以为他们受操纵的生活就是他们要追求的舒适生活，把以社会之名行压制个人之实的强制性当作自由。然而这是十分不妥的，因为资本主义的“社会整体需要”对“个体性需要”的暴政，对劳动者造成了很多危害：“私人空间”的缺失使人的自主性、个性自由惨遭蚕食，人们对“技术爱神”“商品”的盲目崇拜造成了“思想需求”的缺失，人际关系单薄，人情温情不再，人们普遍产生了孤单与脆弱的失落感。所以，马尔库塞认为要走出资本主义“社会整体需要”的暴政，就必须“允许人们理智而批判地思考自己的需求”，让作为需要主体的劳动者来回答他们到底需要什么。如他所说，“归根结底，什么是真实的需求，什么是虚假的需求，这个问题应由个人来回答”①。

第二，需要的多样性重建：从“压抑性满足”到“自由性满足”。马尔库塞认为人们真实需要的重建必须重视需要满足的“双重性”：一个是作为生存性需要的物质生活资料的满足，另一个是作为发展性需要的自由全面发展的实现。在论述满足生存性需要时，马尔库塞认为生存性需要是人得以存续的“唯一绝对要求满足的需求”。相比于人的生存性需要，马尔库塞更加看重人的自由全面发展需要。在论述人的自由全面发展需要时，马尔库塞认为当代大工业在技术的合谋下，转换了强迫方式，从以前的粗暴性强迫向软性强迫进化。然而不管是粗暴性强迫还是软性强迫的状况，都是对劳动者的需要的“压抑性”满足，这种压抑性满足一方面迫使劳动者的需要单一化、奴役化，另一方面又麻痹人们的需要意识，让人们的自由让位于资本逻辑的奴役。为了消除这种异化状态，马尔库塞提出，要重建人们的理性需要状态。在他看来，“最理想的目标是用真实的需求取代虚假的需求，放弃压抑性的满足”。

第三，需要的原则性重建：从“快乐原则”到“现实原则”。马尔库塞从弗洛伊德主义的本能理论出发，用精神分析学赋予了人的需要以“快乐原则”。在马尔库塞看来，快乐是人的本性体现。“快乐原则”主

① 马尔库塞．单向度的人．重庆：重庆出版社，1988：7.

要是人的生存性需要得到满足时使用的原则，这种原则就体现了人们的需要的本能性。如果“快乐原则”不能得到实现，那么人们就会陷入“基本的压抑”。但是在现实生活中，人的需要的满足只靠“快乐原则”来评判是远远不够的，因为人们追求自己的需要得到满足时，必须学会运用理性的“现实原则”。“现实原则”是人们的超越本性的原则，让人们在满足需要的过程中，用理性规制自己的不合理的欲望，让人们明白到底什么样的需要是必需的，什么样的需要仅仅作为欲望而存在。但是，是不是所有的“现实原则”都是被提倡的呢？马尔库塞给出了否定答案，因为在当下大工业社会，狡猾多端的资本家为了满足逐利需要，不惜运用各种手段炮制“操作原则”来变相替换“现实原则”，使人的需要由“基本的压抑”滑入了“额外压抑”。“操作原则”是当代资本主义工业社会为了适应社会发展，以技术性手段维护他们的集权主义统治的必然产物。马尔库塞认为“操作原则”的“合理化”，成了奴役劳动者的一个亟待解放的无形枷锁。

第四，需要的审美性重建：从“强制性”到“审美性”。马尔库塞受弗洛伊德主义的感性学说和德国古典美学的启发，试图建构人的需要的审美维度。马尔库塞认为，从感性维度建构当代人的需要美学，是对当代社会大工业下的“强制性需要”的有效克服。他主张用人的审美需要对人的真实需要进行审美还原。受康德《判断力批判》中美是无涉功利的快适感和愉悦感的影响，马尔库塞认为人的需要及其满足应该服从人的审美判断力，在需要被满足时应该处于一种审美的和谐状态。但是资本主义大工业下的现实却远非如此：以理性为主导的当代工业文明把资本家对利润的精打细算演绎到极致，不仅整个社会陷入了一种审美缺失，而且资本逻辑赋予劳动者的“强制性需要”严重践踏和破坏了他们的自由个性。为了实现对“强制性需要”的扬弃和救赎，马尔库塞试图从需要美学的感性维度实现对当代大工业社会极端理性化的文明扭转，并最终实现“自由的需要”。

三、马尔库塞虚假需要理论的得与失

在当代资本主义大工业社会环境下，马尔库塞的虚假需要理论以弗洛伊德主义为理论工具，以意识形态和文化为切入视角，对透视和批判当代资本主义新变化无疑具有积极的理论贡献。但是其理论方法先天地

带有抽象的人性论的人本主义色彩，导致了他在对马克思需要理论的继承上走向了歧路。

就马尔库塞的虚假需要理论的积极贡献来看，主要有三点。其一，马尔库塞继承和发展了马克思关于需要的层次学说。马尔库塞和马克思一样，都把人的生存性需要的满足作为满足其他需要的前提。马尔库塞指出，“只有那些无条件地要求满足的需要，才是生命攸关的需要——即在可达到的物质水平上的衣、食、住、行。对这些需要的满足，是实现包括粗俗需要和高尚需要在内的一切需要的先决条件”[①]。马尔库塞对人的生存性需要的论述，与马克思、恩格斯在《德意志意识形态》中论及的人的生存性需要如出一辙[②]。其二，马尔库塞继承和发展了马克思需要的历史性理论。与结构主义人学强调共时性和结构性不同，马尔库塞对需要的理解更加注重历时性研究，他以历时性研究对抗结构主义的共时性，明确强调要注重人的需要的历史性。马尔库塞指出，“人类的需要是历史性的需要”[③]。马尔库塞对需要的历史性理解和强调与马克思需要理论之需要的历史性具有高度的一致性。马克思也多次强调，人的需要和人的生产一样，都是历史的阶段性的产物[④]。所以，从以上所述来看，马尔库塞结合资本主义新变化继承和发展了马克思需要理论关于需要的历史性思想。其三，马尔库塞继承和发展了马克思的异化需要理论。马克思通过对现代资本主义制度下无产阶级需要的异化状况的批判性揭示，指出了资本逻辑下工人需要的粗陋化、病态化、虚假化、片面化、工具化等特征。虽然与马克思着眼的资本主义的时代不同，但马尔库塞同样也看到了资本逻辑下人的需要的虚假化倾向，并以当代资本主义大工业社会下资本逻辑主导的虚假需要为切入点，对当代资本主义文明进行了批判性反思，为实现人的自由全面发展探索了救赎之路。

---

① 马尔库塞．单向度的人．上海：上海译文出版社，1989：7.

② 马克思、恩格斯在《德意志意识形态》中指出：“我们谈的是一些没有任何前提的德国人，因此我们首先应当确定一切人类生存的第一个前提，也就是一切历史的第一个前提，这个前提是：人们为了能够‘创造历史’，必须能够生活。但是为了生活，首先就需要吃喝住穿以及其他一些东西。因此第一个历史活动就是生产满足这些需要的资料，即生产物质生活本身，而且，这是人们从几千年前直到今天单是为了维持生活就必须每日每时从事的历史活动，是一切历史的基本条件。”

③ 马尔库塞．单向度的人．上海：上海译文出版社，1989：6.

④ 在马克思那里，人的历史性需要可以理解为“历史地自行产生的需要即由生产本身产生的需要”，“一旦满足了某一范围的需要”，“又会游离出、创造出新的需要”。

这说明马尔库塞和马克思一样，都十分关注资本逻辑对人的需要的操纵和控制，在这一点上，可以说马尔库塞继承和发展了马克思需要理论的理论精要。马尔库塞本人对资本主义大工业时代人的生存和发展的高度关切，也无疑是值得肯定的。

然而遗憾的是，马尔库塞在继承和发展马克思需要理论的相关思想的同时，也出现了偏离甚至背反的问题。总结起来，有以下几点需要理性甄别：

其一，马尔库塞的虚假需要理论带有浓重的人本主义色彩。我们知道，马克思需要理论的批判建构是根植于历史唯物主义的基本原理，通过对资本主义社会下生产力、生产关系、资本流通、劳动异化、人的自由全面发展进行批判性反思产生的。在对人的本性的论述上，马克思一反“永恒不变”的抽象人性论，以历史的发展的眼光把人的需要与人的本质放进现实的社会中去考察，不仅论证了人的需要和人的本质的生成性、发展性，而且为满足人的需要找到了现实的物质条件。但是马尔库塞一开始就从弗洛伊德主义的人本主义“抽象人性论”出发，把人的本性看作一成不变的东西。这不仅导致了他在理解人的本性和需要时的历史性思维的空缺，而且导致了他在具体界分“真实需要”和“虚假需要”时陷入了困境。

其二，马尔库塞对科技的批判陷入了“原罪论”。在马尔库塞的虚假需要理论看来，在当代资本主义大工业下，科学技术已经从中立性的“价值无涉”立场，逐渐转到资本家的控制下，带有了反映资本主义利益的意识形态色彩。在马尔库塞看来，当代的科学技术已经沦为资本主义制度下虚假需要的“帮凶”。于是他把科学技术的发展打上了“科技原罪论”的印记。当然这与他一贯反对以理性为主导的现代文明的传统有关。但是，这与马克思对待科学技术的方式有着很大的出入。在马克思看来，科学技术并非天然地与哪个阶级为伍，关键是要看它为谁服务。马克思不是科技决定论者，但也不是科技原罪论者。马尔库塞企图从科技视角为当代资本主义大工业下人的虚假需要找寻原因，而不是从现实的社会关系中找寻答案，在这一点上，他与马克思以政治经济学批判为切入点，进而在深入揭示资本逻辑的持续运转中发现人的需要的异化有着很大的出入。

其三，马尔库塞的虚假需要理论有着个人主义的倾向。马尔库塞在论述虚假需要的诞生时，指出了社会需要对个人需要的暴政和压抑，他坚持认为，在回答什么是真实需要和虚假需要时，相比于社会，个人更具有“发言权”，个人才是最终的裁判者。这与马克思的需要理论之个人的需要与社会的需要相统一的观点有着较大出入。在马克思看来，个人的需要和社会的需要是相辅相成的有机统一体，既不能拿社会需要否定个人需要，也不能拿个人需要否定社会需要。而马尔库塞片面地强调个人需要与社会需要的对立，虽然他主要是针对资本逻辑支配下的社会需要而言的，但是他对个人需要的片面强调，仍使其虚假需要理论带有鲜明的个人主义色彩。所以，在这一点上，马尔库塞显然没有领会到马克思的精髓。

其四，马尔库塞的虚假需要理论缺少了革命的批判维度。受整个法兰克福学派习惯于从文化和意识形态上着手对资本主义进行批判的传统影响，马尔库塞的虚假需要理论依旧延续了从意识形态视角，对当代资本主义大工业下人的需要异化进行揭示和批判，并尝试探索了走出虚假需要的若干进路。但是，从本质讲，他提出的几条进路没有触及资本主义制度的根基。马克思的需要理论则不然，马克思的需要理路有着鲜明的革命性，它从《莱茵报》时期开始，就着手把人的需要的解放同人的自由解放以及实现自由解放的途径——暴力革命相联系。马尔库塞一味地从意识形态批判上为当代资本主义唱挽歌，然而这并不能为劳动者的需要解放找到真正的救赎路径。所以在这一点上讲，马尔库塞的虚假需要理论与马克思的需要理论相比，其革命性程度还远远不够。

第二节　东欧新马克思主义：赫勒的激进需要理论

赫勒是东欧新马克思主义布达佩斯学派的代表性人物，她的《马克思的需要理论》是专门研究马克思需要理论的典型作品。该著作一经问世，就受到了国际马克思主义理论界的高度关注。由于其思想的广泛影响力，赫勒因此获得了“莱辛奖”。在《马克思的需要理论》这部著作中，赫勒一反前人从阶级斗争、政治解放、异化劳动等宏大视角研究马克思主义，把研究主题转移到了微观的人的需要上。赫勒站在人道主义马克思主义的立场上，对资本逻辑下人的社会结构进行了批判性反思。

赫勒认为，资本主义社会下人的需要结构造成了需要与手段、质量与数量、需要与贫困、私利和公利等关系的错位，导致了人的需要陷入了现代性危机中。在救赎路径上，赫勒认为，除了宏大的社会变革之外，还应依赖具有革命性、批判性的“激进需要”，通过“激进需要”重建人的需要结构，实现人的自由解放。

一、需要结构：赫勒的批判性反思

对需要结构的批判性反思是赫勒围绕人的需要进行现代性批判的重要内容。赫勒认为每一个社会里都会存在着与之相应的需要结构，而每一种需要结构都是对该社会形态下人的生存和发展状况的体现。在前资本主义社会里，虽然在封建的、宗法的和田园的关系下，人的需要存在阶级差异性，但是社会整体的需要结构尚处于可控的状态。然而，自人类社会进入资本主义私有制以后，人类需要结构的需要与手段、质量与数量、需要与贫困、私利和公利陷入了畸变状态。

其一，需要的目的与需要的手段的分离。赫勒认为，资本逻辑的一大祸害就是把人的目的与人的手段颠倒、劳动的目的和劳动的手段颠倒、生产的手段和生产的目的颠倒。按照康德的逻辑，人在任何时候都是目的。但是在资本逻辑下却是另一番“见物不见人”的景象。就人的目的和人的手段而言，原本人进行一切生产活动都是为了满足人的生存和发展的需要，然而在资本逻辑的驱使下，每个人都指望依靠他人来发财致富，每个人都把别人视作自己追逐利益的工具。很显然这是对人的本质的践踏和对人的自由全面发展的阻碍。就劳动的目的和劳动的手段而言，人能进行劳动实践活动，既是人区分于其他动物的本质体现，也是实现自身自由全面发展的内在要求，但是在资本主义社会下，工人们的劳动在资本逻辑的裹挟下陷入了异化状态，劳动从本质力量的确证变成了资本家用来生产商品的工具。就生产的手段和生产的目的而言，在马克思看来，生产的目的就是满足人们的需要，然而在资本主义社会下，生产的目的脱离了需要的满足目的，异化为资本增殖需要的帮凶；在赫勒看来，上述目的与手段的颠倒构成了需要结构异化的一大原因。

其二，需要的数量对需要的质量的遮蔽。在赫勒看来，资本主义需要结构异化的第二个因素就是需要的数量和需要的质量的颠倒。对于数量化问题，赫勒的老师卢卡奇专门进行了论述：“数量化是一种蒙在客体的真正本质之上的物化着的和已经物化了的外衣。”① 资本逻辑里存在着这么一个假象：随着社会生产力的不断发展，人们需要的物质生活资料越来越丰富，从而人的需要得到了历史性的丰富和发展。然而事实上，满足需要的物品的增多并不意味着资本主义的食利者开始良心发现，为了劳动者的需要的满足情愿牺牲自己的物质利益。相反，他们在用数量蒙蔽劳动者的双眼，用数量来消减无产阶级的阶级意识，让工人们误以为他们的生存和发展境况得到了巨大转变，进而失去革命的斗志。赫勒为了论证需要的数量对需要的质量的遮蔽，特意用“占有”和“享有”两个词对它们进行了界分。在赫勒看来，“占有”对应的是数量，“享有”对应的是质量。劳动者的需要满足，不能仅仅从数量上强调“占有”多少物品，也要从质量上强调“享有”多少满足需要的外在物。一方面，工人“占有”的物品不一定都是他们需要的；另一方面，工人“占有”的物品的数量增多，也并不意味着满足他们需要的物品的样式足够全面，资本主义制度让人的需要片面化就是例证。

其三，需要的反差日渐强烈。赫勒认为：“一方面，资本主义社会被仅仅归结为占有，无论是统治阶级还是工人阶级的需要体系均被同质化为‘贪欲’；另一方面，资本主义社会又造就了超越其自身的对抗性的‘激进需要’，具有这种需要的人要求推翻资本主义。”② 一种制度（资本主义制度）、两种需要（资产阶级的需要和工人阶级的需要）成了资本主义制度下人们的需要的最大现实，这种现实使工人阶级和资产阶级的需要状况之间形成了强烈反差。在资本主义制度下，工人阶级和资产阶级的需要状况对比非常强烈。对资产阶级而言，他们的需要的满足一方面表现为对劳动者的支配，另一方面表现为对资本利润的实际占有。在资本逻辑的助推下，资产阶级不仅对物质财富的占有越来越多，而且拥有的货币与日俱增。在现实生活中，他们不仅占有丰富的物质生活资料，还享有奢侈的需要品。但这对工人阶级来说，却是不可想象的。工人阶级在资本的操纵和掌控下，他们的需要不仅陷入了贫困，他们的物质财富也日渐贫乏。他们所需要的仅仅是他们生存所需的。在马克思看来，“人无论在活动方面还是在享受方面都没有别的需要了；因

---

① 卢卡奇．历史与阶级意识．北京：商务印书馆，1992：149 注 1.

② HELLER A. The theory of need in Marx. London: Allison & Busby, 1976: 58.

为他甚至把这样的生活宣布为人的生活和人的存在"①。

其四，利己需要对社会需要的狡计。在资本主义社会，资本家为了满足利己的需要，往往把自己的个体性需要包装成代表整个社会利益的社会需要，然后再把社会需要推给包括无产阶级在内的所有人。在这种情况下，不明真相的劳动者往往会被资本家的狡计误导，丢掉他们的阶级意识，丧失了革命的需要。事实上，在资本主义社会，资本家把利己当作目的已是公开的秘密。黑格尔在很久以前就发现了资本主义制度追求和维护个人私利的本质。在他看来：利己的目的，就在它的受普遍性制约的实现中建立起在一切方面相互依赖的制度。个人的生活和福利以及他的权利的定在，都同众人的生活、福利和权利交织在一起，它们只能建立在这种制度的基础上，同时也只有在这种联系中才是现实的和可靠的②。很显然，现代资本主义的资本家们深明此理：他们把作为特殊性的利己需要，上升为一种代表社会性的普遍性需要，然后再通过需要的普遍性实现对需要的个体性统治。他们的这种做法，既是利己需要对社会需要的僭越，也是利己需要对社会需要的狡计。赫勒对资本主义社会这种利己需要主导社会需要的揭示，同马尔库塞具有异曲同工之处。

二、"基本需要革命"：激进需要与"合理的乌托邦"

通过对需要结构的批判性反思，赫勒认为，需要的结构异化的根源就在于资本主义制度。资本主义下资产阶级"对需要的专政"，使无产阶级的需要饱受集权主义的破坏。在这种情况下，他们的需要不可能得到丰富和满足。只要资本主义存在着一部分人对另一部分人的支配权力和人与人之间不平等的等级关系，社会上就在所难免会产生一小部分掌权者或者有产者对作为大多数的无产者的侵占和剥削。这一小部分人把别人当作满足自己的需要的工具和手段，而非目的。对无产者来说，他们的实际需要不可能被有产者和当权者控制的社会所承认，更不用说他们的需要能得到较好的满足了。据此，赫勒提出了要通过一场"基本需要革命"来彻底实现需要结构的变革。而这场变革的基础就是激进需要的产生。在赫勒看来，所谓"激进需要"，就是指处于依附性和等级关系社会中且无法满足的需要。赫勒认为"激进需要"是一种"集体应

---

① 马克思，恩格斯．马克思恩格斯文集：第1卷．北京：人民出版社，2009：226.

② 黑格尔．法哲学原理．北京：商务印书馆，1979：198.

该”，这是因为，资本主义对无产阶级的实然性剥削和压迫，致使他们作为集体共同行动以推翻资本主义制度既是应该的，也是必然的。受资本主义剥削和压迫的每个个体都是革命的承担者，只有全社会的革命者集结起来形成集体革命的力量，才能形成激进的力量。在赫勒看来，激进需要有多种类型，但是它们有着共同的目的，即它们都试图摆脱人身依附关系和等级关系，铲除把他人当作手段而非目的的制度基础。所以，具有激进需要的人就被贴上了革命者的标签。对于具有激进需要的革命主体，赫勒认为，能够具有革命者的标签的人都是“关键少数”，他们代表和引领着社会革命的基本方向。然而现实的问题是，工人阶级只有激进需要和激进的革命还不够，还必须有相应的理论作为指导。赫勒据此提出了“激进哲学”理论。

在《激进哲学》中，赫勒提出了激进哲学的四重任务。其一，激进哲学必须体现“激进的乌托邦”的革命理想。但是赫勒也坦陈，符合“激进的乌托邦”的理想，并不是对未来社会（共产主义社会——引者注）的甚为详细的描述，因为“合理的乌托邦”都是为现在设计的，只不过它指出了人们前进的方向和应该达到的目标。其二，激进哲学必须基于社会批判理论制定“改革的纲领”。赫勒认为，激进哲学只探讨革命的理想是不够的，还应在关注人本问题上实现理想的革命。这就要求激进哲学在研究需要结构异化的社会根源上研判改革方案，制定“改革的纲领”。其三，激进哲学必须关注“人的问题”。在赫勒看来，激进哲学不仅要为人的激进需要提供理论上的合理性论证，还要把人的生存和发展问题作为其理论关怀的重点。这是因为，人的需要被满足后，理论才算在人的问题上发挥出理论效应。其四，激进哲学必须转化为实践的物质力量。赫勒认为，激进哲学必须体现出鲜明的实践性。如果激进哲学不能够把自己的革命的理论化为革命的行动的政治物质力量，它就不能按照自己的价值理性“为广义的整治行动制定计划”。

在完成对激进哲学的论证后，赫勒对“合理的乌托邦”（“激进的乌托邦”）做了具体化建构。在她看来，“合理的乌托邦”需要实现三个理想。其一，民主共同体的实现。按照赫勒的设想，在“合理的乌托邦”里，由于民主理念的充分落实，人与人之间不再存有权力非对等问题，整个社会共同体在民主理念的熏陶下，建立起理想的“交往共同体”。人人都把权利平等当作“合理的乌托邦”的一项基本元素。其二，承认及满足人的各种需要。“合理的乌托邦”不仅承认每个人都有不同类型的需要，而且承诺尽量去满足每个人的需要。其三，实现类与个性的丰富。在“合理的乌托邦”里，一定是“个性的丰富”和“人的类的丰富”的有机统一。按照赫勒的设想，人的类的丰富和人的个性的丰富，意味着人们的物质生产能力、精神文化生活都达到了较高的水平。

三、激进需要：赫勒解读马克思的新意与不足

赫勒从人本学的细微视角着手理解马克思的需要理论，开启了一条不同寻常的解读路径。她通过对资本主义社会里需要结构的异化状况的揭示和对马克思的需要概念、两种矛盾（生产力与生产关系的矛盾和商品生产的矛盾）以及自由人联合体的重新解释和继承吸收，建构了激进需要理论，提出要在激进需要革命的基础上建立“合理的乌托邦”的口号。在此意义上说，赫勒的激进需要理论对马克思需要理论的理解确有新意。

首先，赫勒十分重视需要范畴的理论定位与理论价值。赫勒认为，需要范畴在以往研究中，其重要性显然被低估了。而事实上，马克思的很多理论是从人的需要出发进行说明的。赫勒在建构自己的需要理论之前，非常重视对需要范畴的考察与阐释。赫勒以跨学科（历史哲学、经济学、人类学等）的视角对需要范畴进行了重新理解。在赫勒看来，马克思在政治经济学批判中虽然把需要概念作为重要的依据，但是没有把需要范畴当作政治经济学批判的“主角”，因为他不想仅仅把需要范畴放在经济学的范围内来定义①。与把它放入政治经济学里相比，马克思更注重把需要作为历史哲学、人类学范畴来理解。在历史哲学、人类学视角下，赫勒认为马克思把需要分为了“自然需要”和“社会生产的需要”。在政治经济学视角下，马克思把需要分为了“必要需要”和“奢侈需要”。

其次，赫勒重新阐释了马克思的异化需要理论。赫勒认为，马克思的一大特点就是总是把某种价值的实现归于共产主义的实现，并习惯拿

① 赫勒认为：马克思的需要概念有时候是模糊不清的……它有时候是经济学的，有时候是历史哲学的，有时候是人类学的，但却几乎渗透到了他的思想的各个时期和不同领域，这也说明在马克思的理论体系中，需要范畴起到了根本作用；马克思不是将需要作为一个总体的经济范畴来使用的。

共产主义阶段和异化前的历史阶段做对比。马克思对异化需要理论的建构源于其对宗教的批判。在宗教社会中，宗教是阶级社会异化的典型体现。马克思指出了人对上帝的建构和人对上帝的需要的社会世俗基础，人们通过制造一个彼岸世界的上帝来安抚世俗中受伤的灵魂。所以要消灭宗教的异化，就必须实现共产主义革命。但是在对异化及异化需要的理解上，赫勒认为马克思并没有完全否定异化和异化需要，相反，异化本身也带来了人的需要的丰富和发展。她以马克思对资本主义的肯定性论述为例，认为资本主义不仅催生了新的社会需要，而且提升了整个社会的生产能力。但是，在异化及异化需要问题上，马克思并没有停步不前。相反，马克思通过异化理论引申出了资本主义制度下的两个矛盾，进而提出了通过革命手段实现“彻底需要的革命”的主张。这种彻底的需要就是“激进需要”，赫勒认为把“彻底需要”翻译成“激进需要”更能体现马克思需要理论的革命性。

最后，赫勒重新阐释了马克思的“自由人联合体”思想。赫勒认为，在发现了隐藏在资本主义社会里的需要秘密后，马克思采取了一种激进的路径来实现需要的革命。这条路径的最终实现形式就是建立“自由人联合体”。赫勒在“自由人联合体”的基础上，通过对“社会总体”概念和需要结构的考察，提出了要完成激进需要的革命，就必须以激进的方式实现激进的革命、建立激进的乌托邦。赫勒所指的激进的乌托邦，也就是“联合起来的生产者社会”。按照赫勒的设想，在这种“联合起来的生产者社会”中进行的运动，“都有一个共同特征，而就是这一特征使它们成为激进运动：所有的运动都从它们所需选择的需要系统中排除那些压迫别人或者把某个人规定为其他人的纯粹手段那样的需要”①。对于建立这种“联合起来的生产者社会”的必要性，赫勒根据马克思的意旨进行了论述：“那些超越了以附属和等级为基础的社会的人是那些具有激进需要的人，他们是这样的一些人，其有意识的需要不能被这些需要所形成于的社会所满足。为了满足他们的需要，这些人必须通过建立‘合作生产者社会’来超越他们特定的社会。”② 在赫勒看

① 赫勒．能假设“真实的”和“虚假的”需要吗？//勒德雷尔．人的需要．沈阳：辽宁大学出版社，1988：243.

② 赫勒．能假设“真实的”和“虚假的”需要吗？//勒德雷尔．人的需要．沈阳：辽宁大学出版社，1988：241－242.

来，虽然“以激进需要为中心并围绕激进需要组织起来的运动只代表少数人”，但是“这些运动总是主张超越社会附属和等级的目的和热望，代表了全人类的价值和需要”①。

总的来说，赫勒对马克思需要理论的解读确实存在一定的新意，但是囿于她本人的解读方法和主观歧见，在一些地方对马克思需要理论的解读不免存有不足。其中较为明显的有以下几个方面：其一，研究方法带有浓重的人本主义、人道主义色彩。总的来说，赫勒的激进需要理论同南斯拉夫实践派的思想家们的理论一样，都带有一定的人道主义和人本主义色彩。在整个东欧社会主义运动稍显低潮的大背景下，赫勒试图把马克思的哲学主题从宏大的历史叙事转变到现实中人的需要及其结构等具体微观问题上，以彰显对人的发现和类的丰富的关注，这本身没有什么不妥，但是她在对类的问题的把握上仍然没有完全抹掉资产阶级的人道主义色彩。其二，缺少对关于需要问题的具体化研究。赫勒虽然十分关注马克思的需要理论，并把对资本主义制度下的需要结构的异化和解放作为其激进需要理论的核心问题，但是在对需要理论的具体问题探索上并没有太多进展。比如在需要的多样性、需要的分类、需要的特点、需要的满足等方面的研究，相比马克思的需要理论，并无实质性的拓展和深化。其三，与马克思需要理论的一些基本范畴存在着一些偏差。比如赫勒在对马克思的“社会需要”范畴的理解上，没有很好地区分资本主义制度下的“社会需要”和社会主义制度下的“社会需要”，导致了她在批判“社会需要”对“个体性需要”的专政时，只看到了个体性需要和社会需要的对立，没有看到它们的统一。同样的问题也出现在她对马克思的异化的理解上，她虽然看到了马克思对异化的最终扬弃，但是过于强调了马克思对异化的积极作用的肯定。其四，在对“合理的乌托邦”的“合理性”论证上带有理想主义的乌托邦倾向。赫勒一方面强调后现代政治要消解乌托邦，另一方面却又建构了另一种乌托邦。虽然她强调乌托邦在她的“合理的乌托邦”这里是作为积极的词语使用的，但是如果重建一个全新的乌托邦缺少了对现实社会关系的分析和对社会发展规律的宏观统一性把握，那么她的“合理的乌托邦”就会难免蒙上浪漫主义的乌托邦色彩。在这一点上格鲁姆认为，这种重构一

---

① 赫勒．能假设“真实的”和“虚假的”需要吗？//勒德雷尔．人的需要．沈阳：辽宁大学出版社，1988：242.

直在规范化和虚弱的现实中摇摆，最终并没有成功地现实化①。

第三节　存在主义马克思主义：萨特的存在主义需要学说

存在主义马克思主义的代表性人物萨特是受马克思需要理论启发，系统研究需要的又一位关键性人物。萨特从存在主义哲学、马克思需要理论中汲取了思想养分，以人的需要为基点，建构了自己的存在主义马克思主义需要学说。萨特认为："存在主义和马克思主义的目标是同一个，但后者把人吸收在理念之中，前者则在他所在的所有地方，即在他工作的地方、在他家里、在街上寻找他。"② 他从需要的基本范畴着手，结合人的自由、人的发展、社会的发展、人的环境，对人的需要的重要性进行了存在主义式的理论阐释。萨特对人的需要理论的探索和建构，既有对马克思的需要理论的继承和发展，也有偏颇和缺失，对此我们应该站在马克思的需要理论的基本观点和立场上准确把握。

一、"人类学空缺"：萨特需要学说的建构背景

萨特建构自己的理论学说具有明确的初心和目的，即通过对人学的深化研究，来填补马克思主义的"人类学空缺"③。萨特在其代表作《辩证理性批判》中曾指出：现有的（尤其是苏联式的马克思主义）对马克思主义的研究带有严重的教条主义倾向，他们运用教条主义的方法对人的存在和发展做抽象理解，从而忽略了现实中的具体的、从事着实践活动的实在的人。为了填补马克思主义的"人类学空缺"，萨特首先区分了"两个马克思主义"：一个是马克思的马克思主义，萨特对其持肯定意见，并主张要"复活"马克思的马克思主义。另一个马克思主义是"当代马克思主义"，萨特对"当代马克思主义"持否定性观点。他

① 赵司空．后马克思主义与后现代的乌托邦：阿格妮丝·赫勒后期思想述评．上海：上海社会科学院出版社，2013：82－88.

② 萨特．辩证理性批判：上．合肥：安徽文艺出版社，1998：27.

③ 学界习惯于用"人学空场"来简称，但是"人学空场"只是后人对萨特理论的总结性概括，实际上在萨特本人的著作中没有这个提法，与此相对应的提法有"对人的排斥""人类学空缺"。为尊重萨特的原意，本书使用"人类学空缺"的表述。

认为以苏联马克思主义为代表的“当代马克思主义”遗忘了对人的关照，这与马克思的马克思主义的研究核心是相悖的。

在《辩证理性批判》中萨特认为，“辩证思想自马克思以来更多地关心自己的客体而不是关心自己”①，即马克思“研究的中心是具体的人，这种人同时由他的需要、他生存的条件和他劳动的性质，即他反对事物和人的斗争的性质来确定”②。在他看来，马克思所研究的人的性质，是由人的需要和满足需要的劳动决定的。所以他认为具体的人的问题才是马克思研究的中心问题。但是这在“当代马克思主义”那里却完全不同。在萨特看来，人学理论是马克思的马克思主义的基础部分，然而当代人在研究马克思主义时，却只保留其普遍性的抽象轮廓，结果使其完全失去了人的含义③。对人的关注的缺失是“当代马克思主义”违背马克思的马克思主义的鲜明体现。在萨特看来，人类学是马克思理论的基础：毫无疑问，马克思主义在今天表现为唯一可能同时是历史的和结构的人类学。同时，唯有这种人类学可以在人的整体性中来研究人，即从它的条件的物质性出发来研究④。在萨特看来，“辩证唯物主义如果不融合西方的某些学科，就会使自己变为一副骨架；……我们所举的例子在这种哲学的中心揭示了一种具体的人类学的空缺位置”⑤。本着这个理论态度，萨特决定从现实的人的需要出发，把人的需要作为出发点，重新理解马克思的马克思主义。所以萨特的存在主义需要学说，不仅是存在主义马克思主义的理论起点，还是其重要组成部分。整体来看，虽然萨特的存在主义需要学说确实存在着对“马克思的马克思主义”的理论曲解，但是在当时的独特历史背景下，萨特一反“教条主义马克思主义”的理论态度，转而强调“马克思的马克思主义”、对现实的具体的个人的关心，对二战后处在飘摇焦虑中的欧洲人反思人的自由发展具有一定的现实意义和理论价值。

二、重审需要：萨特需要学说的理论建构

萨特指出，人的需要是人的生存和发展境况中的一个基本因素。研

① 萨特．辩证理性批判：上．合肥：安徽文艺出版社，1998：3.

② 萨特．辩证理性批判：上．合肥：安徽文艺出版社，1998：15－16.

③ 萨特．辩证理性批判：上．合肥：安徽文艺出版社，1998：71.

④ 萨特．辩证理性批判：上．合肥：安徽文艺出版社，1998：138－139.

⑤ 萨特．辩证理性批判：上．合肥：安徽文艺出版社，1998：71.

究人的自由全面发展，离不开以人的需要为中心对人的生存环境的考察。萨特对他的存在主义需要学说的建构，起源于他对马克思的需要范畴的重新反思。在厘定马克思的需要概念后，萨特从人的需要与人的发展、人的需要与社会的发展角度重新理解人的需要的多维内容。

其一，重新理解马克思的需要概念。萨特重新审视马克思的需要概念是从阐释人的“匮乏”开始的，结合匮乏，萨特阐释了现代人对需要的感受和体验。在萨特看来，人们普遍生存在需要匮乏的环境中。在现实中，人人都有匮乏和由匮乏产生的“匮乏感”，这种匮乏感就是人的需要的直接性体验。所以人们的一切需要都是由现实生存环境中人的匮乏产生的。萨特认为，“需要生存在人固有的匮乏之中”①。对于匮乏的理解，与传统上把它理解为某种不足、缺少和缺乏不同，萨特认为理解匮乏范畴，必须放进一定的历史的具体的社会关系中。如他所说，匮乏就是需要与对象物的不对等，是需要的对象物的数量的不足，即匮乏就是在一定的社会范围内，保证居民或集团数量不变的情况下，某种具体的自然物或产品在数量上的不足②。在具体阐释时，萨特认为匮乏分很多种，比如产品的匮乏、道德的匮乏、理想的匮乏、消费品的匮乏等。“匮乏就是无论什么原因，当我们需要某种物质时，这种物质不能与我们的需要保持对等”③。在弄清楚什么是匮乏后，萨特指出，虽然匮乏与需要有着紧密的联系，但是匮乏并不等于需要，因为相比匮乏来说，需要的内涵更为丰富。除了欠缺意义上的匮乏外，需要还可以理解为有机体维护自身平衡：有机体的内在结构由于被破坏而不能正常运转，这时能够使有机体再次得以运转的必备条件就是需要；有机体为了达成某一平衡状态而表现出的倾向性就是需要。萨特认为，人的需要有很多种，但归纳起来主要有物质需要、文化需要、自由需要、对他人的需要、完整的人的需要。在这些需要的种类中，萨特最为重视人的自由需要。

其二，重新审视人的需要与人的发展。萨特认为，人的需要在人的自由发展中的重要性不可或缺，这是因为，人的需要不仅是人从事一切

---

① BUTTERFIELD E. Sartre and Marcuse on the relation between needs and normativity. Sartre studies international，2004（10）：31.

② 萨特．辩证理性批判：上．合肥：安徽文艺出版社，1998：128.

③ 萨特．萨特自述．郑州：河南人民出版社，2000：135.

实践活动和彰显生命意义的动力源泉，而且是人不断实现自身的自由发展的内在要求。首先，就人的需要与人的实践活动的关系而言，萨特明确指出，“需要是所有的人类实践的根源”①，是有机体实践的内在动因②。人们的一切实践活动的进行，都是源于满足自身需要的原创动机。换言之，是人的需要让人们的实践活动具有一定的方向性和价值性。其次，就人的需要与人的生命的意义的关系而言，萨特指出，“人需要一种绝对的意义，它将把人的生命从偶然性中移开”③。活得有意义是每个人的生命追求，“人有责任为生命寻找意义和目的”④。但是在追求生命的意义的过程中，并不是每个人都能找到引领自身追求的价值依据和内在力量。很多人由于怀着对绝对和无限的需要，终其一生都在找寻绝对的安慰和世界的依据，然而在苦苦找寻失败后落寞地走向了上帝。虽然萨特在面对无限和绝对的需要时，并未与宗教产生冲突，但是在面对人的绝对需要时，萨特还是选择了消极的否定。因为他认为绝对需要很容易让人付出远离现实的代价，所以在他看来，人应该在现实世界的与他人的互爱关系中找寻自身的意义。最后，就人的需要与人的自由实现而言，萨特认为，人的需要是人实现自由的动力。一方面，在他看来，人的需要是人的自由的前提。萨特举例来论，一个人由于在幼年有对爱的需要，这种爱的需要就会在人的内在结构中成长为自由的因素，并对人的选择产生影响。另一方面，萨特认为，人的需要和人的自由都是随着实践活动的发展而不断丰富和发展的。随着人的需要的不断生成和满足，人的自由也在不断实现超越性发展。

其三，重新审视人的需要与社会的发展。历史是人类社会的历史，人是具有历史性需要的人。人的需要是推动人类社会不断发展的原动力。在萨特看来，人的需要与社会的发展有着紧密的相关性。他指出：“如果没有需要来支撑、维持和推动这个社会经济机器的运转，那么也

---

① BUTTERFIELD E. Sartre and Marcuse on the relation between needs and normativity. Sartre studies international，2004（10）：31.

② SARTRE. Critique of dialectical reason volume 2. London：Verso，1991：386.

③ THOMAS A C. Sartre's two ethics：from authenticity to integral humanity. Chicago and LaSalle：Open Court Publishing Company，1993：144.

④ SARTRE. The family idiot volume 1. C-Cosman Chicago：University of Chicago Press，1981：134.

不可能有惰性实践、压迫、剥削和异化的存在。”① 人的需要充当着人和外界社会环境的中介，人在满足需要的实践活动中为了更好地满足需要，还会自觉地结合成一定的社会团体和社会组织，凝聚成更大的实践力量，进而在更好地满足需要的过程中更大程度地推动社会的发展。除此以外，萨特还把人的需要当成阶级产生的根源和阶级斗争的原因。首先，就人的需要在社会环境中的中介作用来看，萨特认为人作为一个完整的有机体，若要保证自身的存续和发展，就必须与外界社会环境保持一定的联通和能力互转。人因为有满足生物有机体的需要，所以就必须从外界环境中获得相应的需要满足物。在这个过程中，需要作为中介连接了作为主体的人和其周边的环境。其次，就人的需要与社会组织的关系来看，萨特明确指出，“需要是人类生活和社会组织建制的基础”②。人具有天然的社会属性，人们为了彼此能更好地满足需要，在满足需要的实践活动中会有意识地结合成一定的群体、组织和集团。在萨特看来，这些组织和集体的建立，不仅有助于更好地满足需要，还有助于克服个人的惰性，让个人在共同体意识的激发下进行共同的实践，这是因为，在共同体内，只要“能满足人们的需要，都必然会被选定并强加给集团的成员，使成员之间互相给予某种约束”③。最后，就人的需要与阶级的关系而言，萨特认为，人的需要可以解释人类社会的阶级事变和阶级运动。萨特认为，人的需要创造了人的历史，但也正是由于历史的局限性，处在历史中的人们会陷于需要的匮乏。在这个时候，如果要满足人们的需要，就必然会出现关于需要的满足权的斗争，这样一来，就为历史提供了阶级分化的土壤。如萨特所言，“如果没有需要和匮乏，仅仅有劳动还得不出阶级斗争的必然性”④。

三、得失评析：萨特对马克思的继承与偏离

萨特对马克思主义的重新理解和对人的需要的建构既有理论吸收和发展，也有理论和方法上的偏离。但总的来看，萨特的需要学说和马克

① SARTRE. Critique of dialectical reason volume 2. London：Verso，1991：388.

② 萨特．辩证理性批判：上．合肥：安徽文艺出版社，1998：216.

③ THOMAS A C. Sartre's two ethics：from authenticity to integral humanity. Chicago and LaSalle：Open Court Publishing Company，1993：100.

④ 萨特．萨特自述．郑州：河南人民出版社，2000：113.

思的需要理论有很多共同点，对马克思需要理论的吸收和继承多于偏离和背反。萨特对人的需要的探讨和马克思是非常相似的，这是应当指出而且是很有意义的事。

就萨特的需要学说对马克思需要理论的吸收和发展来说，萨特在需要的社会性、阶级性、全面性和发展性上与马克思需要理论有着理论相似性。其一，萨特吸收和发展了马克思人的需要与社会性思想。在马克思需要理论看来，人的需要具有双重性：一种是自然性需要，另一种是社会性需要。其中自然性需要是人得以生存下去的生物性需要，社会性需要是人在一定的社会关系和社会实践过程中生成和发展的需要。在马克思看来，自然性需要是人的第一需要，社会性需要是人的“第二自然”需要。萨特也认为，人的需要和社会是分不开的。人们为了满足个体性需要，必然要结合成一定的社会性团体和组织，把个体性需要的满足寄望于社会性的集体组织，在满足社会总体需要的过程中实现个体性需要的满足。其二，萨特吸收和发展了马克思人的需要与阶级性思想。马克思认为，在阶级社会里，不同的阶级有着不同的需要。比如在资本逻辑的主导下，在资本家们满足自己的发财欲的同时，工人们甚至“失去了动物的需要”。萨特也把人的需要问题与阶级问题联系起来，视人的需要是阶级产生和阶级斗争的关键因素。其三，萨特吸收和发展了马克思人的需要与人的全面发展思想。马克思在论述扬弃私有财产时曾指出：人们在扬弃私有制后，人的本质将会得到极大丰富，人的需要的范围将会得到极大扩大，层次将会得到极大提升，从而每个人都有实现自由全面发展的条件，成为“完整的人”，占有自己的“全面的本质”。萨特吸收了马克思“完整的人”的思想，把人的需要的丰富和发展看作人的自由全面发展的实现方式。在他看来，人不仅在满足自己的需要的实践活动中建立了互帮互助的关系，而且确证了人的本质力量，实现了自身的自由全面发展。

然而，虽然萨特把人的维度研究引入马克思主义的历史和社会知识的空白领域内的努力是有目共睹的，而且萨特也公开声明，“存在主义是在马克思主义边缘发展起来的，它不是为了反对马克思主义”①，但是他对马克思需要理论的理解偏差也是很明显的。这不仅体现在他对需

① 萨特．辩证理性批判：上．合肥：安徽文艺出版社，1998：28.

要和历史唯物主义的理解上，还体现在对需要的本体化阐释上，这都和马克思的需要理论观点相去甚远。

其一，萨特对需要做了个人主义理解。马克思重视个人需要，但是更强调集体的需要，也就是处在一定阶级中的个人的需要。虽然马克思不反对个体性需要，但是如果把个体性需要置于社会的集体性需要之上，这就有个人主义之嫌了。而萨特一向注重个人的自由，把自由看成个人的首要需要。但是个人对自由的需要并不能离开集体的需要，若脱离集体的需要谈个性自由，就会滑向自由主义和个人主义的泥淖。萨特脱离现实的社会生产关系和生产方式谈论个人的自由本质和个人的需要，没有把个人与社会统一起来，这是他不能填补马克思主义的“人类学空缺”的一大关键因素。

其二，萨特对需要做了实体化、本体论化理解。这种“需要决定论”的理解是有违于马克思的需要理论的。萨特认为，一切事物都可以通过需要来揭示①。这是一种典型的需要本体论论调。萨特重视人的需要固然没有错，但是他把需要实体化，这不是马克思需要理论的初衷，而且是有违于马克思的历史唯物主义精神的。在是以历史解读需要还是以需要解读历史上，牵涉到两种完全不同的历史观和方法论。马克思确实把需要作为历史的逻辑起点。按照马克思的需要理论，人的生活需要的满足是人们创造历史的基本前提。但是萨特却把需要当作解释人类历史的原则，这与马克思的需要理论和历史唯物主义是有很大偏差的。就历史唯物主义的称谓而言，历史唯物主义中的“历史”，到底是解释对象，还是解释原则，学界一直存在着争论。有人认为历史是解释对象；有人认为历史是解释原则；也有人认为，历史既是解释对象，又是解释原则。很显然萨特仅仅把历史作为了需要的解释对象。但是从历史唯物主义的本真精神来看，萨特的作为需要的解读对象的历史与马克思的作为历史的解读对象的需要是不一样的。而且，马克思在用历史解读需要时，也看到了历史性的需要对需要的历史的反作用。二者体现的正是历史唯物主义的方法精髓。萨特对需要进行原则化和本体化理解，很明显是违背唯物史观的“需要决定论”。

其三，萨特对历史主义做了极端化理解。虽然萨特像马克思那样极

① 萨特．辩证理性批判：上．合肥：安徽文艺出版社，1998：216.

为重视历史，但是萨特的历史主义（有时候萨特自认为他的历史主义就是历史唯物主义）和马克思的历史唯物主义有着本质差别。萨特只看到了需要的循环性，却没有看到需要的发展性。这必然会使他陷入历史的迷失。在历史唯物主义看来，人的历史是阶段性和长远性的统一，人的需要是有限性和无限性的统一。虽然人的需要随着历史的发展而发展，但是总的来说，马克思是历史进步论者，而且在他看来，历史是螺旋式进步的，人的需要也是不断丰富发展的；萨特只看到历史和需要的无限性，没有看到历史和需要的阶段性，这使他在对历史唯物主义和马克思需要理论的理解上陷入了死循环："从需要到需要的循环"①。面对人无限的历史和无限的需要，萨特陷入了历史的绝望和迷失，这最终导致了他的悲观主义的论调。从历史唯物主义来看，萨特之所以会出现悲观主义，是因为他的历史主义的方法论出了问题，他的方法论不是历史唯物主义，而是一种极端的历史主义，这种历史主义让他只看到了需要变迁的历史性和循环性，看不到需要的有限性和阶段价值性，这无疑会使他陷入历史的迷失和价值的虚无中。

第四节　后现代马克思主义：鲍德里亚消费社会的需要之思

随着资本主义生产力的不断发展和物质资料的不断丰裕，西方资本主义国家逐渐进入了"消费支配生命之所有"的消费社会时代。在消费社会时代，西方社会的生产消费结构发生了巨大变化。整个社会从"以生产为主导的社会"转向了"以消费为主导的社会"②。自消费社会来临伊始，西方思想家就对其进行了持续性的反思和批判。其中法国哲学家鲍德里亚就是非常典型的人物。鲍德里亚发现，如今资本主义社会的一大问题不再是资本家们能不能最大化地获取利润与"理性生产"的问题，"而是在潜在的无限生产力与销售产品的必要性之间的矛盾"③。在他看来，造成这一状况的原因就在于人们对消费社会里的需要的"误

① 萨特．辩证理性批判：上．合肥：安徽文艺出版社，1998：519.
② 莫少群．20 世纪西方消费社会理论研究．北京：社会科学文献出版社，2005：2.
③ 鲍德里亚．消费社会．南京：南京大学出版社，2008：52.

解”。鲍德里亚认为包括马克思在内的很多思想家在需要的理解上存在问题。因此他主张必须在重审需要的基础上反思消费社会的结构性问题。

一、重思需要范畴：鲍德里亚的后现代之思

在展开批判之前，鲍德里亚首先对需要的真实性进行了质疑。在他看来，将需要作为人的生命活动和物质实践的推动者，这是一种本质主义的粗劣的形而上学思维方式。在鲍德里亚看来，“我们相信一个真实的主体，他被需要所驱动，并以真实的客体为满足之源，这完全是一种粗劣的形而上学”①。形而上学家们习惯性地把主客对立起来的做法，决定了他们必须用一种中介方式再把它们统一起来，于是他们想起了需要范畴，把需要当作统一的“黏合剂”，创造关于需要的神话。鲍德里亚认为，人人都有需要，需要都要被满足，这只是经济学教科书的理论假设，是“形而上学与经济学表露出深度的协作”②。鲍德里亚在其代表作《符号政治经济学批判》中指出，“正是需求概念自身的一般形式中生产出了商品体系”③，才导致了马克思在对需要的理解上跳入了资本主义意识形态的话语陷阱，马克思没有超越资本主义政治经济学，反而对资本主义的意识形态起到了“维护”作用。

鲍德里亚认为需要具有鲜明的意识形态属性，它只是资本主义用来维护资本逻辑、实现资本增殖的工具。他对资本主义张扬人的需要表示质疑。在他看来，需要不是人的真实状态，之所以“需要”需要存在，是因为资本主义的意识形态需要“需要”存在。需要在资本主义那里只是生产机器的一个“零部件”。没有需要的环节，资本主义的生产和消费就无从成立。即使没有需要，资本主义也会制造出需要。在需要这个问题上，资本家们可谓煞费苦心。他们一方面通过制造需要的意识形态，让工人们陷入需要的渴求中，另一方面又按照他们自己的意识，炮制出满足需要的标准，让工人的需要极度匮乏化。鲍德里亚发现，资本

① BAUDRILLARD J. For a critique of the political economy of the sign. St. Louis: Telos Press, 1981: 63.

② BAUDRILLARD J. For a critique of the political economy of the sign. St. Louis: Telos Press, 1981: 71.

③ 鲍德里亚．符号政治经济学批判．南京：南京大学出版社，2009：131.

主义的生产从来都是为资本增殖需要服务的，而不是为了满足人的需要。他指出，资本主义的需要体系对工人阶级充满了手段。在这种需要体系的主导下，一方面，不让工人的需要过于被满足，因为过于被满足将会影响工人们工作的积极性；另一方面，又不能让工人阶级的需要都不被满足，因为这样会使工人阶级失去工作的动力。正是基于这种需要体系，资本主义通过制造需要的话语语境，对人的需要赋予合理性，凸显需要的重要地位，实际上这在鲍德里亚看来，“不过是某种垄断型生产力或极权主义经济在个人层面上的典型效应”① 而已。不明真相的现代工人，在资本主义的需要意识形态话语的浸染和劝诱下，一步步沦为新式奴隶，即消费者。

鲍德里亚指出，在日渐兴盛的需要话语的助力下，资本主义通过制造所谓的理性的“体系需要”，不断驯化工人阶级的身体和意识，使他们被驯化为生产链条的一个零部件，于是，“人不是作为人而被再生产出来：他仅仅是作为一个幸存者（一个幸存的生产力）”②。这使表面上温情脉脉的资本主义社会，从本质上看更像是一个戴着伪善面具的“理性利维坦”。在这个理性而残酷的消费社会里，工人阶级的自由、生存和繁衍都处于匮乏化状态。如鲍德里亚所说，“如果体系的运行需要奴隶，那么，将不存在‘自由’的工人；如果体系需要无性的机器人，那么，将不存在有性的繁殖。如果体系的运行无需供养其工人，那么，将不再有面包。在这个意义上，在体系的框架内，我们都是幸存者”③。鲍德里亚确信，需要这个堂而皇之的意识形态词语，本质上是帮助资本家们实现利己需要的工具。然而，需要及需要的意识形态对工人阶级而言，却成了名副其实的“安魂曲”，不仅使工人阶级的生命贫乏和物化，在麻痹工人阶级反抗意识的同时，也把工人阶级推入了生命匮乏的深渊。

二、根由和路径：鲍德里亚对马克思的质疑

基于对需要的质疑和批判，鲍德里亚把矛头指向了资本主义的政治

① BAUDRILLARD J. For a critique of the political economy of the sign. St. Louis：Telos Press，1981：85.

② BAUDRILLARD J. For a critique of the political economy of the sign. St. Louis：Telos Press，1981：86.

③ BAUDRILLARD J. For a critique of the political economy of the sign. St. Louis：Telos Press，1981：86.

经济学和马克思的需要理论，他认为马克思对需要范畴的理解，重蹈了资本主义政治经济学的覆辙。在鲍德里亚看来，马克思把满足人的需要的实践活动当作历史的前提，这是一种典型的将需要自然化、抽象化的做法。鲍德里亚明确地质疑了马克思："人真有需要吗？人要保证需要的满足吗？"① 在他看来，马克思把需要作为人类历史的自明性前提，正是马克思依然没有走出资本主义政治经济学的体现。

鲍德里亚认为，不仅对马克思的需要概念，而且对马克思的其他基础性概念也需要重新反思，如他所声称，马克思主义分析中的所有基础性概念都必须加以质疑②。按照鲍德里亚的质疑逻辑，他对马克思的"劳动"概念、"使用价值"概念等又进行了质疑。其中，对马克思的劳动概念的质疑与其对需要的质疑如出一辙，鲍德里亚指出马克思对劳动做了本体论解读，然而认为这与马克斯·韦伯的资本主义新教伦理学并无两样，马克思的辩证法不仅会导向"最纯粹的基督教伦理学"，而且会走向自己的反面。在他看来，答案十分明显，就在于马克思的劳动概念在本体论意义上具有资本主义的宗教伦理性质。

同样在对使用价值概念的批判上，鲍德里亚指责马克思对需要概念的理解偏颇导致了他对使用价值的理解也存有问题。在鲍德里亚看来，马克思对使用价值的理解并没有超越古典政治经济学的理解，虽然马克思期望能够颠覆资本主导下的生产与交换逻辑，但是使用价值本身不是具体化、历史化的存在。相反，在他看来，马克思所说的使用价值依然是一种"抽象"，是关于需求体系的抽象，"掩盖在商品和产品所拥有的具体目的及其内在特性这一虚假外表之下"③。在鲍德里亚的眼里，使用价值不可能摆脱"等价逻辑"。在马克思的理论中，使用价值没有卷入"交换价值的特殊逻辑，即等同逻辑之中，而且，还可能存在着没有交换价值的使用价值（这就如同在市场之外存在的劳动和产品）"④。鲍德里亚指出，马克思虽然指出了所谓的商品拜物教就是交换价值的拜物教，但是没有发现使用价值拜物教。在鲍德里亚看来，商品拜物教内在地包含着两种拜物教，即使用价值拜物教和交换价值拜物教。其中使用

---

① 鲍德里亚．生产之镜．北京：中央编译出版社，2005：2.

② 鲍德里亚．生产之镜．北京：中央编译出版社，2005：2.

③ 鲍德里亚．消费社会．南京：南京大学出版社，2008：125.

④ 鲍德里亚．消费社会．南京：南京大学出版社，2008：124.

价值拜物教是比交换价值拜物教更为神秘的拜物教，“因为它根植于人类学之中，根植于一个自然化的过程之中”①。

鲍德里亚认为，马克思只把需要、劳动和使用价值视作等价逻辑之外的范畴，没有看到资本主义的消费社会里并不存在具体的需要，存在着的永远都是需要和使用价值的抽象体系。个人的需要在资本主义社会里只是一个服从于抽象需要体系的棋子。在鲍德里亚看来，资本主义永远不会把属于人的需要归还给人本身，一旦人的需要被具体化，资本主义的抽象统治的图谋就将流于破产。所以，马克思以一种理性主义的分析方法，把人的需要的解放和使用价值的回归当作拯救工人阶级的解药的做法不可能奏效。这反而为资本主义的政治经济学提供了人学论据。正如鲍德里亚在《生产之镜》中指责马克思时所说的，马克思错把资本主义的意识形态幻象看作真实的原相。

三、澄清和辨明：鲍德里亚对马克思的误读

鲍德里亚以后现代主义为视角，对资本上升期的消费社会和与之相对应的意识形态进行了批判性审思，对“后工业社会”下工人阶级的自由解放提出了建设性的见解，这是值得肯定的。但是他在对马克思需要理论以及一些相关性概念的理解上，不仅显得不得要领，而且充斥着误解和傲慢。对此，我们需要理性看待，并对其基于马克思的需要理论的正统，给予澄清和辨明。

其一，鲍德里亚混淆了需要和异化需要。鲍德里亚对消费社会时代资本主义社会的需要从根本上说是否定的，他不认为人有不言自明的需要。鲍德里亚没有准确理解需要和异化需要的本质，导致了他对马克思需要概念的误解和偏见，认为马克思从需要理解人的历史含有一种需要本体论论调。而且他对马克思把需要自然化的做法也表示不以为然，因为在他看来，需要只是资产阶级政治经济学的意识形态话语语素，是资本主义的理论家拿来欺骗和麻痹工人阶级的工具。但通过仔细分析我们不难发现，鲍德里亚实际上反对的是资本主义社会工人阶级的异化需要。很显然，异化需要不是真正的需要。在反对异化需要这一点上，鲍德里亚的拒斥和否定具有一定的合理性。但是他在拒绝资本主义社会下

---

① 鲍德里亚．符号政治经济学批判．南京：南京大学出版社，2009：134.

工人阶级的异化需要时，没有发现人本身也是有需要的，没有发现人的需要对人的发展甚至整个社会的发展的积极意义。他之所以反对“基本需要的神话”，反对人有基本的自然性需要和超越性的社会性需要，一个重要原因就在于，他没有看到需要的客观性和合理性。在需要的客观性上，马克思的态度是很明确的，即人有各种需要，人有需要是人的固有属性。在需要的合理性上，马克思的态度也是明确的，在《1857—1858年经济学手稿》中，马克思专门对需要的合理性进行了论述。然而，鲍德里亚由于紧紧盯在了资本主义社会的异化需要上，没有跳出来看到人的各种合理需要，他在根本上否定了人有各种需要的同时，也注定了他不可能看到需要在不同的社会制度下具有不同的体现。

其二，鲍德里亚混淆了需要的目的和需要的手段。鲍德里亚在批判消费社会时发现，资本主义社会费尽心思地把需要的观念灌输给工人阶级，是为了通过催生工人阶级的需要意识，让工人阶级为了他们的发财欲而辛勤地劳作。在鲍德里亚看来，需要的意识形态幻象让工人阶级处在资本家的剥削中而不自知。资本家们表面上肯定工人阶级的需要，实际上他们为了满足自己的需要不惜让工人阶级陷入生命的匮乏。在这一点上，即鲍德里亚对资本家利用工人阶级的需要来满足自己的需要的批判态度与马克思是基本一致的。但是鲍德里亚没有看到，需要的满足本身就是人的目的。在马克思看来，人正是在满足自己需要的实践活动中确证自己的本质力量的。虽然在资本家制度下，工人们的真正需要得不到满足，但正是因为资本主义否定无产阶级的真正需要，才要发动针对资本主义的无产阶级革命，消灭异化需要的制度基础，从而把人的需要还给人本身。按照马克思需要理论的观点，只有共产主义社会才是真正能够保证每个人的真正的需要得到满足的社会制度。资本主义社会的制度本质决定了需要的目的和需要的手段的分离。但是在共产主义社会里，满足人的需要的目的和满足人的需要的手段是有机统一的。鲍德里亚在拒绝消费社会里的需要的手段的同时，也否定了需要满足的目的，这与马克思的需要理论是有很大偏差的。

其三，鲍德里亚混淆了资本需要与人的需要。鲍德里亚没有看到，在消费社会里实际上存在着三种需要。第一种是工人阶级的“本真需要”，第二种是资本家强加给工人阶级的异化需要，第三种是资本家主导的资本增殖需要。这三种需要，除了第一种是真正需要，其余两种都是虚假需要，都会随着人类社会发展而被扬弃。而这种反人性的虚假需要正是资本主义制度所造成的。鲍德里亚对消费社会里需要的批判的重心在于第三种批判。他通过批判和否定资本需要来实现对消费社会的批判性省思。而在马克思那里，对这三种需要的批判与超越是同时进行的。鲍德里亚一味地否定人的需要，可是即使是在资本主义社会下，工人阶级也是有基本生活需要的。工人的基本生活需要与资本家发财的需要不同，他们的基本需要是必需的，没有基本生活需要的满足，他们将会失去生命。当然，在消费社会里资本家也有对财富的需要，这是他们主导一切生产交换活动的根本目的。但是，他们把自己对财富的需要建立在对他人的剥削基础上，这注定了资本家的需要不是合理的需要。在马克思看来，资本家对财富的需要，实际上也是资本增殖的需要。如果说在资本主义制度下，工人积极的需要是异化需要，那么资本家对金钱的需要就是一种物化需要。但是，在马克思的需要理论看来，这两种“需要”都不是真正的需要，都是应该被扬弃的虚假需要。鲍德里亚只看到了资本逻辑下的资本需要，以及工人们被制造的需要，没有看到人的本真需要，所以他对消费社会的批判完全陷入了对物化的反思，在对人的需要的解放和人的自由发展上，他没有给予过多的重视。

所以，虽然鲍德里亚洞察到了消费社会里的需要幻象，也对其做了相应的批判性检省，但是方法的错误决定了结论的荒诞。鲍德里亚从需要本体论视野指责马克思的需要理论对需要做自明性自然化的同时，自己也走向了反对需要的极端。然而，尽管鲍德里亚对马克思的需要理论颇有微词，但是在很多时候，他又不得不前后矛盾地重复工人阶级的需要。总的来说，鲍德里亚对马克思需要理论的批判和指摘是有失公允的，他既没有超越马克思，也没能取代马克思。

第五节　生态马克思主义：对马克思需要理论的分歧与辩护

人类历史的车轮进入 20 世纪以后，随着科学技术水平和各国经济发展速度的快速提升，人类的物质财富得到了极大的丰富。在人们史无前例地感受到物质生活需要被充沛地满足的同时，随之而来的生态危机也越来越成为困扰人类社会可持续发展的难题。面临日益严峻的生态形势，一些倡导生态主义和绿色运动的马克思主义学者，也开始反思生态问题，并逐渐形成了生态马克思主义流派。然而在这些生态马克思主义学者中，他们对马克思需要理论的态度大相径庭。他们围绕马克思有没有生态思想、马克思是不是人类中心主义者、马克思是不是不重视自然的价值、马克思是不是生产力主义者等问题分成了两派。其中以泰德·本顿（Ted Benton）为代表的一派对马克思的需要理论横加指责，把生态危机的帽子扣在了马克思的头上，对马克思主义理论造成了很大的负面影响；而以乔纳森·休斯（Jonathan Hughes）为代表的另一派则坚持站在马克思的立场上，为马克思的需要理论、历史唯物主义进行辩护。虽然他们从马克思需要理论和生态维度对马克思辩护时还存有一些问题，但是他们的努力和成绩也是值得肯定的。

一、泰德·本顿等人对马克思的指责

除了一些西方国家的绿色环保主义者，在生态马克思主义内部也广泛存在着对马克思的指责和曲解。泰德·本顿等人就是站在生态主义、非人类中心主义立场指责马克思的代表性人物。他们对马克思的指责主要集中在以下几个方面：马克思需要理论的生态内涵缺失；马克思过分强调人类的主体地位，不顾自然本身的价值；马克思过分强调生产力的作用，是一种生产力决定论；马克思否定自然极限，对自然极限持批判态度。泰德·本顿等人对马克思的上述指责自然有他们自己的理由和逻辑。

其一，马克思的需要理论“反生态”。需要范畴是马克思理论学说中的一个重要概念。但是西方一些生态马克思主义学者认为，马克思的需要理论内含着对自然的无限索取和人类需要的无限扩张。很显然这是一种基于人类中心主义的反生态主义。他们中有人甚至直接指出马克思“反生态”。在反对马克思主义有生态思想的一派中，泰德·本顿在他的《生态马克思主义》中把矛头指向了马克思的历史唯物主义，他认为马克思的历史唯物主义不包含生态思想，主张对历史唯物主义进行生态重建。约翰·帕斯摩尔对马克思的指责最为尖锐，他指出：“在环境保护上，没有比马克思主义理论对生态学更有害了。”① 以詹姆斯·奥康纳（James O'Connor）、本·阿格尔（Ben Agger）为代表的“温和反对派”也主张马克思没有生态思想，指责马克思没有生态思维和生态意识，但是他们认为马克思主义和生态并不是相悖的，因此可以从生态维度对马克思的相关理论进行重建。在他们这些温和反对派看来，马克思关注的重点是经济问题，是经济危机而非生态危机。他们认为：20 世纪的生态环境问题证明了经济危机论“已经过时了”。在现今社会，生态危机而不是经济危机更应该引起人们足够的重视。他们提出要用生态思想对马克思主义进行重建。当然，对于马克思有没有生态思想，也有学者是给予客观肯定回答的。比如以约翰·贝拉米·福斯特（John Bellamy Foster）为代表的学者主张马克思并不“反对生态”，相反，马克思主义内在地蕴含着生态思想维度。乔纳森·休斯和瑞尼尔·格伦德曼（Reiner Grundmann）虽然对马克思是不是人类中心主义论者有不同的理解，但是在主张马克思有生态思想的意见上是相同的。总体来说，在生态马克思主义学者中，曲解马克思生态思想或指责马克思没有生态思想的论调居多。

其二，马克思是人类（需要）中心主义者。泰德·本顿等人认为马克思在生态问题上陷入了一种价值观错误，即马克思过分强调人类中心主义价值观。在他们看来，马克思主张以满足人的需要为目的，把和人类具有同等地位的自然当作与人对立的客体，对自然界进行无限制的索取，是典型的工具主义、反生态主义和人类中心主义。在 20 世纪全球生态危机的问题上，马克思以人类为中心的需要理论负有不可推卸的责任。主张马克思是人类中心主义的另一位生态马克思主义学者格伦德曼，在其代表作《马克思主义与生态学》中表示，人类中心主义与生态环境不是天然地对立的，人类中心主义也不一定会导致对生态的破坏，相反，人类中心主义可以为生态环境问题提供评价标准。他指出：“马克思明显具有一种人类中心主义的世界观，而且也没给人探索自然设置什么障碍。他显然是一个培根和笛卡尔等启蒙思想家的信奉者。”② 虽然，格伦德曼也指认马克思是人类中心主义，但是与泰德·本顿等人不

---

① 董强．马克思主义生态观研究．北京：人民出版社，2015：3.

② GRUNDMANN R. Marxism and ecology. New York：Oxford University Press，1991：58.

同的是，他认为马克思的人类中心主义是可行的。在他看来，人类中心主义有多种，马克思主义有它自己的人类中心主义理论，资产阶级也有自己的人类中心主义学说，但是它们的根本目的是不同的。马克思的人类中心主义是为了全人类的需要和利益，资产阶级的人类中心主义是为了维护少数人的物质利益和利己需要。从上述看来，他们虽然在马克思的人类中心主义的具体观点上还存有分歧，但是对马克思是人类中心主义的指认是一致的。

其三，马克思是生产力主义论者。随着环境问题的日益严峻，生态危机的日益恶化，一些绿色环保主义者和生态马克思主义的右翼学者，在攻击马克思主义反对生态、马克思主义是人类中心主义的同时，也把矛头指向了马克思的生产力范畴。他们认为马克思是一个地道的生产力主义论者。他们认为，马克思一味地强调发展生产力，最大限度地生产满足人的需要的物质生活资料，但是现实的悖论是，自然界对发展生产的承受力是有限的。本顿就是这种论调的代表性人物，他认为马克思对生产力的发展过于乐观，忘记了对自然环境应有的关注。按照他的理解逻辑，为了满足人类的需要，马克思置自然环境于不顾，一味地对发展科学技术持乐观主义看法，把它当成发展生产力的重点方面，然而现实的结果是，生产力的发展和科学技术的进步不仅没有更好地满足人类社会的需求，而且导致了生态环境的极大破坏和生态危机阶段性的重演。在他看来，生产力的发展和生态环境的恶化具有很明显的关联性，发展生产力势必造成对生态环境的破坏。在指责马克思是生产力主义论者的论调中，有人甚至把矛头指向了马克思的共产主义思想。比如杜克特就认为：对马克思最普遍的生态批判是马克思赞赏作为共产主义条件的资本主义生产力的发展①。对于这一点，在《共产党宣言》中马克思对资本主义生产力的发展带来的巨大变化给予了“赞赏”。

其四，马克思否认自然极限。绿色环保主义和生态马克思主义的右翼理论家对马克思的一个攻击论调是“马克思否认自然极限”。一些生态主义学者受“马尔萨斯主义”主张重新评估和审思自然的承载能力和增长极限的影响，开始从人口数量的急剧增长、人类无限制的需要和自然的承受极限角度攻击马克思否认自然极限。其中，在马尔萨斯主义看

① BURKETT P. Marx and nature：a red and green perspective. New York：St Martin's Press，1999：147.

来，“人口如不加限制，就将呈几何级增长，而生活资料只是呈算术级数增长。一组简单的数据就会说明与生活资料相比，人口增长的巨大力量”①。人口增长若不加限制，就会呈现出无法控制的局面，因为人口增殖的潜力是巨大的。在持此论调的本顿看来：马克思设想了一个满足所有人自由全面发展需要的、不受任何约束的共产主义社会，在这个社会形态里，每个人都可以按需要分配物质生活资料。但是这很显然是建立在“自然没有极限”的基础之上的。如果自然一旦达到了人类无限制增长的需要的限度，生态环境危机就必定会爆发，那么马克思喜闻乐见的共产主义社会的实现和人的自由解放就会因为自然的限度而沦为空话。所以马克思对于共产主义社会下人们的自由全面发展和按需分配思想，内在地包含着对自然极限论的否定。

二、乔纳森·休斯等人对马克思的辩护

针对绿色环保主义和生态马克思主义一些学者对马克思的指责和攻击，以乔纳森·休斯为代表的生态马克思主义学者，逐条给予了理论回应和辩护，尤其是他从马克思需要理论的维度为马克思辩护的尝试和努力，在捍卫马克思上取得了较好的理论效应。

其一，马克思不是生产力主义论者。在休斯看来，马克思强调发展生产力是为了突出生产力的“解释功能”和“革命效应”，即通过生产力的变革解释社会结构的变革。马克思对此有过贴近的论述：“手推磨产生的是封建主的社会，蒸汽磨产生的是工业资本家的社会。”② 按照休斯对马克思的理解：当生产力发展到一定程度时，就会对现实的社会机构起到“促动”作用，促进社会关系的变革，以保证新的社会生产力和社会关系相适应。用休斯的话说就是生产力的发展为社会结构的变革提供条件，即生产力必须达到一定的发展程度才有可能创造一个新的社会形式的思想，以及发展到一定程度的生产力才可以破坏一个旧的社会形式的生存的思想③。在生产力与生产关系谁是首要性的论述上，休斯明确认为生产力处于首要位置。所谓生产力的首要位置，就是说生产力和生产关系的关系不是完全对等的，生产关系是由生产力决定的。所以

---

① 休斯．生态与历史唯物主义．南京：江苏人民出版社，2011：50－51.

② 马克思，恩格斯．马克思恩格斯文集：第1卷．北京：人民出版社，2009：602.

③ 休斯．生态与历史唯物主义．南京：江苏人民出版社，2011：195.

在马克思看来，只要生产力得到了一定程度的发展，达到被资本主义生产关系束缚的临界点，就会为变革资本主义生产关系提供前提条件。当然，休斯在阐释生产力与生产关系的矛盾发展时，没有否定马克思的生产关系的反作用的观点，只是在休斯看来，即使生产关系对生产力具有反作用，那也是有条件的。除此之外，休斯还指出，马克思强调发展生产力具有一定的目的，即更好地生产满足人民需要的物质产品，是工具理性和价值理性的统一。所以，如果单单指责马克思主义过分注重发展生产力的手段，看不到他强调发展生产力的目的，这恰恰是对马克思的歪曲。

其二，发展生产力不一定导致生态破坏。在环保主义者看来，马克思过分强调发展生产力一定会带来生态问题。他们认为这是一种典型的不计后果的发展观。休斯则不这么认为，在他看来，马克思关于人与自然的统一关系的观点，在马克思人生的每个阶段的文本里都有明确的论述。在休斯看来，马克思对人与自然的关系的表述是明确的："人和非人类的关系是双向的。人类受非人类的自然的影响，反过来，人又影响着非人类的自然。"① 同样的思想，马克思在《资本论》中也有过专门的论述，"社会化的人，联合起来的生产者，将合理地调节他们和自然之间的物质变换"②。在休斯看来，虽然马克思强调发展生产力，但是马克思并不是提倡无目的地、无限制地发展生产力。马克思强调发展生产力的目的非常明显，一个是阶段性地满足人民的物质文化需要，另一个则是远大目标——实现共产主义。按照休斯的理解，在马克思那里，发展生产力和生态环境恶化二者之间没有必然的联系。而且与马克思的批评者不同的是，马克思本人强调发展生产力要尊重自然、爱护自然，在实现自身的需要的同时，也要遵循自然界的客观规律。只有这样，马克思所设想的共产主义社会才能实现。如马克思所说，"随着个人的全面发展，他们的生产力也增长起来，而集体财富的一切源泉都充分涌流之后……才能完全超出资产阶级权利的狭隘眼界"③。很明显这个社会不是在反对自然，而是在尊重自然的基础上实现的。所以，休斯认为给马克思主义贴上发展生产力意味着生态环境的破坏的标签是欠妥的。

---

① 休斯．生态与历史唯物主义．南京：江苏人民出版社，2011：16.

② 马克思，恩格斯．马克思恩格斯文集：第 7 卷．北京：人民出版社，2009：928.

③ 马克思，恩格斯．马克思恩格斯文集：第 3 卷．北京：人民出版社，2009：436.

其三，马克思不是极端的人类中心主义者。在指认马克思是人类中心主义者的论调上，本顿和格伦德曼意见相同。但本顿对马克思是人类中心主义者的指控更为直接。在他看来，马克思过于强调人对自然界的“支配作用”。如他所说，相对于人们不可控制的自然条件而言，马克思过于强调劳动者改造自然的主体力量。格伦德曼对马克思是人类中心主义者的指认比前者更具建设性。在他看来，马克思的人类中心主义对“支配自然”的强调，并不意味着要实现对自然界的绝对控制，而是在遵循自然规律的前提下支配自然。对于本顿和格伦德曼的指认，休斯给予了辩护。他认为马克思并不是以人类为中心对自然进行绝对的控制的，相反马克思一向注重建构可持续的人和自然之间的关系。对于人与自然的关系，休斯进行了三重阐释：首先，人类要满足生存性需要，就必然要依赖自然界。人依赖自然“是为了人类的需要而占有自然物”，没有自然界，人连最起码的生存性需要都不能保证。其次，人对自然界的改造会对自然界造成影响。人类按照自然规律来对待自然，就会收到来自自然的馈赠和回报。相反，人类不懂得尊重自然，对自然界任意妄为，就会受到自然的惩罚。最后，人本身是自然界的一部分。对此，休斯印证了马克思在《1844年经济学哲学手稿》中的一句论述：“所谓人的肉体生活和精神生活同自然界相联系，不外是说自然界同自身相联系，因为人是自然界的一部分。”① 马克思关于人与自然和谐共生的思想，事实上就是马克思不是极端的人类中心主义者的最有力证明。

其四，马克思需要理论有生态内涵。绿色环保主义批评家们对马克思需要理论的最强烈的质疑源于马克思旨在实现“各尽所能，按需分配”的远大目标。在这些人看来，按照马克思的设想，“按需分配”就是要按人类的欲求进行生产和分配，这是一种把自然界完全工具化的功利主义做法，必然会导致人类的不合理欲求的夸张和自然环境的破坏。他们认为，如果放任和纵容人类的欲求，让其没有限制地扩张，不仅会突破自然的承受限度，而且会对人类自身造成极大的威胁。鉴于此，休斯在两个方面对马克思的需要理论进行了辩护。首先，休斯认为，马克思提出的“按需分配”不是说什么样的需要都应满足，比如在马克思看来，至少资本主义制度下人的异化需要就不是被提倡的，相反，马克思

① 马克思，恩格斯．马克思恩格斯文集：第1卷．北京：人民出版社，2009：161.

对这种异化需要是坚决反对的。他在《1844年经济学哲学手稿》中指出：在资本主义制度下，“每个人都指望使别人产生某种新的需要，以便迫使他作出新的牺牲，以便使他处于一种新的依赖地位并且诱使他追求一种新的享受，从而陷入一种新的经济破产。每个人都力图创造出一种支配他人的、异己的本质力量，以便从这里面获得他自己的利己需要的满足”①。相反，共产主义社会对虚假需要进行否定，在这种社会制度下，人的需要是真实的。为了更加深入地说明这个问题，休斯不仅专门对需要进行了真假性划分，而且对需要与欲望做了界分。按照休斯的理解，虽然马克思没有直接对需要进行真假性区分，但是马克思意义上的需要却有“真需要”和“假需要”之分。比如马克思提出的“按需分配”里面的需要是“真需要”，而资本主义为了实现资本扩张制造的需要就是“假需要”。其次，在休斯看来，批评者之所以会认为“按需分配”将会导致人类欲望的泛滥，是因为他们没有区分开需要和欲望。在他看来，欲望是非理性的，需要则是合理性的。实际上，资本主义制度下资本家追求利润的需要，从本质上看就是作为主观欲求的欲望，而马克思所提倡的需要则是客观的、合理的，与人的发展和社会发展是相统一的。

总的来说，在生态环境危机愈发严重的20世纪，西方马克思主义的一些学者开始注重反思人的需要与自然环境的关系，这是有助于解决20世纪人类社会发展的阶段性问题的。尤其是休斯等人对马克思需要理论的创造性解释和有针对性的辩护，对捍卫马克思做出了积极贡献。但是，通过上述生态马克思主义内部的不同学者对马克思的不同态度，我们也可以看出，很多人对马克思进行批判和指责，有的是在没有读懂马克思的情况下误解马克思的，有的是戴着有色眼镜在主观上否定马克思的，有的是主张辩证看待马克思的。这说明，即使马克思需要理论天然地蕴含着生态思想，但是在环境问题日益突出的20世纪，也会被越来越多的西方思想家所诘难。实际上，在生态问题上质疑和指责马克思只是西方思想家否定马克思及马克思主义的一个具体体现，我们对此需要理性看待。

现在看来，马克思需要理论在国外马克思主义思想界产生了如此重

① 马克思，恩格斯．马克思恩格斯文集：第1卷．北京：人民出版社，2009：223.

大的思想效应，主要有两个方面的原因。一方面是因为马克思需要理论自身具有穿越时空的思想理论价值。马克思需要理论虽然产生于 19 世纪，但是它的科学性、价值性不仅体现在它所诞生的世纪，而且体现为具有穿越世纪的重大理论价值和实践意义。另一方面是因为马克思需要理论关注人之需要的方式、方法，在回答 20 世纪人之需要的现实问题上，依然具有很强的科学阐释力和理论生命力。即使是国外一些影响重大的马克思主义学派，在回答 20 世纪的人之需要的现实问题时，也无法绕过马克思，而且必须基于马克思，延续、“变革”和发展马克思的论题。

第四章　马克思需要理论的实践效应

马克思需要理论的科学性、革命性、批判性和超越性，不仅使其在西方马克思主义和苏联马克思主义①思想界产生了巨大的思想效应，而且在中国的民族解放、社会主义革命建设和改革开放事业实践中，发挥出了巨大的理论效能。百余年来，中国共产党在实现马克思主义中国化的过程中，也在不断把马克思需要理论与中国社会主要矛盾的转化研判相结合，形成了丰富的中国化马克思主义需要理论成果。在全面建设社会主义现代化国家的新时代背景下，系统总结和研究中国共产党利用马克思的需要理论解决中国问题的基本历程、伟大成就和实践经验，对发展21世纪的马克思需要理论和实现第二个百年奋斗目标，具有重要的理论价值和实践意义。

① 需要指出的是，在实现中国化之前，马克思需要理论首先实现的是苏联化。对于马克思需要理论的苏联化，最经典的就是斯大林在《苏联社会主义经济问题》中的两处表述：一处是“保证最大限度地满足整个社会经常增长的物质和文化的需要，就是社会主义生产的目的”；另一处是“社会主义生产的目的不是利润，而是人及其需要，即满足人的物质和文化的需要”。后来苏联化马克思主义需要理论成为苏联人民制定五年计划的重要理论依据，也对中国社会主要矛盾转化提供了理论参考。

第一节　历史与成就：马克思需要理论中国化历程

马克思需要理论经由苏联传入中国，它的中国化历程也是其在中国革命建设、改革开放实践中发挥理论效能的历程。马克思需要理论与中国的民族解放、革命建设实践和改革开放事业有着天然的理论契合性。中国百年来的历程告诉我们，马克思需要理论中国化既是必要的，也是现实的。就马克思需要理论的内容来看，它关于实现无产阶级自由解放的思想，为中华民族实现民族独立和人民解放提供了理论指导；它关于私有制下无产阶级的需要与有产者的需要的矛盾思想，为中国共产党带领全国人民推翻一切剥削制度提供了理论参考；它关于人的需要的历史性、发展性、多样性、层次性思想，为中国共产党围绕人民的需要调整社会主要矛盾提供了思想依据。

一、马克思需要理论中国化的历程

马克思在《〈黑格尔法哲学批判〉导言》中曾指出："理论在一个国家实现的程度，总是决定于理论满足这个国家的需要的程度。"① 马克思需要理论中国化的历史告诉我们，中国共产党无论是搞革命建设，还是进行改革开放，都有一个根本性的价值方法论，就是以满足人民的需要为中心制定各个历史阶段的总任务。这充分说明了马克思需要理论来到中国后，依旧保持着它的革命性、人民性、科学性和时代性理论特征。

历史地看，围绕不同历史阶段我国人民的自由解放需要、日益增长的物质文化需要、美好生活需要，马克思需要理论在中国发挥影响的基本历程大致分为四个历史时期。从不同点来看，虽然在这四个历史时期人民的需要的内涵各不相同，但是这也说明在不同的历史时期，中国人民的需要的层次和范围是历史性发展的。从相同点来看，这四个历史时期都是在中国共产党的领导下以人民为中心解决人民的需要问题的具体实践。

---

① 马克思，恩格斯．马克思恩格斯全集：第3卷．2版．北京：人民出版社，2002：209.

第一个历史时期是新民主主义革命时期（1919—1949年）。在这个历史时期，在帝国主义、封建主义、官僚资本主义三座大山的压迫下，不仅民族尊严饱受践踏，而且人民群众连最基本的物质生活需要都不能得到满足。中国人民的悲惨状况决定了，在这一历史时期，中国人民最紧迫的需要就是在中国共产党的领导下推翻帝国主义、封建主义、官僚资本主义，实现民族独立和自由解放。自由解放需要是实现人民群众生产和发展需要的基本前提。人民群众自由解放的需要实现不了，别的一切需要都不能得到有效保障。为了实现自由解放的奋斗目标，中国人民在中国共产党的领导下，科学运用马克思关于人的自由解放思想，制定了革命的总路线，即"无产阶级领导的，人民大众的，反对帝国主义、封建主义和官僚资本主义的革命"①。

第二个历史时期是社会主义革命和建设时期（1949—1978年）。在这个历史时期，中国人民最迫切的需要就是在站起来的基础上，满足日益增长的物质文化需要。在这一历史时期，中国共产党围绕中国人民的自由解放需要和基本生存需要，通过社会主义革命消灭了一切剥削制度。人民群众自由解放需要的满足，为进一步实现满足生存性需要的梦想扫清了制度障碍和人为因素。社会主义革命胜利后，党的八大根据当时的生产力状况，提出了中国社会的需要矛盾是"人民对于经济文化迅速发展的需要同当前经济文化不能满足人民需要的状况之间的矛盾"②。在这一独特时代背景下，以毛泽东同志为主要代表的中国共产党人，为了满足人民日益增长的物质文化需要，对社会主义建设进行了初步探索。

第三个历史时期是改革开放和社会主义现代化建设新时期（1978—2012年）。在这个历史时期，中国人民最大的需要就是在富起来的基础上，满足日益增长的物质文化需要。改革开放之初，中国人民刚粉碎"四人帮"，从重大曲折中走出来，人民群众的物质文化需要依然没有得到很好满足。对此，以邓小平同志为主要代表的中国共产党人提出了"贫穷不是社会主义"的重要论断，下决心解决人民群众基本物质文化需要问题。为了实现这一目标，党的十一届六中全会明确了我国社会的

---

① 毛泽东．毛泽东选集：第4卷．2版．北京：人民出版社，1991：1313.

② 中共中央文献研究室．毛泽东年谱（一九四九—一九七六）：第2卷．北京：中央文献出版社，2013：639.

主要矛盾是人民日益增长的物质文化需要同落后的社会生产之间的矛盾。

第四个历史时期是中国特色社会主义新时代（2012 年以来）。在这个历史时期，中国最紧迫的需要就是在强起来的过程中，满足人民日益增长的美好生活需要。虽然经过 40 多年的改革开放，中国社会生产力得到了快速提高，人民的物质文化需要得到了较好满足，但是人民群众的需要和满足人民群众需要的方式一样，本身是不断发展的。习近平总书记在党的十九大报告中说："人民美好生活需要日益广泛，不仅对物质文化生活提出了更高要求，而且在民主、法治、公平、正义、安全、环境等方面的要求日益增长。"① 习近平总书记对人民群众的需要的这一科学判断，为新时代我国社会主要矛盾的转化提供了历史依据。习近平总书记在党的十九大报告中提出了我国社会主要矛盾已经转化为"人民日益增长的美好生活需要和不平衡不充分的发展之间的矛盾"的重要论断。

总的来看，把马克思需要理论中国化划分为上述四个历史时期，伴随着中国人民从"站起来"、"富起来"到"强起来"的伟大飞跃，既有理论创新上的延承性，也有实践探索上的接续性，是中国共产党利用马克思需要理论解决中国人民现实需要问题的阶段性探索。当然，马克思需要理论在中国化过程中，也形成了阶段性的中国化马克思需要理论的思想理论成就，成为中国化马克思主义理论的重要组成部分。

二、马克思需要理论中国化的历史成就

中国人民的需要是历史的具体的，在不同的历史阶段有着不同的内涵。中国共产党成立一百多年来，中国的马克思主义者对马克思需要理论的认识和实践，经历了尤为曲折但又颇有成绩的历史探索。如果说以毛泽东同志为主要代表的中国共产党人致力于解决的问题是在满足中国人民解放需要的基础上满足中国人民的基本生存性需要，以邓小平、江泽民和胡锦涛同志为主要代表的中国共产党人致力于解决的问题是在满足人民群众物质文化需要的基础上，更好地满足人民群众的发展性需要，那么以习近平同志为主要代表的中国共产党人致力于解决的问题就是满足人民日益增长的美好生活需要。历代中国共产党人围绕不同时期

---

① 习近平．习近平谈治国理政：第 3 卷．北京：外文出版社，2020：9.

的历史任务，形成了不同时期的中国化马克思需要理论，赋予了马克思需要理论崭新的中国化内涵。

第一，毛泽东对马克思需要理论中国化的历史贡献。马克思自《莱茵报》时期就开始关注人民群众的“实际需要”，虽然在不同的文本中，马克思对人民群众的“实际需要”的内涵界定不同，但是总的来说是按照人的解放需要、物质生活需要和自由全面发展需要的发展逻辑展开的。毛泽东延承了马克思的这一理论逻辑，从探索满足中国人民的自由解放需要，到探索满足人民对于经济文化迅速发展的需要，带领全国人民进行了半个多世纪的实践探索。在这一过程中形成了很多宝贵的需要思想。

一是继承和发展了马克思通过革命满足人民自由解放的需要的思想。毛泽东指出，“中国是半殖民地半封建的国家，帝国主义与封建势力是摧残个性的，使中国人民不能发展他们的聪明才智，他们的身体也不能发展，精神也不能发展，都受到了摧残”①。在旧中国，人民群众生活在水深火热中，他们的基本生存性需要得不到满足。要实现解放的需要，就需要进行革命。这意味着，人民群众要实现需要的革命，就必须找到他们需要的革命。毫无疑问，他们需要的革命就是在中国共产党领导下的革命。这是因为，在中国的革命史上，农民阶级的、地主阶级的、资产阶级的改良和革命都试过了，最终都没有成功。究其原因，一方面是“中国革命的敌人是异常强大的”，另一方面是他们在革命的坚决性、领导性和主体性上认识不到位。毛泽东对实现人民自由解放的革命态度和策略是十分明确的。面对这样的敌人，中国人民若要实现自由解放，就必须以革命武装的形式推翻他们。“在这样的敌人面前，中国革命的主要方法，中国革命的主要形式，不能是和平的，而必须是武装的，也就决定了。因为我们的敌人不给中国人民以和平活动的可能，中国人民没有任何的政治上的自由权利。”② 人民要实现自由解放，就必须进行革命。人民需要革命，革命也需要人民。在毛泽东看来，只有中国共产党代表着最广大的革命需要，但是“革命战争是群众的战争，只有动员群众才能进行战争，只有依靠群众才能进行战争”③。在毛泽东

① 中共中央文献研究室．毛泽东文集：第3卷．北京：人民出版社，1996：336.

② 毛泽东．毛泽东选集：第2卷．2版．北京：人民出版社，1991：634－635.

③ 毛泽东．毛泽东选集：第1卷．2版．北京：人民出版社，1991：136.

看来，若要革命胜利，就必须有革命的领导阶级，革命的主体力量和革命的策略要相结合，因为“革命不是请客吃饭，不是做文章，不是绘画绣花，不能那样雅致，那样从容不迫，文质彬彬，那样温良恭俭让。革命是暴动，是一个阶级推翻一个阶级的暴烈的行动”①。毛泽东对革命的态度和人民解放的需要的相关思想，与马克思一脉相承，是马克思的需要理论之人的解放与革命思想在中国革命实践中的具体应用和发展。

二是继承和发展了马克思需要理论之需要的生成性、多样性和发展性思想。对于需要的生成性、多样性和发展性，马克思曾指出，“所谓必不可少的需要的范围，和满足这些需要的方式一样，本身是历史的产物”②。毛泽东认为，人们的生活需要是不断增长的，所以人民的需要也是逐渐地被满足的。对于人民的需要的历史性和生成性，毛泽东指出，即使在共产主义社会，在“按需分配”的原则下，人们的需要也不能一下子被满足，“因为需要是不断被创造的”③。为了更好地解释需要的历史性和生成性，毛泽东举了人们对文字和文具的需要的例子来进一步阐释。毛泽东分析指出，在人们的生活实践中，由于人们有了对文字的需要，文字才产生了，然后随着文字的产生人们对文具产生了需要。对文字的需要和文具的需要的先后性说明了人们的需要不是一成不变的，随着人们实践能力的提升和物质生产条件的变化，人们的需要也在不断地被赋予新的内容和形式。对于需要的多样性，毛泽东拿电视机和粮食来举例分析说明。他指出，由于电视机被制造出来了，所以人们产生了对电视机的需要。同样毛泽东以人们对粮食的需要为例，说明了“人们对粮食的需要，在数量方面总不能是无限制的，但是在品种方面也会变化”④。这说明，在需要的历史性、生成性、多样性思想上，毛泽东结合时代背景和生产力发展水平继承和发展了马克思需要理论中的相关思想。对于需要与生产的历史性、发展性，毛泽东与马克思也一脉相承，都认为生产决定需要，需要反作用于生产。如毛泽东所说，“需要刺激生产的不断发展，生产也不断创造新的需要”⑤。从上述来看，

---

① 毛泽东．毛泽东选集：第1卷．2版．北京：人民出版社，1991：17.

② 马克思，恩格斯．马克思恩格斯文集：第5卷．北京：人民出版社，2009：199.

③ 中共中央文献研究室．毛泽东文集：第8卷．北京：人民出版社，1999：136.

④ 中共中央文献研究室．毛泽东文集：第8卷．北京：人民出版社，1999：137.

⑤ 中共中央文献研究室．毛泽东文集：第8卷．北京：人民出版社，1999：137.

毛泽东对马克思需要理论之需要的生成性、多样性和发展性思想的应用和发展，有着鲜明的时代性和中国化特征，这证明了马克思的需要理论与中国具体革命建设实践的高度契合性。

三是把马克思需要理论创造性地应用于判断中国社会主要矛盾变化。随着社会主义革命的完成和社会主义制度的确立，我国社会主要矛盾也逐渐发生了变化，无产阶级与资产阶级的矛盾逐渐转化为"人民对于经济文化迅速发展的需要同当前经济文化不能满足人民需要的状况之间的矛盾"①。在党的八大上，以毛泽东同志为核心的党中央对当时和之后一个历史时期内的社会主要矛盾进行分析后提出："国内的主要矛盾……已经是人民对于经济文化迅速发展的需要同当前经济文化不能满足人民需要的状况之间的矛盾。"② 与此同时，为了满足人民对经济文化迅速发展的需要，以毛泽东同志为主要代表的中国共产党人开始强调通过发展生产力来满足人民的经济文化需要，并将之作为重中之重。这是在完成人民自由解放和社会主义革命后，以毛泽东同志为主要代表的中国共产党人运用马克思需要理论解决中国社会重大问题的一次成功尝试，不仅体现了马克思主义无产阶级政党的人民性价值指向，而且开启了中国共产党以马克思需要理论为理论依据，从满足人民的需要出发解决社会主要矛盾转化问题的先例。自此以后，中国共产党从人民的需要出发对社会主要矛盾转化做的判断，都取得了极大成功。不得不承认，以毛泽东同志为主要代表的中国共产党人从人民的需要角度出发解决中国社会主要问题的做法，是对马克思需要理论的创造性应用和创新性发展。

四是提出了为了人民的需要，都必须从事经济建设的工作。毛泽东把马克思的需要理论创造性地运用于经济社会建设中。毛泽东指出，"新社会制度的建立，就是为着适应生产力的发展的，它是为着经济发展的，而且只有经济发展了才使新的社会制度获得巩固的基础"③，"并且还因为中国革命的长期性，一方面为着革命与战争事业的物质供给上

---

① 中央档案馆，中共中央文献研究室．中共中央文件选集（一九四九年十月——一九六六年五月）：第 24 册．北京：人民出版社，2013：248.

② 中央档案馆，中共中央文献研究室．中共中央文件选集（一九四九年十月——一九六六年五月）：第 24 册．北京：人民出版社，2013：248.

③ 中共中央文献研究室．毛泽东年谱（一八九三—一九四九）：中卷．修订本．北京：中央文献出版社，2013：505.

的需要，一方面为着人民的需要，都必须从事经济建设的工作，不应该也不可能等候把全部敌人打平后，才去进行建设工作。加以中国地方的广大，要使全国人民都信服我们所指出的道路的正确性而拥护我们，而参加革命奋斗，需要我们拿建设的榜样给他们看，才能作得到”①。毛泽东要求全党要围绕人民的需要做好贸易、金融、财政工作。在他看来，“认识贸易、金融、财政是组织全部经济生活的重要环节，离了它们，或对它们采取了错误方针，全部经济生活就会停滞，或受到障碍”②。同样在对待私营工商业时，毛泽东强调，“今天的资本主义工商业对社会是需要的，有利的。私营工商业统统要拿到政府的翅膀之下来，是有理由的，因为适应了人民的需要，改善了工人的生活。当然，资本家要拿走一部分利润，那是必需的。私营工商业是会长期存在的，我们不可能很快实行社会主义”③。这说明，以毛泽东同志为主要代表的中国共产党人，为了满足人民的需要，已经开始着手把一切可利用的经济力量，都用来为人民的需要服务，为社会主义的发展服务。

第二，邓小平对马克思需要理论中国化的历史贡献。如果说毛泽东对马克思需要理论的继承和发展主要集中在运用马克思的需要理论探索如何满足人民群众的自由解放需要，以及探索实现人民自由解放之后如何利用马克思的需要理论解决中国人民的基本生存需要问题，那么邓小平对马克思需要理论的继承和发展则主要集中在利用马克思的需要理论探索如何发挥社会主义制度优势、如何发展生产力，更好地满足人民的物质文化需要。

其一，把“面对群众的需要”当作搞建设的指导思想。中国共产党搞建设必须面对人民群众的实际需要。邓小平认为，在社会主义社会，我们搞社会主义建设的目的就是要满足人民的需要。如果搞建设不面对群众的需要，就会导致在花钱的时候出现盲目性，偏离人民群众的实际需要。邓小平指出，中国共产党领导人民搞建设虽然在总体上是值得肯定的，但是在有些地方也存在着薄弱的环节，最大的问题就是在花钱的

---

① 中共中央文献研究室．毛泽东年谱（一八九三——一九四九）：中卷．修订本．北京：中央文献出版社，2013：505.

② 中共中央文献研究室．毛泽东文集：第3卷．北京：人民出版社，1996：125.

③ 中共中央文献研究室．毛泽东文集：第6卷．北京：人民出版社，1999：61.

时候“没有面对国家的现实，也没有面对群众的需要”①。他在《今后的主要任务是搞建设》中曾指出，搞建设不仅不能脱离中国的实际情况，也不能脱离人民群众的实际需要。为此他提出了关于建设的“两个面对”（面对国家的现实、面对群众的需要）的指导思想。在谈到“面对群众的需要”问题时，邓小平明确指出：“我们考虑问题常常忽略了群众的需要。”② 在他看来，无论追求什么化，如果不能满足人民群众的现实需要，不树立鲜明的群众观点，不去解决人民群众面临的问题，那么都是不足取的。他严厉批评了一些同志，宁肯把钱花在不值得的地方，也不愿意用来解决人民群众的简单问题。而实际上，人民群众需要问题的解决，花很少钱就能完成。在他看来，我们的建设工作应该面对群众，发现问题。他指出：“一定要关心群众生活。这个问题不是说一句话就可以解决的，要做许多踏踏实实的工作。”③

其二，提出了社会主义制度的优势在于能更快地满足人民不断增长的物质文化需要。邓小平指出：“我们是社会主义国家，社会主义制度优越性的根本表现，就是能够允许社会生产力以旧社会所没有的速度迅速发展，使人民不断增长的物质文化生活需要能够逐步得到满足。”④在他看来，与旧中国半殖民地半封建社会里的统治阶级不同，中国共产党带领全国人民搞革命建设，从来都是为了人民群众过上好日子，“逐步消灭贫穷，不断提高人民的生活水平”⑤，这就是社会主义制度的优势所在。不仅如此，在邓小平看来，相比半殖民地半封建社会，社会主义制度代表了先进生产力的发展要求，因而可以通过发展生产力快速提升人民物质生活水平。如他所说，“社会主义基本制度确立以后，还要从根本上改变束缚生产力发展的经济体制，建立起充满生机和活力的社会主义经济体制，促进生产力的发展”⑥。在马克思的需要理论看来，在资本主义社会的资本逻辑主导下，生产就是为了实现资本的增殖，实现资产阶级的发财梦，而马克思主义指导下的社会主义，无论是发展社会生产力，还是从事生产活动，从来都是为了满足人民群众的需要。邓

① 邓小平．邓小平文选：第1卷．2版．北京：人民出版社，1994：268.
② 邓小平．邓小平文选：第1卷．2版．北京：人民出版社，1994：268.
③ 邓小平．邓小平文选：第2卷．2版．北京：人民出版社，1994：27.
④ 邓小平．邓小平文选：第2卷．2版．北京：人民出版社，1994：128.
⑤ 邓小平．邓小平文选：第3卷．北京：人民出版社，1993：10.
⑥ 邓小平．邓小平文选：第3卷．北京：人民出版社，1993：370.

小平创造性地把马克思的需要理论同社会主义制度优势、发展生产力和满足人民的物质文化需要相结合，不仅为满足人民的物质文化需要找到了科学途径，而且为以后的改革开放事业提供了思想指导。

其三，结合马克思的需要理论提出了人们的需要随着共产主义不同发展阶段被历史性地满足。虽然社会主义制度是比资本主义制度更先进、代表着先进生产力发展要求的社会制度，但是即使在社会主义制度里，人们的需要也不是一成不变的。虽然“社会主义的本质，是解放生产力，发展生产力，消灭剥削，消除两极分化，最终达到共同富裕”①，但是即使在共产主义社会，社会的生产力水平也是阶段性发展的。邓小平指出，共产主义社会下人民的需要也不是一下子就能被满足的，原因有两个方面。一方面，人们的需要本身是随着社会生产力水平的发展不断发展的。另一方面，共产主义本身有两个阶段：第一阶段是初级阶段，在这一阶段，必须努力发展生产力水平，消灭贫穷和贫富差距，提升人民群众的生活水平。“到了第二阶段，即共产主义高级阶段，经济高度发展了，物资极大丰富了，才能做到各尽所能，按需分配”。从此来看，邓小平关于人的需要的观点与马克思《哥达纲领批判》中的需要有着密切的联系。沿着马克思关于共产主义不同阶段的思想，邓小平把人民的需要和社会主义本质、共产主义阶段结合起来考察，不仅揭示了人民的需要的历史性，而且指出了共产主义的阶段发展性。

其四，提出了物质文明和精神文明要一起抓。在马克思的需要理论看来，人有各种需要。在马克思的所有文本里，他提出了多种需要，但是论述最多的就是物质需要和文化需要。在马克思看来，这两个方面的需要是保证人自由全面发展的基础性需要。在马克思的基础上，邓小平提出了“两种文明”。他指出：“我们要在建设高度物质文明的同时，提高全民族的科学文化水平，发展高尚的丰富多彩的文化生活，建设高度的社会主义精神文明。”② 在这两种文明中，物质是基础，只有物质文明高度丰富了，人的精神境界才会更好一些。对于二者的关系，邓小平专门做了解释：“物质是基础，人民的物质生活好起来，文化水平提高了，精神面貌会有大变化。”③ 反过来，“不加强精神文明的建设，物质

① 邓小平．邓小平文选：第3卷．北京：人民出版社，1993：373.

② 邓小平．邓小平文选：第2卷．2版．北京：人民出版社，1994：208.

③ 邓小平．邓小平文选：第3卷．北京：人民出版社，1993：89.

文明的建设也要受破坏，走弯路。光靠物质条件，我们的革命和建设都不可能胜利"[①]。在邓小平看来，人们的物质文明和精神文明是不可以偏颇的，物质文明发展了，人的物质生活需要就能得到较好满足，同样，精神文明搞好了，人们的精神面貌也会得到很大提升，所以要"两手抓、两手都要硬"。他指出："我们一定要根据现在的有利条件加速发展生产力，使人民的物质生活好一些，使人民的文化生活、精神面貌好一些。"[②] 由以上可以看出，邓小平对物质文明和精神文明的论析有着坚实的马克思需要理论根基，本质上是利用马克思需要理论解决中国人民需要的多样性问题的具体性探索。

第三，江泽民对马克思需要理论中国化的历史贡献。随着改革开放事业的不断推进和我国社会生产力的不断发展，人民的物质文化需要得到了很大的提升。以江泽民同志为主要代表的中国共产党人，审时度势，根据马克思的需要理论，在满足人民的物质文化需要的基础上，开始突出人的自由全面发展需要，把满足人的自由全面发展需要和人民的物质文化需要一起，视作社会主义新社会的本质要求。

其一，结合马克思的需要理论，提出了建设有中国特色社会主义的各项事业的"两个着眼"重要论断。马克思在《1844 年经济学哲学手稿》中指出，自由全面发展的人"同时就是需要有人的生命表现的完整性的人，在这样的人的身上，他自己的实现作为内在的必然性、作为需要而存在"[③]。在庆祝中国共产党成立八十周年大会上，江泽民结合马克思人的自由全面发展思想指出，"我们进行的一切工作，既要着眼于人民现实的物质文化生活需要，同时又要着眼于促进人民素质的提高"[④]。在他看来，促进人民素质的提升，实现人民的自由全面发展，是社会主义的本质要求。江泽民的这一重要论述的重大理论意义在于，他第一次把人的全面发展提升到同人的物质文化生活需要相并列的高度。这说明，随着改革开放事业的不断推进，人民的物质文化生活需要逐渐得到了满足，而更高层级的自由全面发展需要开始逐渐被重视起来。这也反映了我们党以人民为中心的各项事业建设已取得了突破性进

---

① 邓小平．邓小平文选：第 3 卷．北京：人民出版社，1993：144.

② 邓小平．邓小平文选：第 2 卷．2 版．北京：人民出版社，1994：128.

③ 马克思，恩格斯．马克思恩格斯文集：第 1 卷．北京：人民出版社，2009：194.

④ 江泽民．江泽民文选：第 3 卷．北京：人民出版社，2006：294.

展。江泽民的这一重要论述的重大实践价值在于，从此往后，我们党开始日益重视人的全面发展的需要，在实践上开始探索满足人民群众的全面发展的需要的方法和途径。

其二，结合马克思的需要理论，提出了“始终把解决好人民生活问题作为党和政府的根本任务”① 的重要论断。马克思认为：“全部人类历史的第一个前提无疑是有生命的个人的存在。因此，第一个需要确认的事实就是这些个人的肉体组织以及由此产生的个人对其他自然的关系。”② 人的生活需要是人们创造历史的基本前提。没有身体组织自然需要的满足，人就不能保证生命的存续。在马克思的需要理论看来，物质生活需要是人民群众的基础性需要。如果人民群众的生活需要长久得不到满足，就会反映出社会制度问题。江泽民指出，“不断提高人民生活水平，是我们党一切工作的根本出发点和归宿点”③。他在考察贫困地区人民生活状况时，特别强调要发扬毛泽东在1934年发表的《关心群众生活，注意工作方法》文章精神。毛泽东说：“解决群众的穿衣问题，吃饭问题，住房问题，柴米油盐问题，疾病卫生问题，婚姻问题。总之，一切群众的实际生活问题，都是我们应当注意的问题。假如我们对这些问题注意了，解决了，满足了群众的需要，我们就真正成了群众生活的组织者，群众就会真正围绕在我们的周围，热烈地拥护我们。”④ 在江泽民看来，新中国成立50年了，“如果不能尽快让那里的群众吃饱穿暖，我们就无法向为建立新中国英勇牺牲的千百万烈士交代，无法向人民、向历史交代”⑤。他要求全党同志都本着全心全意为人民服务的宗旨和态度，把解决温饱问题作为一项重大的政治任务完成好。

其三，结合马克思的需要理论，提出了要权衡好个人需要和人民需要、国家需要的关系。在马克思的需要理论看来，个人需要和集体需要、社会需要、国家需要、民族需要是不矛盾的，相反它们之间是相辅

---

① 中共中央文献研究室．十五大以来重要文献选编：中．北京：人民出版社，2001：1471.

② 马克思，恩格斯．马克思恩格斯文集：第1卷．北京：人民出版社，2009：519.

③ 中共中央文献研究室．十五大以来重要文献选编：中．北京：人民出版社，2001：1403.

④ 毛泽东．毛泽东选集：第1卷．2版．北京：人民出版社，1991：136-137.

⑤ 中共中央文献研究室．十五大以来重要文献选编：中．北京：人民出版社，2001：849-850.

相成的辩证统一体。马克思的需要理论从来不排斥个人需要，相反，马克思认为每个人都有自已的需要。但是，马克思反对为了满足个人需要而置集体需要、社会需要、国家需要、民族需要于不顾。马克思明确反对个人主义的利己需要，提倡把个人需要和集体需要、社会需要、国家需要、民族需要结合起来，在满足集体需要、社会需要、国家需要、民族需要的过程中满足个人需要。江泽民把这个原理创造性应用到党的组织事业和青年干部培育上，是对马克思需要理论的继承和发展。对于青年人才，江泽民提倡要根据党和人民的需要，“到改革和建设的第一线去，到基层去，到艰苦的和困难多的地方去”①。

第四，胡锦涛对马克思需要理论中国化的历史贡献。党的十六大以后，以胡锦涛同志为主要代表的中国共产党人结合科学发展观的根本要求，在需要的特征上继承和发展了人的历史性、发展性、全面性、多样性等思想，在满足需要的方法论上，继承和发展了马克思需要理论坚持长远性需要和阶段性需要相统一、个体性需要和集体性需要相统一的方法论。

其一，在需要的特征上继承和发展了人的历史性、发展性、全面性、多样性等思想。胡锦涛强调，领导干部都要牢记群众利益无小事这个道理，始终把群众利益放在第一位，自觉增强为人民服务的意识，从人民群众最现实、最关心、最直接的问题入手，通过发展经济，不断让人民群众得到实实在在的利益。首先，在需要的历史性和发展性上，胡锦涛以历史的发展的眼光提出，“我们的事业在发展，社会在进步，人民群众利益需求也在发展。实现群众愿望，满足群众需要，维护群众利益，是一个动态的不断发展的过程”②。胡锦涛的此番论述，从社会发展和事业发展的视角论述了人民的需要的历史性和发展性，是对马克思需要理论之需要的历史性和发展性的继承和发展。其次，胡锦涛还从人的需要与人的发展视角，指出了关切人民的根本利益的极端重要性。胡锦涛强调，“一定要把最广大人民根本利益作为出发点和落脚点。要着眼于充分调动人民群众积极性、主动性、创造性，着眼于满足人民群众

① 中共中央文献研究室．十四大以来重要文献选编：下．北京：人民出版社，1999：1963.

② 胡锦涛．胡锦涛文选：第2卷．北京：人民出版社，2016：76.

需要和促进人的全面发展，着眼于提高人民群众生活质量和健康素质”①。最后，在需要的多样性上，胡锦涛提出了社会事业要着力解决群众反映强烈的问题，更好地满足广大人民群众的各种需要。胡锦涛强调，随着经济发展水平不断提高，人们对社会发展和生活质量提出了更高的要求。因此要加大教育、文化、医疗等社会事业的支持力度。在教育需要上，“要适应经济社会发展的实际需要，优化教育结构，加快普及农村九年义务教育”②。在文化需要上，“要提高广播电视村村通的水平，加强基层群众文化活动阵地建设”③。在医疗需要上，“要有效整合和优化配置医疗卫生资源，建立和完善疾病预防控制体系和医疗救治体系，努力改善农村医疗卫生条件，提高医疗服务质量，更好地满足广大人民群众的需要”④。胡锦涛对教育、文化、医疗等领域人民的需要的重视，体现了马克思需要理论之需要的多样性思想。

其二，继承和发展了马克思需要理论坚持长远性需要和阶段性需要相统一、个体性需要和集体性需要相统一的方法论。在满足人民群众的需要的方法论上，首先要从“实现人民的愿望、满足人民的需要、维护人民的利益”着手，胡锦涛认为这是“三个代表”重要思想的根本出发点和落脚点，他结合人民的需要对“三个代表”重要思想做了创造性阐释和创新性解读。在胡锦涛看来：“只有不断解放和发展生产力，增强国家的经济实力，才能为建设中国特色社会主义文化和实现人民群众的根本利益提供雄厚的物质基础。只有不断发展和繁荣社会主义文化，才能不断满足人民群众日益增长的精神文化生活需要，才能为发展生产力提供强大的精神动力和智力支持。只有不断提高人民群众的物质文化生活水平，改革和建设才能具有坚实的群众基础，人民群众才能始终以饱满的热情投身到中国特色社会主义的伟大事业中来。发展先进生产力和先进文化是实现最广大人民根本利益的基础和前提，实现最广大人民根本利益则是发展先进生产力和先进文化的目的和归宿。”⑤ 胡锦涛指出，一定要引导和帮助人民群众正确看待“眼前利益和长远利益、自身利益

---

① 胡锦涛．胡锦涛文选．第 2 卷．北京：人民出版社，2016：170.

② 胡锦涛．论构建社会主义和谐社会．北京：中央文献出版社，2013：36.

③ 胡锦涛．论构建社会主义和谐社会．北京：中央文献出版社，2013：36.

④ 胡锦涛．论构建社会主义和谐社会．北京：中央文献出版社，2013：36－37.

⑤ 中共中央文献研究室．十六大以来重要文献选编：上．北京：中央文献出版社，2005：370.

和集体利益的关系"①。胡锦涛关于"眼前利益和长远利益""自身利益和集体利益"的论述，体现了马克思需要理论坚持长远性需要和阶段性需要相统一、个体性需要和集体性需要相统一的方法论。

三、马克思需要理论在中国的实践建树

在实现中国化之前，马克思需要理论首先实现的是苏联化。对于马克思需要理论的苏联化，最经典的就是《苏联社会主义经济问题》中的斯大林的表述："社会主义生产的目的不是利润，而是人及其需要，即满足人的物质和文化的需要。"② 斯大林认为，资本主义需要的是利润，他们所谓的消费也都是为资本家们取得利润服务的，人及其需要根本就没有在他们的视野之内。在《关于尔·德·雅罗申科同志的错误》中，斯大林曾对雅罗申科把生产作为目的的观点进行过批评："在罗申科同志那里，却把生产从手段变成了目的，而保证最大限度地满足社会经常增长的物质和文化的需要，却被取消了。结果弄成生产增长是为了生产增长，生产是目的本身，而人及其需要就从雅罗申科同志的视野里消失了。"③ 从斯大林的上面论述来看，苏联在中国之前已经开始注重运用马克思的需要理论解决经济社会发展问题了。苏联化马克思需要理论成为苏联人民制定五年计划的重要理论依据，也对中国社会主要矛盾转化提供了理论参考。中国的社会主义建设在马克思需要理论的指导下和苏联化需要理论的启示下，把马克思的需要理论作为社会主要矛盾调整的重要理论依据。新中国成立以来，中共中央对中国的社会主要矛盾转化的研判，都是围绕人民的需要进行的。伴随着三次社会主要矛盾转化，我国的社会主义建设取得了全方位的历史性成就。

社会主要矛盾反映了社会发展的核心任务。新中国成立后，我国社会主要矛盾发生过三次重大转变。第一次是党的八大正确做出了我们国内的主要矛盾之一是"人民对于经济文化迅速发展的需要同当前经济文

---

① 胡锦涛．胡锦涛文选：第 2 卷．北京：人民出版社，2016：76.

② 原文是："社会主义生产的目的不是利润，而是人及其需要，即满足人的物质和文化的需要。社会主义生产的目的，象斯大林同志的《意见》中所说的那样，是'保证最大限度地满足整个社会经常增长的物质和文化的需要'。"详细参见：斯大林．斯大林文集．北京：人民出版社，1985：659.

③ 斯大林．斯大林选集：下卷．北京：人民出版社，1979：599.

化不能满足人民需要的状况之间的矛盾”的判断①。第二次是党的十一届六中全会做出了在社会主义改造基本完成后，我国社会主要矛盾是“人民日益增长的物质文化需要同落后的社会生产之间的矛盾”② 的判断。第三次是党的十九大做出了新时代我国社会主要矛盾“已经转化为人民日益增长的美好生活需要和不平衡不充分的发展之间的矛盾”③ 的重大判断。中国共产党对这三次社会主要矛盾转化的判断，既有深刻的理论依据，也有着清晰的历史逻辑，本质上是中国共产党带领全国人民建设社会主义的阶段性任务的接续探索。从这三次社会主要矛盾的转化的历史逻辑来看，从人民群众的“生存性需要”到“发展性需要”，中国共产党始终坚持以人民为中心。每次社会主要矛盾的历史性转变都对党和国家事业提出了新任务和新要求。中国共产党这种把人民的需要和社会主要矛盾相结合解决阶段性问题的做法，不仅体现了马克思需要理论追求人的自由全面发展的本真精神，也是对其方法论的科学运用。就实践成就而言，中国人民不仅实现了温饱需要，而且其需要的范围和层次得到了长足发展，尤其是到了新时代，人民对美好生活的追求日益广泛。从之前的物质文化需要到现在的美好生活需要，这刚好体现了马克思在《资本论》中的一句经典论述——“在文化初期，已经取得的劳动生产力很低，但是需要也很低，需要是同满足需要的手段一同发展的”④。

第二节　中国境遇下新时代美好生活需要

在新时代，“发展不平衡不充分”依然是发展问题，发展的问题依然要用发展去解决，我们必须坚定不移贯彻新发展理念。“新发展理念是一个整体，提出的要求是全方位的、多层面的”，“是我国发展进入新阶段、我国社会主要矛盾发生变化的必然要求”。“发展不平衡”主要体现为城乡之间的不平衡、区域发展不平衡、居民收入不平衡。“发展不

① 中央档案馆，中共中央文献研究室．中共中央文件选集（一九四九年十月——一九六六年五月）：第 24 册．北京：人民出版社，2013：248.

② 中共中央文献研究室．改革开放三十年重要文献选编：上．北京：人民出版社，2008：212.

③ 习近平．习近平谈治国理政：第 3 卷．北京：外文出版社，2020：9.

④ 马克思，恩格斯．马克思恩格斯文集：第 5 卷．北京：人民出版社，2009：585 - 586.

充分”突出表现为“发展质量和效益还不高，创新能力不够强，实体经济水平有待提高，生态环境保护任重道远”。党的十八大以来，我们党为了破解“发展不平衡不充分”问题，主要在两个方面做出努力。一方面，我们坚持协调发展、共享发展破解“发展不平衡”问题。坚持城乡一体化发展，实施区域协调发展战略，大力解决地区经济发展潜力悬殊、区域发展分化、发展空间挤压或发展掣肘和虹吸效应等协同发展的制约问题，想方设法扩大农村居民收入来源，挖掘农村内部增收潜力，加大农民增收创收的保护力度。另一方面，我们坚持创新发展、开放发展、绿色发展破解“发展不充分”问题。依靠创新发展提升发展动力，加快发展先进制造业，加大培育创新型人才力度，打造助力实体经济发展的人力资源优势，推动我国由“制造大国”向“制造强国”发展。依靠开放发展持续推动建设发展开放型经济，在对外合作中整合国内发展格局，逐步改善发展资金短缺、发展技术落后、发展经验不足和发展效益不佳等问题。以开放发展培育实体经济的国际竞争力，抢先发展高科技产业，持续推动产业结构优化升级。以绿色发展加大生态系统保护力度，修复生态系统，筑牢自然生态屏障，提升生态环境的稳定性。

一、准确理解新时代美好生活需要的理论内涵

新时代美好生活需要的提出是我国社会主要矛盾发展变迁的必然结果，也是新时代中国共产党以人民为中心实现人的自由全面发展的实践逻辑。人和动物最大的不同就在于人是类存在物，并以一定目的性劳动活动区别于动物。人是“超生命的生命体”，人以“有意识的生命活动”创造世界。新时代，中国人民期待美好生活并按照美好生活的实践规律去创造，这说明中国人民已经超越了生存性需要，摆脱了仅仅在生理水平上的经验生理机能的肉体存在，转向了追求实践理性的价值存在和审美理性的审美存在。“美好生活需要”正体现了中国人的发展和人之本质力量的渐次丰富。

对于回答什么是“新时代美好生活需要”，首先要厘清什么是“美好生活”和“新时代的美好生活”。从“需要-满足”的逻辑视角来看，“美好生活”就是人们的生存和发展需要被历史性满足的生活。与从“美好生活”的抽象概念出发不同，马克思语境下的“美好生活”是历史的具体的，而且在不同的时空境遇下其外延的构成也不尽相同。以历

史逻辑来看，我们国家在制定“美好生活”的评判标准时，就遵循着以历史的发展的眼光因时因地制宜的原则。比如，在新中国成立初期，于人民群众而言，实现自由解放、吃饱穿暖就是美好生活。很显然，在这一历史时期人民的美好生活主要突出了生存性需要。在新时代，随着社会生产力的发展和物质资料的逐渐丰富，美好生活的内涵逐渐由生存性需要向发展性需要拓展。对于“新时代的美好生活”，习近平明确指出，“人民群众的需要呈现多样化多层次多方面的特点”①。人民需要的多样性体现为他们想要有更好的教育、想要有更稳定的工作、想要拥有更满意的收入、想要有更可靠的社会保障、想要享受更高水平的医疗卫生服务、想要拥有更舒适的居住条件、想要生活在更优美的环境中、想要拥有更丰富的精神文化生活。这说明了“新时代的美好生活”在某些民生方面的特定内涵，“八个更”从教育、就业、收入、社会保障、医疗服务、居住条件、生态环境和精神文化生活等方面指出了满足“新时代美好生活需要”的民生路径。

除民生视角之外，习近平还从民主、法治、公平、正义、安全、环境等方面对“新时代的美好生活”做了总体揭示：“人民美好生活需要日益广泛，不仅对物质文化生活提出了更高要求，而且在民主、法治、公平、正义、安全、环境等方面的要求日益增长”②。这说明“新时代的美好生活”不仅包括了“更高要求”的物质文化内容，还更加突出了民主权利、政治参与和社会发展评价、生态环境等方面的外延。尤其是“新时代的美好生活”的生态环境维度，习近平专门从人与自然和谐共生的现代化视角做了强调。他指出，“我们要建设的现代化是人与自然和谐共生的现代化，既要创造更多物质财富和精神财富以满足人民日益增长的美好生活需要，也要提供更多优质生态产品以满足人民日益增长的优美生态环境需要”③。他强调，我们不仅要创造更多的物质财富，也要创造更多的精神财富，还要创造更多的优质生态产品，满足人民的生态环境需要。除此之外，习近平还对人民的精神文化需要做了明确指

① 习近平．习近平谈治国理政：第2卷．北京：外文出版社，2017：61.

② 习近平．决胜全面建成小康社会 夺取新时代中国特色社会主义伟大胜利：在中国共产党第十九次全国代表大会上的报告．北京：人民出版社，2017：11.

③ 习近平．决胜全面建成小康社会 夺取新时代中国特色社会主义伟大胜利：在中国共产党第十九次全国代表大会上的报告．北京：人民出版社，2017：50.

示："满足人民过上美好生活的新期待，必须提供丰富的精神食粮。"① 在党的二十大报告中，习近平强调，"弘扬革命文化，传承中华优秀传统文化，满足人民日益增长的精神文化需求"②。这说明"新时代的美好生活"也内含着高质量的精神文化生活维度。从以上习近平关于"新时代的美好生活"论述来看，"新时代的美好生活"至少包括教育、就业、收入、社会保障、医疗服务、居住条件、生态环境、精神文化生活，以及民主、法治、公平、正义、安全等方面。

在厘清什么是"美好生活"和"新时代的美好生活"以后，我们就能更加清晰地把握新时代美好生活需要的基本内涵和特点。从一般意义上来讲，所谓"美好生活需要"，就是人们在特定时空下对美好生活的期待所产生的一种需求依赖关系。但在不同时空语境下，这种依赖关系对"满足物"的范围、层次和方面不尽相同。理解"美好生活需要"的特点要结合时代背景，从需要的广泛性、层次性、总体性深入阐释。第一，从需要的范围来看，"新时代美好生活需要"是广泛性的需要。习近平之所以指出人民群众的需要呈现多方面的特点，是因为"所谓必不可少的需要的范围，和满足这些需要的方式一样，本身是历史的产物"③。实际上，从民生优化到物质文化产品更加丰裕，不仅人民需要的对象的范围在不断扩大，而且需要的程度在不断加强。"新时代美好生活需要"既有"生成性需要"的范围的扩大，也有"既成性需要"的程度的加强。第二，从需要的层次来看，"新时代美好生活需要"是层次性的需要。历史地看，新中国成立 70 多年来，我国人民从突出吃饱穿暖的基本生存需要，到更高层级的精神文明需要，再到生活审美的需要的渐次提升，正是需要的层次性的鲜明体现。这正如马克思所言，"已经得到满足的第一个需要本身、满足需要的活动和已经获得的为满足需要而用的工具又引起新的需要"④。第三，从需要的方面来看，"新时代美好生活需要"是一种总体性的需要，不是单向度的需要。总体性的需要是人的自由全面发展的体现，是人的本质的积极确证。对此习近

---

① 习近平．决胜全面建成小康社会 夺取新时代中国特色社会主义伟大胜利：在中国共产党第十九次全国代表大会上的报告．北京：人民出版社，2017：43-44.

② 习近平．高举中国特色社会主义伟大旗帜 为全面建设社会主义现代化国家而团结奋斗：在中国共产党第二十次全国代表大会上的报告．北京：人民出版社，2022：43.

③ 马克思，恩格斯．马克思恩格斯选集：第 2 卷．3 版．北京：人民出版社，2012：165.

④ 马克思，恩格斯．马克思恩格斯选集：第 1 卷．3 版．北京：人民出版社，2012：159.

平有着深刻的认识："人，本质上就是文化的人，而不是'物化'的人；是能动的、全面的人，而不是僵化的、'单向度'的人。"① 所以从上述来看，新时代美好生活需要，不仅具有广泛性和层次性，而且具有总体性和超越性。

需要本身并不是凭空而来也不是凭空满足的。马克思主义从来不否定人的需要，但是反对无视规律、不合实际的主观欲求。他认为，"人类始终只提出自己能够解决的任务，因为只要仔细考察就可以发现，任务本身，只有在解决它的物质条件已经存在或者至少是在生成过程中的时候，才会产生"②。党的十九大报告把美好生活需要作为社会主要矛盾调整的关键依据，这一方面说明我们国家经过了40多年的快速发展，人们的物质文化需要已经初步得到满足，我们国家已经有信心完成满足人民对美好生活向往的需要的时代任务；另一方面也说明在新时代，我们国家满足人民美好生活需要的"物质条件已经存在或者至少是在生成过程中"了。

二、新时代美好生活需要的价值意蕴

"美好生活"是所有人类社会的共同价值追求。以历史逻辑来看，自鸦片战争以来，在中国没有哪个党派比中国共产党更能代表最广大人民的根本利益，也没有哪个党派比中国共产党更加注重满足人民群众的生活需要。我们从近代以来中国社会主要矛盾的历次变迁中可见一斑。进入新时代以来，习近平多次强调人民对美好生活的向往就是我们党的奋斗目标。这说明，新时代我们党和国家一以贯之地继承了中国共产党围绕人民革命建设、改革开放的优良价值传统。因此，从价值意蕴上把握"新时代美好生活需要"，既能充分理解中国共产党一以贯之的价值立场，也更容易把握习近平关于美好生活需要论述的现实关怀。

其一，新时代美好生活需要蕴含着中国共产党"立党为公、执政为民"的价值理念。马克思、恩格斯在《共产党宣言》中指出："过去的一切运动都是少数人的，或者为少数人谋利益的运动。无产阶级的运动是绝大多数人的，为绝大多数人谋利益的独立的运动。"③ 中国共产党

① 习近平．之江新语．杭州：浙江人民出版社，2007：150.

② 马克思，恩格斯．马克思恩格斯选集：第2卷．3版．北京：人民出版社，2012：3.

③ 马克思，恩格斯．马克思恩格斯文集：第2卷．北京：人民出版社，2009：42.

是为绝大多数人民谋幸福的政党，所坚持的事业就是人民的事业。作为无产阶级先锋队的中国共产党是为人民谋幸福的党，自诞生以来就把人民群众的利益写在了自己的旗帜上。新中国成立以来，我们党对社会主要矛盾的历次调整都是围绕着人民的需要进行的。从党的八大提出的“对于经济文化迅速发展的需要”到党的十一届六中全会提出的“人民日益增长的物质文化需要”，再到党的十九大提出的“美好生活需要”，都深刻体现了中国共产党秉承人民至上的价值取向。这不仅生动诠释了中国共产党全心全意为人民谋利益的人民立场，也证明了中国共产党带领全国人民搞建设、谋发展就是要将人民群众视为根本目的的价值取向。

其二，新时代美好生活需要蕴含着马克思主义的终极价值关怀。马克思主义是为所有人“创造生活条件”的理论，人的自由全面发展是马克思主义的终极关怀。人的发展和人类社会的发展处于同一进程，每个人的美好生活都必须放进具体的社会共同体中来实现。社会共同体是每个人美好生活的必然实现方式。在社会主义共同体里，“不仅可能保证一切社会成员有富足的和一天比一天充裕的物质生活，而且还可能保证他们的体力和智力获得充分的自由的发展和运用”①。马克思一向关注人的需要和人的发展。马克思指出，自由全面发展的人“就是需要有人的生命表现的完整性的人，在这样的人的身上，他自己的实现作为内在的必然性、作为需要而存在”②。在马克思主义看来，与动物不同，人的需要和人的本质都是在社会发展实践中生成和发展的，人要满足需要、实现发展就必须从事生产活动。在马克思看来，“动物只是在直接的肉体需要的支配下生产，而人甚至不受肉体需要的影响也进行生产，并且只有不受这种需要的影响才进行真正的生产”③。新时代美好生活需要的多样化、广泛性等特征正是马克思主义人的自由全面发展价值追求的生动体现。

其三，新时代美好生活需要蕴含着马克思主义公正共享的价值追求。马克思主义认为，历史活动是群众的活动，人民群众是物质财富和精神财富的创造主体，从而理所当然是发展成果的共享主体。马克思主义的理论诉求就是要在人间建立公平正义、共建共享的理想社会，实现

---

① 马克思，恩格斯．马克思恩格斯全集：第26卷．2版．北京：人民出版社，2014：300.

② 马克思，恩格斯．马克思恩格斯文集：第1卷．北京：人民出版社，2009：194.

③ 马克思，恩格斯．马克思恩格斯选集：第1卷．3版．北京：人民出版社，2012：57.

人民幸福。马克思本人一贯反对剥削，主张人人自由平等，他坚决反对资产阶级维护自身阶级利益的虚假性、欺骗性的公正共享，认为只有在自由人联合体内才能实现真正的公正共享。恩格斯也曾明确主张，应当“结束牺牲一些人的利益来满足另一些人的需要的状况”，使“所有人共同享受大家创造出来的福利”①，以便每个人都能自由地发展他们的本性。“新时代美好生活需要”对公平正义提出的更高要求，反映了中国特色社会主义本质所在，体现了中国共产党人对公平正义的不懈追求。

其四，新时代美好生活需要蕴含着人与自然和谐发展的伦理指向。新时代美好生活需要内在地蕴含着对美好环境的需要。人与自然和谐发展是马克思主义自然观的基本主张。马克思主义自然观告诉我们，利用自然的前提是尊重自然及其规律，不能像统治一个民族一样去支配自然界。改革开放 40 多年来，一些地方靠牺牲环境换取经济增长的代价是巨大的：空气污染、水资源污染、耕地面积锐减、人居环境恶化等后果严重制约了可持续发展。正如恩格斯所告诫的那样：“我们不要过分陶醉于我们人类对自然界的胜利。对于每一次这样的胜利，自然界都对我们进行报复。每一次胜利，起初确实取得了我们预期的结果，但是往后和再往后却发生完全不同的、出乎预料的影响，常常把最初的结果又消除了。”② 新时代，人民的环保意识逐渐提高，对空间质量、居住环境的要求越来越高，对宁静美丽和谐的生态环境的诉求越来越强烈。这说明生态环境建设已经成了人民群众关注的核心问题之一。党的十九大报告把生态环境作为满足人民美好生活需要的一个关键因素，既体现出了新时代中国特色社会主义建设的生态伦理关怀，又坚持了运用马克思主义自然观解决中国当代问题的科学方法论。

党中央提出的满足人民群众的新时代美好生活需要既是针对新时代社会主要矛盾转化的重要理念，也是衡量中国社会发展水平的关键标尺。由以上新时代美好生活需要的价值意蕴来看，新时代社会主要矛盾的转化和新时代美好生活需要的提出，不仅在理论上体现了马克思主义人民性的价值指向和解放人、发展人的人学关怀，而且在实践上反映了人民物质文化生活水平的提高和人民群众对新时代实现社会发展的新期待。

---

① 马克思，恩格斯．马克思恩格斯选集：第 1 卷．3 版．北京：人民出版社，2012：308.

② 马克思，恩格斯．马克思恩格斯全集：第 26 卷．2 版．北京：人民出版社，2014：769.

三、满足新时代美好生活需要的实践路径

按照习近平关于满足新时代美好生活需要论述的文本原意，满足新时代美好生活需要的基本路径内含着“主动作为”和“问题导向”两重实践逻辑。“主动作为”是指从正面出发，抓住满足“新时代美好生活需要”的主动性，正面创造条件、解决问题。“问题导向”是指要看到满足新时代美好生活需要的制约因素和问题，找到相应的原因，提出相应的化解之策。事实上，就满足新时代美好生活需要而言，习近平在两个方面都做了详细论述。从“主动作为”方面来看，习近平在党的十九大报告中指出，“人民美好生活需要日益广泛，不仅对物质文化生活提出了更高要求，而且在民主、法治、公平、正义、安全、环境等方面的要求日益增长”①。在马克思看来，“由社会全体成员组成的共同联合体来共同地和有计划地利用生产力；把生产发展到能够满足所有人的需要的规模；结束牺牲一些人的利益来满足另一些人的需要的状况……所有人共同享受大家创造出来的福利，通过城乡的融合，使社会全体成员的才能得到全面发展”②。这说明解决好“人民美好生活需要日益广泛”的问题，就在于解决好“对物质文化生活提出了更高要求”和“在民主、法治、公平、正义、安全、环境等方面的要求日益增长”的问题。从人民群众的“物质文化需要”到人民群众“对物质文化生活提出了更高要求”，再到“在民主、法治、公平、正义、安全、环境等方面的要求日益增长”，不仅说明了人的需要的历史性和发展性，而且意味着进入新时代后人民群众对社会发展又有了新期待。所以满足新时代美好生活需要必须从解决好“更高要求”和“日益增长”两个问题出发：一是要继续创造更加丰裕的物质文化产品来满足人民的更高要求。二是不断完善民主、法治、公平、正义、安全、环境等来满足人民的更高要求。

对于解决“对物质文化生活提出了更高要求”的问题，首先要搞清楚什么是“更高要求”。习近平对“更高要求”的论述具有两层含义：其一，是对物质文化生活“数量更高”的要求。从现实逻辑来看，中国

---

① 习近平．决胜全面建成小康社会 夺取新时代中国特色社会主义伟大胜利：在中国共产党第十九次全国代表大会上的报告．北京：人民出版社，2017：11.

② 马克思，恩格斯．马克思恩格斯选集：第 1 卷．3 版．北京：人民出版社，2012：308－309.

虽然经历了40多年的高速发展，已经创造了丰富的物质文化产品，如今国内生产总值高居世界第二位，但是仍然处在社会主义初级阶段，基本国情没有变，仍然是最大的发展中国家。由于中国的人口基数大，消耗能力强，这些物质文化产品分到每一个人身上后就显得匮乏了。所以，人民对物质文化生活提出了“数量更高”的要求仍是符合我国基本国情的。其二，是对物质文化生活“质量更高”的要求。历史地看，党的十一届六中全会指出，在社会主义改造基本完成以后，我国所要解决的社会主要矛盾是人民日益增长的物质文化需要同落后的社会生产之间的矛盾。在这一历史时期，人民还处在满足生存需要的阶段。但经过40多年高速发展，我国的社会生产能力已经今非昔比，人们生活质量的提高必然带来对物质文化产品的更高质量需求。总的来说，在“数量更高”的问题上，满足的是“数量匮乏”的问题，在“质量更高”的问题上，满足的是“质量匮乏”的问题。

弄清楚“更高要求”的准确内涵之后，解决“对物质文化生活提出了更高要求”的问题，实际上归根结底是要解决物质文化生活的“数量匮乏”和“质量匮乏”问题。其一，对于物质文化生活“数量匮乏”问题，我们仍要一心一意谋发展，全心全意搞建设，深化供给侧结构性改革，充分提供物质文化产品。要牢记以经济建设为中心大力发展生产力仍是解决问题的最根本途径。通过大力发展生产力不断创造更加丰裕的物质文化产品，不断做大做实人民共享的“蛋糕”，解决好“有得分、分得实”的问题。要积极提升物质文化产品的生产能力，更新生产工具，提升生产效率，优化生产管理体系，不断丰富物质文化产品的供给。其二，对于物质文化生活“质量匮乏”问题，我们要数量质量两手都抓，不仅要把“蛋糕”做大做实，还要把“蛋糕”做得“色香味俱全”。在对待物质产品质量上，我们不能“唯GDP是从”，要数量不要质量；既要保证产品的数量越来越充足，也要保证产品越来越精良。在文化产品质量上，要保证文化产品越来越丰富，品位风格越来越高尚，不断推动文化产品从高速度增长向高质量发展进行深化转型。文化产品要彰显主流价值精神，不能流于虚幻轻浮，过度娱乐化，我们要围绕人民的精神需要打造文化产品。

对于解决“在民主、法治、公平、正义、安全、环境等方面的要求日益增长”的问题，同样要先搞清楚这个问题的实质是什么。在我们看来，就问题的实质而言，人民的物质文化需要体现了我国的社会发展水平整体上还处在人的生存性需要阶段。在这一阶段，着重解决的是人们基本的“生存性问题”。而“在民主、法治、公平、正义、安全、环境等方面的要求日益增长”这一问题，实质上偏重解决的是人的“发展性问题”。人的“发展性问题”相比人的“生存性问题”是更高层次的问题。历史地看，人的发展性需要是人的生存性需要发展演进的必然结果。目前我们应该更加关注人民群众的“发展性需要”。

首先，要完善民主和法治建设，不断提升人民的民主政治参与感、公平正义获得感，以及对法治建设的满意度。一方面，“没有民主就没有社会主义”。中国人民从不过问政治到积极关心和参与政治的变化，说明了随着我国社会发展，人民群众的主体性意识以及对政治建设的参与积极性在增强。党和政府要科学引导人民群众有序参与民主政治建设，保证他们的参与权、知情权和表决权。另一方面，社会主义民主和社会主义法治又是分不开的。人民对公平正义的获得感，以及对法治建设的满意度，必须依靠贯彻落实党中央的全面依法治国战略来提升。如习近平所指出，“全面依法治国，必须紧紧围绕保障和促进社会公平正义来进行。公平正义是我们党追求的一个非常崇高的价值，全心全意为人民服务的宗旨决定了我们必须追求公平正义，保护人民权益、伸张正义”①。从习近平的这段论述来看，推动建设社会主义民主法治国家必须全面依法治国。

其次，要建立健全更加安全可靠的社会保障体系，不断增强人民群众的安全感。安全问题是最大的民生问题，没有安全就谈不上搞好各项建设。在新时代，增强人民群众的安全感，可以从以下几个方面进行：一要着手解决好人民群众身边最关心的生活保障问题。多谋民生之利、多解民生之忧，补齐民生短板。二要着手解决好人民群众身边的社会治安问题。加大扫黑除恶力度，坚持有恶必除，除恶务净，建设安全有序的社会治安环境，创立社会治理方式，加强社会风险管控，保证人民群众安居乐业。三要着手解决好人民群众担心的民族安危、国防安全问题。要不断提升经济实力和国防力量，保障祖国繁荣稳定安宁，增强人民群众的民族自豪感和国防安全感，让中国人民不论何时何地都能感受

① 习近平．习近平谈治国理政：第2卷．北京：外文出版社，2017：129.

到祖国的关怀和保护。

最后，要加大生态建设力度，建设更加优美的生态环境。生态之美是生活之美的内在要求。党的十九大报告把人民对生态环境的需要作为社会主要矛盾转化的关键因素之一，这说明随着人民群众对美好生态环境的要求不断提升，我们党也把生态环境建设提到了一个前所未有的新高度。在新时代，解决好人民关心的生态问题，建设更加优美的生活环境，可以从以下几个方面进行：一要当成政治任务来抓。生态环境建设是关系党的初心使命的政治问题，各级党和政府要坚决担负起生态环境建设的政治责任，要把生态环境建设看成实现可持续发展的根本大计。二要当成战斗任务来抓。要主动打好污染防治攻坚战，树立人与自然和谐共生的发展理念，遵从自然本身的发展规律，建立健全相关法律制度，提高环境治理水平。三要当成民生任务来抓。习近平曾指出，“环境就是民生，青山就是美丽，蓝天也是幸福”①。生态环境建设是广大人民群众关心的重大民生问题，要积极回应人民群众的生态环境建设诉求。

以上是从“主动作为”的一面对满足新时代美好生活需要做的分析。从“问题导向”一面着手解决问题，要找出发展的制约性因素，有的放矢地采取应对措施。对于满足“新时代美好生活需要”的“制约性因素”，正如习近平在党的十九大报告中所指出的：“我国社会生产力水平总体上显著提高，社会生产能力在很多方面进入世界前列，更加突出的问题是发展不平衡不充分，这已经成为满足人民日益增长的美好生活需要的主要制约因素。”② 习近平的此番论述告诉我们，要满足人民日益增长的美好生活需要，就必须克服“发展不平衡不充分”的“限制性问题”。

对于这个“限制性问题”的解决，要先厘清“发展不平衡不充分”问题的实质是什么。国内有学者基于经济学的需求与供给理论认为，“发展不平衡不充分”问题是指相对于美好生活需要而言供给还不充分，形成需求侧与供给侧的不平衡。也有学者结合相关具体表现，把“发展不平衡不充分”解读为发展质量和效益还不高，民生方面面临不少难

① 习近平．习近平谈治国理政：第 2 卷．北京：外文出版社，2017：209.

② 习近平．决胜全面建成小康社会 夺取新时代中国特色社会主义伟大胜利：在中国共产党第十九次全国代表大会上的报告．北京：人民出版社，2017：11.

题。还有学者把“发展不平衡不充分”解读为区域和城乡发展不平衡、收入不平衡，落后地区发展不充分，生产力不平衡，还存在落后的生产力，等等。在我们看来，“发展不平衡不充分”问题的实质是“发展性问题”，而不是简单的“供需性问题”。事实上，党的十九大报告用“发展不平衡不充分”而不用“供给不平衡不充分”表述这一制约性因素是有深刻道理的。就“发展不平衡”而言，主要是指城乡发展不平衡、区域发展不平衡和城乡居民收入差距较大。而“发展不充分”主要是指“发展质量和效益还不高，创新能力不够强，实体经济水平有待提高，生态环境保护任重道远”①。很显然，发展不平衡不充分依然是发展问题，发展的问题依然要用发展去解决。所以按照这一逻辑，我们要坚定不移贯彻新发展理念，统筹推进“五位一体”总体布局，在继续推动发展的基础上，大力提升发展质量和效益。

首先，依靠协调发展和共享发展解决发展不平衡问题。协调发展是解决发展不平衡问题的针对性发展理念。协调发展是指发展的和谐性、统筹性和均衡性。它强调发展必须是兼顾的、对称的和平衡的，各方要统筹规划、同步实施、协同发展。共享发展强调全民共享、全面共享、共建共享，在公平共享发展成果时“一个都不能少”。其一，对于破解城乡之间的不平衡的发展难题，必须坚持城乡一体化发展，破除城乡二元化体制障碍；要把工业与农业、城市与农村、市民与农民视为统一整体，统筹谋划、综合研究，实现以工促农、以乡助城、以城带乡协同发展局面。其二，对于解决区域发展不平衡问题，要协调推动西部大开发、东北振兴、中部崛起、京津冀协同发展、长江经济带发展等重大发展战略；大力解决地区经济发展潜力悬殊、区域发展分化、发展空间挤压或发展掣肘和虹吸效应等协同发展的制约因素。其三，对于解决居民收入不平衡问题，现阶段我国城乡居民收入水平差距大的问题是限制城乡协调发展的一个重要因素，各级党和政府要想方设法扩大农村居民收入来源，调整农村产业结构，挖掘农村内部增收潜力；帮助农民转换思想，积极培育现代农民意识，加强科技供给，加大农村产业帮扶力度；加大农民增收创收的保护力度，完善农村居民的医疗卫生等相关社会保障制度。

① 习近平．决胜全面建成小康社会 夺取新时代中国特色社会主义伟大胜利：在中国共产党第十九次全国代表大会上的报告．北京：人民出版社，2017：9.

其次，依靠创新发展、开放发展、绿色发展解决发展不充分问题。如前文所述，目前我国的“发展不充分问题”突出表现为“发展质量和效益还不高，创新能力不够强，实体经济水平有待提高，生态环境保护任重道远”①。其一，对于解决“发展质量和效益还不高，创新能力不够强”的问题，我们要依靠创新发展提升发展动力，加大科技投入力度，提升发展的科技含量，优化发展结构，转变发展方式，以科学技术创新培育新的发展动力和竞争优势；依靠开放发展持续推动建设发展开放型经济，在对外合作中整合国内发展格局，可借鉴国外的发展技术、管理经验、资金投入和信息共享来推动国内经济产业升级优化，逐步改善发展资金短缺、发展技术落后、发展经验不足和发展效益不佳等问题。其二，对于解决“实体经济水平有待提高”的问题，要坚持以习近平经济思想为指导，持续完善社会主义市场经济体制；要以创新发展加快发展先进制造业，加大培育创新型人才力度，打造助力实体经济发展的人力资源优势，推动我国由“制造大国”向“制造强国”发展；要以开放发展培育实体经济的国际竞争力，抢先发展高科技产业，培育战略性新兴产业；要优化发展制度环境，深化“放管服”改革，优化存量资源配置，扩大优质增量资源供给；要持续推动产业结构优化升级。其三，对于解决“生态环境保护任重道远”的问题，贯彻落实绿色发展理念，以“靶向思维”解决紧迫性、尖锐性问题；通过建立健全相应法律法规为加大生态系统保护提供法律保障；大力修复生态系统，筑牢自然生态屏障，确保生态环境的健康良性运转；通过改革完善生态环境的监管体制机制，坚决制止和惩处破坏生态建设的非法行为。

所以，习近平关于新时代美好生活需要的论述既有着特定的理论内涵，也有着具体的实践指向。理解和阐释习近平关于“新时代美好生活需要”的论述，要严格遵循文本原意，既不能脱离理论原本凭空解读，也不能绕开具体实践自行建构。习近平关于新时代美好生活需要的论述，体现了中国共产党一以贯之的人民性价值立场。从习近平关于新时代美好生活需要的论述来看，满足新时代美好生活需要具有双重实践逻辑，即从“主动作为”和“问题导向”两个方面协同实现。从“主动作为”来看，我们要下好“先手棋”，完善民主和法治建设；建立健全更

---

① 习近平．决胜全面建成小康社会 夺取新时代中国特色社会主义伟大胜利：在中国共产党第十九次全国代表大会上的报告．北京：人民出版社，2017：9.

加安全可靠的社会保障体系；加大生态建设力度，建设更加优美的生态环境。从“问题导向”来看，主要是面向具体制约性因素，依靠协调发展和共享发展解决发展不平衡问题，依靠创新发展、开放发展、绿色发展解决发展不充分问题。

第三节　全球视野下人类需要的重建

全球新冠疫情对人类社会造成了巨大的冲击。无论是感染人数还是死亡人数，都达到了令人吃惊的规模，给人们带来的重创是极为震撼的。经过疫情的创伤和洗礼，人类在经受悲痛的同时，必然要对既有需要价值观念和日常生活方式进行批判性反思与建设性重构。在笔者看来，在马克思需要理论的视域下，我们有必要从以下几个维度进行反思：其一，从价值观念视角反思由消费主义、加速主义、充欲主义催生的“需要主义”的价值局限和现实危害。其二，从生命政治视角反思在疫情面前什么是人类真正需要的；在疫情面前，对自由的需要与对生命的需要，哪个是“首要需要”。其三，从制度伦理视角反思在应对疫情时，哪种社会制度在满足人民的需要时是最有效的。其四，从人类意识视角反思如何平衡好人类的共性需要与民族的殊性需要。对这些重大问题的反思，是后疫情时代人类重建需要观念的必要前提。

一、价值观念反思：“需要主义”的价值局限和现实危害

需要作为与人类生存和发展关系极其密切的关键范畴，在新冠疫情的冲击下，开始逐渐成为全球思想家反思的主要对象之一。毋庸置疑的是，当今人类社会在追求和满足需要的问题上，普遍遭遇着“需要主义”瓶颈。虽然“需要主义”并未作为一个专业术语而引起全球学界的足够注意，但是不得不直接指出的是，人类社会正面临着由消费主义、加速主义、充欲主义催生的“需要主义”价值观念滥觞和生态环境危机的现实。面对着需要的不可持续性危机，越来越多的学者开始主张从价值观念上反思人类需要的可持续性。正如科尔曼所认为的，如果人类不从价值观念上进行反思，那么人类社会发展的可持续性就将沦为空谈。他提出必须以一种保护自然的可持续发展模式来实现人类与自然的和谐

相处，要以人与自然和谐共生的价值观，来替代这个对自然环境破坏成性、权欲熏心之社会的价值观①。

虽然，“需要主义”的价值观念在当代社会的滥觞自有其复杂的思想文化土壤，但是可以肯定的是，后工业社会下消费主义、加速主义、充欲主义就是“需要主义”滋生和生长的主要文化“帮凶”。首先，就消费主义而言，消费的目的不是满足实际需求，而是不断追求被制造出来、被刺激起来的欲望的满足②。在消费主义看来，“无物不可以被消费”，“我消费故我在”。消费主义的蔓延势必对人的需要观念造成难以抵御的冲击。消费主义也有其生发的深厚哲学土壤。消费主义的背后是西方根深蒂固的思想传统。在西方思想史上，人作为唯一的“理性动物”，其使命就是以不断的超越性来实现对自然的认知、征服和宰制，让自然成为满足自己感官需求的工具。这种思想表现在生产、消费领域，就催生了“消费主义”的价值观念。在这种价值观念的触发下，人们很容易把需要极端化，走向失去理智的“需要主义”。其次，就加速主义而言，其对时间性的崇拜，造成了时间对空间的挤压。在这种状况下，“一切都越来越快”，人们像陀螺一样被需要牵引着加速生产和消费，淹没在满足需要的过程中。在快节奏的生活生产推动下，人们鲜有时间去追问为什么满足需要以及满足需要的体验如何。除了一直在生成和满足需要外，人们对自己的生存状况漠不关心，大多数人一直处在追求需要的满足的混沌状态中。需要的本真意义被遮蔽，而需要的快速满足成了唯一的诉求。在对需要的无限制的加速满足诉求中，人们失去了理智，进而滑向“需要主义”的深渊。最后，就充欲主义而言，在后工业社会下，在媒体媒介不断的激发下，人们的占有欲和享受欲不断滋长，导致人们的价值观念从奉献精神转向了个人主义的自私化。研究“他律性欲望主义”的学者佐藤毅认为，人们过于在乎物质欲望的满足，而忘却更高价值的奉献精神就是典型的充欲主义。在他看来，现代媒介用各种诱惑性手段把物质商品的占有意识强加给人们，使人们在物质主义意识形态的渲染下，逐渐丧失了理性的消费意识和逻辑思维，沦为只重满足欲的“感觉人”。这种充欲主义构成了现代人需要迷失的又一文化因素。从以上“需要主义”的文化土壤来看，消费主义、加速主义、

① 科尔曼．生态政治．上海：上海译文出版社，2006：193－194.

② 鲍德里亚．消费社会．南京：南京大学出版社，2000：5.

充欲主义无疑赋予了“需要主义”以下几个共性特征：

其一，需要意识的非理智化。作为需要的主体的人，在面对外界的物欲刺激时，已经部分地丧失了理性思考的能力。他们往往被商品和媒介牵着走，人的主体意识显然弱化。其二，需要满足的非价值化。在“需要主义”的催动和牵引下，人们缺失了对满足需要的价值和意义的思考。在物质商品面前，他们为占有而占有，而不是为需要而占有。其三，需要满足的非道德化。在“需要主义”的逻辑下，无论是价值理性还是工具理性，都陷入了非道德化处境。人们由于自私的占有欲的蛊惑，在对满足别人的需要上，选择了事不关己高高挂起的心态。有些极端的利己主义者，甚至为了一己之利而不择手段，不惜在道德和法律上一再退让，甚至跌入道德虚无主义的深渊。需要满足的非道德化，体现在人与人的关系上，是人与人关系的紧张和异化；体现在人与自然的关系上，势必导致生态环境的破坏。其四，需要的转欲望化。需要和欲望原本存在着明显的理性意识的边界。需要原本是合理的欲望，是合理的人类诉求和促进人自由全面发展的积极性力量，但是在“需要主义”语境下，人们已经在无形中把需要“去理性化”，取而代之的是只重感官享受的物欲意识。其五，需要满足的非美学化。虽然在“需要主义”的逻辑下，人们需要满足的效率和节奏在不断加速发展，但是人们在满足需要的过程中，缺少了需要的审美感受。不再像正常状况下那样，人们在满足需要的过程中，能收获喜悦和快乐，取而代之的是满足需要的焦灼与无意义感。

“需要主义”的价值观念是贻害无穷的。“需要主义”的催生是资本逻辑运演的必然结果。它不仅让人类社会的道德伦理退化、审美意义缺失，也会使人们陷入虚无主义的焦灼。不得不说，在现代人满足需要的方式已经被极端地“需要主义”化。在笔者看来，马克思的需要理论在克服“需要主义”上，依然具有鲜明的理论解释力和现实的应用价值。尤其是在后疫情时代，当人们从需要的迷蒙中警醒的时候，必须重审反思“需要主义”的价值观念，以期探索一条人类需要的优化道路，从而在人类文明的演进中开创一条“优需”之路。在笔者看来，从马克思的需要理论着手进行深入反思是很有必要的。

首先，马克思的需要理论从来不反对人的需要及其满足，相反，它认为人正是在满足需要的过程中实现自己的本质力量的确证的。需要指出的是，马克思虽然不反对需要，但是不赞成把“需要”绝对化，走向极端的“需要主义”。其次，马克思的需要理论中的需要，不仅具有认识上的合理性，也具有道德上的合理性。前者的合理性是指马克思在讲求需要的满足时，强调必须按照规律行事。后者的合理性是指马克思强调在满足需要的过程和结果上，必须遵循实践理性（道德法则），坚持工具理性和价值理性相统一。再次，马克思的需要理论不仅重视长远需要的满足，也重视阶段性需要的满足；既重视需要的长远理想追求，也重视阶段性满足的成就感。换言之，马克思的需要理论在需要的满足方法论上，坚持历时性和共时性相统一的科学方法论。事实上，也只有在马克思的需要理论指导下，人们才能克服在需要得不到满足时产生的焦虑，在需要得到满足时滋生的空虚和无聊。最后，马克思的需要理论内蕴着“需要美学”。在马克思的需要理论看来，任何需要的满足既要有需要的结果的成就感，也要有过程中的快适感。只重视结果的满足，不重视过程中的感受，这是一种典型的结果主义。相反，只重视过程中的快乐，不重视结果的满足，又会走向过程主义。从以上几点看来，在后疫情时代，马克思的需要理论对“需要主义”不良价值观念的克服和修正具有很强的理论阐释力和现实指导性。

二、何谓“首要需要”：生命政治视域下人的生命与自由

在新冠疫情中，由于价值观念的不同，各国在防控疫情中出现了严重分歧。以美国为代表的西方国家认为，在新冠疫情面前，自由仍然是第一位的。他们的价值观念很鲜明：在任何情况下，“不自由、毋宁死”。在这种价值观念里，对自由的需要理所当然地成了“首要需要”。这是典型的西方自由主义价值观。以中国为代表的社会主义国家认为生命至上，生命权大于自由权，没有生命就谈不上自由。因而，对生命的需要就成了“首要需要”。在疫情期间，到底首选自由权还是生命权，不仅在国家与国家之间，而且在各国民众之间，都引起了激烈的论争。在全世界人民为疫情忧心忡忡时，以美国为代表的自由主义戴着有色眼镜对中国的“封控”“强制戴口罩”“隔离”等措施做妖魔化报道和攻击。他们认为中国的上述做法是对公民人身自由权利的侵害。然而，在中国的价值逻辑下，生命权远在自由权之上。如果连人民的生命都保护不了，还谈何保护人民的自由权利。而且，在中国政府看来，中国的做

法不是为了限制人民的自由，相反是为了实现更大程度的自由。在中国的自由观逻辑下，在任何时候，个人的自由实现都不能损害他人和集体的自由。中国“限制”人民的自由，实际上是在保护自由。中国的自由是集体主义的自由，而美国的自由主义是个人主义的自由。美国对自由的放任，会在疫情防控上受到惩罚。自由不能否定生命。事实证明，这场争论随着中国疫情防控取得巨大成功，西方疫情防控失控而告一段落。

除了国家与国家的意识形态争论外，关于“自由第一”还是“生命至上”的问题，在西方哲学界也引起了激烈讨论。他们基于生命政治视角，围绕着生命与自由，对政府在疫情防控中的做法进行了反思。然而观点的对立同样也是不可调和的。意大利哲学家吉奥乔·阿甘本（Giorgio Agamben）连续发表多篇声明，对意大利政府的“封城”举措表示质疑和抗议。阿甘本明确表示：政府高估了新冠疫情，这种高估已经让政府和社会治理疫情的举措失当。这些措施让人们陷入了社交障碍和“无限制控制”状态，人们必须进行坚决抗议。阿甘本认为，即使在当代的一些民主国家，政府和社会也会故意制造出所谓的长期的紧急状态。在他看来，正是人们对这种恒久危机状态的习惯性适应，导致了他们无法意识到自己的生活已经被严格限制了，这种限制不仅体现在政治生活上，还体现在人本身应有的生活上。阿甘本认为，人们为了存活，放弃了太多的权利，人们已经“忘记政治”。疫情正当时，阿甘本的观点引起了学界一些思想家的激烈反对，其生命政治论的相关理论在学界遭遇到了前所未有的挑战。反对者认为在疫情面前，阿甘本对个体性自由的盲目追求，严重低估了疫情的风险。以达凯斯为代表的反对者认为阿甘本无视疫情风险，而且忽视了一个流行病学事实，即所有人都成了新冠病毒加倍传染的推进者。有人更是指责他“已经堕落为偏执狂”。他们认为在病毒大流行时期，人们之间的互相触碰、礼节性的拥抱和贴面，都不再是真正需要的社会关系，也不再是真正需要的“交往自由”。在他们看来，只有建基于科学逻辑的医学判断，才能真正做到对每个人的关照。阿甘本把政府防控疫情的举措视为“权力的扩张”，事实上是把医学政治化，把疫情虚拟化了。

阿甘本在疫情防控期间对个人自由的盲目推崇，既和他对法西斯主义的集权认识有关，也和他的自由主义信仰有关。不得不说，阿甘本的观点虽然荒诞无益，但是在西方国家的民众中仍然具有强大的理论市场。特朗普在疫情失控的状况下，依然没有强制美国公民戴口罩，尽管这是阻断疫情传播的必要措施。而疫情当头，西方一些国家的民众依然选择不采取任何防控措施在街头我行我素。然而面对疫情危害的逐步加深，一些原本持极端自由主义立场的国家也不得不“封国封城”。这说明，在疫情面前，西方民众对自由主义的信仰并没有像超越生命那样坚定。尽管还有一部分人把疫情流行归咎于不确定的灾难，而不是政府的不作为，但是人数随着疫情的持续恶化在逐渐减少。实际上，阿甘本的自由主义信仰和特朗普对疫情的不作为具有同等性质。民主党人指责特朗普政府在应对疫情上非常不负责，即使面对疫情破纪录地狂飙，特朗普政府也没有从公共性视角出发，强迫美国个人为疫情做出牺牲。如批评者认为，特朗普对个人自由的盲目崇拜，是在拿人民的生命健康当儿戏。

如果我们从马克思主义自由理论立场来看，那么无论是作为哲学家的阿甘本，还是作为政治家的特朗普，都存在着共同缺陷，即把自由抽象化、个体化。在马克思主义自由理论看来，自由从来都是历史的具体的，从抽象出发谈论公民的个体自由权利，那只能是关于自由的幻象。而且，阿甘本和特朗普对个体性自由的过分强调，实际上是在侵犯集体性（公共性）自由基础上，反过来对个体性自由的侵害。这就是自由主义个人主义原子化自由观的一个内在悖论。但是，疫情面前个人原子化自由与人们的共生性自由相比，显然是次重要的。阿甘本多次声讨政府的隔离措施让意大利公民失去了发展社会关系的自由，在这种状况下，人们之间的联系被人为地划界隔绝，导致了公民的人性和政治参与都受到了危害。阿甘本的上述观点表面上看似与马克思的相关论述有着异曲同工之处，即把人的本质放进社会关系中去考察，但是，如果不考虑具体情况和具体问题，仅把人的社会性需要进行抽象化理解，不仅在理论上与马克思相悖，而且在疫情防控实践上也是十分有害的。

笔者以为，实际上关于生命是“首要需要”，还是自由是“首要需要”这一问题，马克思关于需要的层次学说已经做了详细的论述。在马克思的需要理论看来，任何人都有对生命和自由的需要。在马克思的需要理论里，对生命的需要和对自由的需要并不是截然对立的，相反它们是人的需要的不同层次和不同发展阶段的具体体现。按照马克思的理解，人的需要可以分为两大类：一种是人的生存性需要，另一种是人的发展性需要。人的生存性需要是人的第一需要，如果人不能够生存下来，那么他就什么也不能做。人的发展性需要是在人的生存性需要的基础上发展而来的需要。按照马克思关于需要的层次学说来看，人对生命的需要就属于人的生存性需要，而人对自由的需要则属于人的发展性需要。显而易见，人对生命的需要就是人的“首要需要”，对自由的需要则是在保证生命存活的基础上发展出来的需要。至此我们不难发现，人在任何时候都必须保证生命的存活和延续，因而对生命的需要必然就成了“首要需要”。而中国政府秉持人民至上和生命至上的理念抗击新冠疫情，正是马克思需要理论的鲜明体现。中国政府防控疫情的努力，不仅在理论上是有深刻依据的，而且在现实的实践中也是成功的。在后疫情时代，人们必须对此做深入反思。

三、“先救人”还是“先救经济”：需要差异的制度反思

针对新冠疫情的防控，人们争论颇为激烈的另一个话题就是，在疫情大流行时，什么样的社会制度才是保证人民需要的最优选择。世人围绕这个问题进行了激烈论证。其中，以美国为代表的西方国家戴着有色眼镜攻击中国制度，除了抹黑中国制度不自由、不民主之外，还炮制各种虚假新闻和消息，抹黑中国政府在疫情防控上侵犯了百姓的人权需要。持这些观点的人中，美国前国务卿蓬佩奥就是一个典型代表。面对西方国家的指摘，中国一方面给予了严厉回击，另一方面专心做自己的事情，迅速把疫情控制在了可控范围之内。尽管蓬佩奥之流对中国的制度进行攻击，但是稍有见地的国家媒体和学者不得不承认，在中国共产党的领导下，中国人民不仅取得了独一无二的抗疫成绩，而且保证了中国经济的逆势正增长，中国成了 2020 年世界上保持经济正增长的主要经济体之一，不仅保证了中国人民的生命健康需要，也较好地保证了人民群众的物质文化需要。西方知名学者马丁·雅克在反思西方国家应对疫情失败的原因时指出，新冠疫情见证了西方国家所面临的政府治理危机、社会危机和文化危机。中国以及其他东亚国家能够取得抗疫的巨大成就，主要源于三个方面：“能干且有策略的政府；人民对政府和权威的尊重；对社会的责任感，而不是自私的个人主义。”①

---

①　英国学者马丁·雅克：西方的疫情应对失败了.（2020-12-23). http://m.news.cctv.com/2020/12/23/ARTIxvznsDUXiE6XwfLz1OWZ201223.shtml.

不得不承认，马丁·雅克对西方国家的批评和对中国等东亚国家抗疫成绩的肯定性总结，是颇有道理的。为了说明马丁·雅克的系统性批判和总结，我们不妨对比一下中美两国政府在疫情防控上的基本原则和现实举措，通过对比就能发现个中端倪。从美国方面来看，美国政府为美国人民做了什么？在全世界人民需要共度时艰的时候，美国政府单方面宣布退出世界卫生组织，原因极度荒唐可笑。在举国抗疫正酣时，特朗普又对外宣称疫情不可怕，可以走群体免疫道路。在疫情最为吃紧的时候，特朗普首先想到的是“重启经济”。特朗普主义的逻辑是，只要保证经济的平稳重启，美国人民就不至于失业；美国人民不失业，就能保证美国人民的生存需要；如果经济一直处于瘫痪状态，那么美国人民将会因为领不到工资而无法生存。所以在特朗普看来，“重启经济”是第一位的。从中国方面来看，面对疫情的迅速扩散，一方面，中国政府和联合国、世界卫生组织保持密切的沟通和联系，本着对本国人民负责、对世界人民负责的态度，实时发布疫情消息；另一方面，在中国共产党的领导下，中国迅速建立集中统一领导体制，把人民至上、生命至上作为疫情防控的根本出发点。在中国各级政府的逻辑里，人民群众的生命健康是第一位的。满足人民群众的生命健康需要是保证经济社会发展的基本前提。只有人民群众的生命健康有保证了，经济社会发展才有希望。没有人民的生命健康，经济不仅不会好转，而且会逐渐恶化。

通过对比中美两国的抗疫我们发现，中美两国之所以在抗疫成就上差异如此巨大，一个关键原因就是在“先救人民，还是先救经济”这个问题上，中美两国形成强烈反差。中国的态度很明确，用八个字概括就是“人民至上、生命至上”。美国的态度也很鲜明：通过重启经济救助人民。中美两国之所以会在这个问题上形成强烈反差，根本原因就在于中美两国的制度差异。在资本主义制度下，统治者的一切工作从来都是“以资本为中心”，为维护资产阶级的利益服务的。说到底，美国政府只不过是资产阶级的利益代表。他们在制定政策时，不可能以普通人民的利益为第一出发点。资本逻辑下他们的利益诉求很明显：实现资本的无限增殖，满足资产阶级的利己需要。特朗普政府为了先救经济，置人民的生命健康需要于不顾，就是这个逻辑的鲜明体现。在社会主义制度下，任何工作的出发点都是人民，在任何时候，都是“以人民为中心”，服务于人民群众的根本利益的。在社会主义制度下，发展经济不是目的，因为发展经济只是满足人民群众的物质生活需要的手段。中国政府在抗疫过程中，冒着经济瘫痪风险，不惜一切代价救助人民，正是“人民至上、生命至上”的鲜明展现。

事实上，对于“先救人民，还是先救经济”这个问题，马克思的需要理论在很久以前就有过相关论述。在马克思看来，资本主义社会制度下，资产阶级的目的是赚取高额利润，至于劳动工人们的生活状况，他们并不关心。他们奉行的是以资本为中心的资本逻辑。资本主义社会制度的目的就是帮助资本家实现资本的增殖，满足资产阶级的发财欲。社会主义的根本目的就是满足人民的物质文化需要。社会主义制度奉行的是以人民为中心的人民逻辑。所以只有社会主义制度才能真正保证人民群众需要的满足。但是在社会主义制度下，个人需要须服从社会需要，在坚持个人需要和社会需要相统一中尽可能满足一切社会成员的需要。从上述来看，美国政府在遭遇疫情时首先想到的是“重启经济”的需要，而不是人民的生命健康需要，这正印证了马克思对资本主义制度的批判；而中国政府坚持“人民至上、生命至上”，把满足人民群众的需要作为出发点，这正是马克思需要理论关于社会主义制度以满足人民需要为中心的体现。所以，在马克思需要理论视域下，在疫情面前，对于“先救人民，还是先救经济”这个问题，肯定是先救人民，然后才是救经济。西方国家经济衰退的事实证明，如果人民的生命健康都保证不了，那么经济也不会搞好。

四、在共性与殊性之间：人类社会共同需要的平衡与再造

经过新冠疫情的洗劫后，在后疫情时代人们不得不重新反思，如何以负责任的态度共建人类的共同需要。传统社会里各个国家各求所需的格局正在被冲击。这个时候，就需要各个国家达成需要共识，在共同需要和特殊需要之间做好平衡。对于后疫情时代的全球共同需要的重建，各个国家必须联合起来，共同解决。然而，特朗普主义为了满足本国的利益需要，实施“美国优先”的对外战略。在国际社会看来，只讲自己本国需要的满足，置别国需要于不顾的做法，实际上是一种狭隘的利己主义。毫无疑问，特朗普主义的“美国优先”政策受到国际社会的普遍批评。与特朗普主义的“美国优先”政策不同，中

国提出的构建人类命运共同体理念，不仅强调要满足本国人民的利益需要，还强调要满足他国人民的需要，强调坚持满足本国需要和满足他国需要相统一。因此国际社会中越来越多的国家对构建人类命运共同体理念表明了支持立场。马克思曾指出，“各民族的原始封闭状态由于日益完善的生产方式、交往以及因交往而自然形成的不同民族之间的分工消灭得越是彻底，历史也就越是成为世界历史”①。这说明一些国家开始意识到随着全球化下世界交往的深入和日益频繁，国家必须放弃“族群需要”的需要观，为建构符合整个人类的“人类需要观”出谋划策。

虽然特朗普主义的保守主义在一定程度上掀起了层层“逆全球化”浪潮，但是全球化的趋势并不能被阻挡。乌尔里希·贝克认为，全球性描述的是这样一个事实：我们星球上发生的事情失去了地域的局限，所有发现、所有胜利与灾难都与整个世界息息相关②。在全球大分工的时代，如果国家与国家之间不能建立紧密的交往联系，那么每个国家的需要都难以得到较好的满足。“每个文明国家以及这些国家中的每一个人的需要的满足都依赖于整个世界，因为它消灭了各国以往自然形成的闭关自守的状态”③。大工业的发展不仅创造了巨大的世界市场，而且使全世界不同文明的各个国家的人民建立了紧密的联系。由于生产水平和生产技能的差异，各个国家在专门的物质生产上也有不同的优势，在这种情况下，各个国家的需要都要借助于世界市场来满足。不可否认，全球化在满足各国人民的需要上，发挥了不可替代的作用。但是它也带来了很多发展问题。其一，全世界发展不平衡问题。全球化的深入推进虽然带来了资本主义经济的繁荣，但是也给后发国家带来了发展难题。其中最重要的就是，一些国家与另一些国家的贫富差距逐渐拉大。在这个问题上，《21 世纪资本论》的作者托马斯·皮凯蒂指出：从 18 世纪工业革命以来，世界的贫富差距正在严重恶化；而且，自由市场经济并不能完全解决财富分配不平等问题，现有制度只会让富人更富，穷人更穷④。如今世界范围内贫富差距的持续拉大，已经成了人类社会发展的

① 马克思，恩格斯．马克思恩格斯文集：第 1 卷．北京：人民出版社，2009：540－541.
② 贝克．什么是全球化．上海：华东师范大学出版社，2008：30.
③ 马克思，恩格斯．马克思恩格斯文集：第 1 卷．北京：人民出版社，2009：566.
④ 皮凯蒂．21 世纪资本论．北京：中信出版社，2014：60－62.

一大难题。其二，各国发展不对等问题。在全球化世界市场的贸易规则下，国家与国家之间的贸易往来看似公正平等，实质上却不是这么回事。迄今为止，全球化背景下的世界贸易规则，还主要是由以美国为主的西方国家主导的，这些规则代表的是西方国家的国家意志，维护的是西方国家的经济利益。这导致发展中国家在同西方国家进行贸易往来时，往往会掉入贸易陷阱，形式上看似公平的贸易规则，实质上却严重损害了发展中国家的利益。其三，发展的狭隘性、自私性问题凸显。在全球化大背景下，一些西方国家为了满足一己私利，不惜对落后的发展中国家进行"污染转移""能源掠夺""廉价劳动力压榨"，有的甚至赤裸裸地武装干涉发展中国家内政。发展中国家的人民生活状况没有因为全球贸易而改善，甚至还在持续恶化。据有关方面统计，迄今为止，在落后的发展中国家，仍有数以万计的人民徘徊在温饱线上。这启示我们，在后疫情时代，平衡好一国的殊性需要和人类的共性需要十分重要。

但是，如何平衡好"共性需要"和"殊性需要"是一个历史性难题，当然在后疫情时代也不例外。对于如何在"共性需要"和"殊性需要"之间保持合理张力，人类必须给予深刻反思。这看似是个技术性问题，背后却隐藏着深层的哲学理论问题，即如何在普遍主义（universalism）和特殊主义（localism）、世界主义（cosmopolitanism）和地域主义（regionalism）之间保持合理张力的问题。在21世纪的今天，每个国家的发展都不可能离开世界，走向发展的封闭化，相反，每个国家都不同程度地以"类主体"的身份参与国际交往活动。但是在"类主体"的身份认知和价值认同上，每个国家的反应各异。美国的特朗普主义是以个体主体否定"类主体"的典型。他们把美国的个性需要置于共性需要之上，甚至有时不惜以牺牲人类共性需要来换取他们的个性需要。特朗普为了满足个性需要，公开搞"美国优先"战略，推行了一系列的孤立主义（isolationism）、单边主义（unilateralism）、霸凌主义（hegemonism）、极端利己主义（extreme egoism）政策，接二连三地"退群"，有时甚至以发动贸易战对别国进行赤裸裸的威胁。美国的这种只顾自己需要、不顾别国人民处境的做法正是对其"类主体"的身份的否定和拒绝。美国的这种孤立性、封闭性和排他性做法势必会遭到其他各个国家的反对，即使是其传统盟友也对其只为一己之利不愿承担国际责任的自私做法表达了不满。与美国相反，中国却以一种积极的姿态，提出了构建人类命运共同体理念。按照构建人类命运共同体理念的倡导，各个国家已经处于同一艘大船上。因而每个国家都必须以“类主体”的身份和使命，在满足本国的殊性需要的同时，也要注重满足人类的共性需要。如习近平所说，“要树立世界眼光，更好把国内发展与对外开放统一起来，把中国发展与世界发展联系起来，把中国人民利益同各国人民共同利益结合起来”①。中国在实现自身快速发展的同时，时刻不忘同其他国家互帮互助、合作发展、平等相待。尤其是在对待落后的发展中国家时，特别注重带动它们一起发展，帮助它们早日脱贫，使它们人民的基本物质生活需要能够得到较好的满足。就实践成效和国际接受度来看，构建人类命运共同体理念得到了国际社会中大多数国家的肯定。这说明，构建人类命运共同体理念是以中国智慧形成的人类可持续发展的中国策略，不仅符合人类社会发展趋势，而且符合全球社会发展道义。

按照马克思需要理论的方法论，个体性需要的满足必须和整体性需要的满足保持平衡。如果只顾个体性需要，不顾整体性需要，就是极端的利己主义。这种需要的满足从长远来看，是不可能长久维持的。同样，如果只顾满足整体性需要，不顾个体性需要，也是不会长久的。在马克思的需要理论看来，特朗普主义的“美国优先”战略实际上就是一种极端的利己主义，是只讲个体性需要、不顾整体性需要的鲜明体现；而中国提出的构建人类命运共同体理念，不仅重视个体性需要，而且重视人类社会的整体性需要，因而正是对马克思需要理论之坚持个体性需要与整体性需要相统一方法论的鲜明体现。由此看来，美国做法备受质疑、中国方案备受推崇，不仅有科学的理论根据，而且具有现实的实践基础。所以在后疫情时代，无论是从理论来看，还是从现实来看，构建人类命运共同体理念都必定会战胜“美国优先”战略。

总的来说，马克思的需要理论诞生以来，无论是在外国马克思主义思想界还是在中国的革命建设和改革开放实践中，都产生了巨大的理论效应。然而时代在发展，世界在变化。马克思的需要理论所在的思想场域和实践环境也发生了剧烈变革。在全球境遇中，消费主义、福利主

---

① 中共中央党史和文献研究院．习近平关于总体国家安全观论述摘编．北京：中央文献出版社，2018：258－259.

义、加速主义和保守主义（特朗普主义）等狭隘的需要观念，正在给人类社会带来更多的威胁。在中国视野下，随着新时代社会主要矛盾的转化，中国共产党已经把满足人民日益增长的美好生活需要作为治国理政的根本目的。因此，我们有必要重新审视马克思的需要理论的当代境遇，借以拓宽它的研究视域和应用场域，使其在后疫情时代的世界中更好地发挥理论效应和实践效能。

结　论

通过一段时间以来的研究我们发现，马克思的需要理论是马克思的整个学说中不可或缺的一部分，在马克思的整个学说体系中具有十分重要的理论地位和学术价值。为了对马克思的需要理论进行较为深入和全面的研究，我们对马克思需要理论文本基础、主要内容、思想影响、当代价值等进行了深入考察、阐释、分析和论证，得出了以下几个方面的研究结论：

首先，马克思的需要理论的历史形成有着坚实的文本支撑。从《莱茵报》时期到马克思的晚年，马克思的需要思想一直贯穿在他的诸多经典文本中。虽然这些文本在写作时期和聚焦的主要问题上各有侧重，但是马克思的需要理论在这些文本里贯穿着它独有的理论逻辑，以至于马克思对无产阶级需要问题的研究从未间断，反而环环相接。其次，马克思的需要理论具有丰富的理论内容。通过研究发现，虽然马克思没有专门性研究需要理论的专著和文本，但是从马克思各个时期对需要理论的相关论述来看，马克思的需要理论涵盖着丰富的理论内容。不仅包括关于需要的一般性理论，还有需要理论的内在逻辑、理论作用、理论特征和方法论遗产。再次，马克思的需要理论在西方思想界产生了强大的思想影响。通过研究发现，难能可贵的是，西方学界尤其是国外马克思主义学界，不仅承认马克思具有需要理论，而且对其进行了一系列的研究。虽然他们中有些学者在解读和阐释马克思的需要理论时有偏差和误解，但是他们使马克思的需要理论不断展现于人们面前，促使国内外学界不断结合马克思的需要理论来反思和解决他们所属时代的需要问题，这对马克思的需要理论发挥其解释和改造世界的理论功用起到了很好的推动作用。最后，马克思的需要理论在当今具有重要的理论价值和实践意义。通过用马克思的需要理论来反观我们时代的人类需要问题，我们发现，马克思的需要理论不仅有助于反思后疫情时代人类的需要问题，也有助于解决新时代中国特色社会主义理论与实践中的一些重大问题。上述四个方面的研究结论，不仅使学界关于马克思的需要理论的一些争议性问题更显清晰，而且在某种程度上为学界研究马克思的需要理论增添了新的见解。我们自己也更加清晰地认识和理解了马克思的需要理论，但是，囿于作者学术能力和研究水平，在研究中难免会出现一些错误和偏差，在此也敬请学界前辈、同人给予批评指正。

总的来说，人的需要不仅关乎人的生存和发展，也关乎人类社会的发展和进步。每个时代的人们总有他们所属时代的需要问题。19 世纪的人类社会有 19 世纪的需要问题，20 世纪的人类社会有 20 世纪的需要状况。如今在 21 世纪的人类社会，我们同样面临着 21 世纪的需要境遇。不管人类社会发展到何种阶段、何种程度，人的需要问题都是必然无法忽视的重大问题。在我国，我们党始终把满足人民群众的需要和研判社会主要矛盾转化相结合，稳步推进完成阶段性历史任务。党的二十大特别提到，鼓励共同奋斗创造美好生活，不断实现人民对美好生活的向往。这是运用马克思的需要理论不断解决满足人民群众美好生活需要问题的庄严宣示。在国际视野下，整个人类社会同样面临着共同的需要问题。所以，虽然马克思的需要理论产生于 19 世纪，但是它的基本原理、价值立场和科学方法具有跨越世纪的理论效用，它的很多观点和方法，至今仍能在解决这个时代的人的需要问题上，发挥改造现实的强大力量。所以，只要社会在发展，人类在进步，我们就没有理由不去研究马克思的需要理论，更没有理由漠视马克思的需要理论。马克思的需要理论还有很多值得深入研究的问题，亟待学界能够持续性地推进相关研究。

参考文献

（一）中文文献

1. 经典著作

［1］马克思，恩格斯．马克思恩格斯选集：第1—4卷．3版．北京：人民出版社，2012.

［2］马克思，恩格斯．马克思恩格斯全集：第1卷．北京：人民出版社，1956.

［3］马克思，恩格斯．马克思恩格斯全集：第2卷．北京：人民出版社，1957.

［4］马克思，恩格斯．马克思恩格斯全集：第3卷．北京：人民出版社，1960.

［5］马克思，恩格斯．马克思恩格斯全集：第6卷．北京：人民出版社，1961.

［6］马克思，恩格斯．马克思恩格斯全集：第22卷．北京：人民出版社，1965.

［7］马克思，恩格斯．马克思恩格斯全集：第23卷．北京：人民出版社，1972.

［8］马克思，恩格斯．马克思恩格斯全集：第34卷．北京：人民出版社，1972.

［9］马克思，恩格斯．马克思恩格斯全集：第 42 卷．北京：人民出版社，1979.

［10］马克思，恩格斯．马克思恩格斯全集：第 47 卷．北京：人民出版社，1979.

［11］马克思，恩格斯．马克思恩格斯全集：第 49 卷．北京：人民出版社，1982.

［12］马克思．1844 年经济学哲学手稿．3 版．北京：人民出版社，2000.

［13］毛泽东．毛泽东选集：第 1—4 卷．2 版．北京：人民出版社，1991.

［14］邓小平．邓小平文选：第 1—2 卷．2 版．北京：人民出版社，1994.

［15］邓小平．邓小平文选：第 3 卷．北京：人民出版社，1993.

［16］江泽民．江泽民文选：第 1—3 卷．北京：人民出版社，2006.

［17］胡锦涛．胡锦涛文选：第 1—3 卷．北京：人民出版社，2016.

［18］习近平．习近平谈治国理政：第 1 卷．2 版．北京：外文出版社，2018.

［19］习近平．习近平谈治国理政：第 2 卷．北京：外文出版社，2017.

［20］习近平．习近平谈治国理政：第 3 卷．北京：外文出版社，2020.

［21］习近平．习近平谈治国理政：第 4 卷．北京：外文出版社，2022.

2. 国外著作

［1］弗洛姆．在幻想锁链的彼岸：我所理解的马克思和弗洛伊德．长沙：湖南人民出版社，1986.

［2］斯蒂瓦尔．德勒兹：关键概念．重庆：重庆大学出版社，2018.

［3］赫希曼．欲望与利益：资本主义走向胜利前的政治争论．上海：上海文艺出版社，2003.

［4］罗萨．新异化的诞生：社会加速批判理论大纲．上海：上海人民出版社，2018.

［5］罗萨．加速：现代社会中时间结构的改变．北京：北京大学出

版社，2015.

［6］鲍曼．被围困的社会．南京：江苏人民出版社，2005.

［7］鲍德里亚．符号政治经济学批判．南京：南京大学出版社，2009.

［8］鲍德里亚．消费社会．南京：南京大学出版社，2008.

［9］弗洛姆．弗洛姆著作精选：人性·社会·拯救．上海：上海人民出版社，1989.

［10］鲍德里亚．生产之镜．北京：中央编译出版社，2005.

［11］弗洛伊德．精神分析引论新编．北京：商务印书馆，2009.

［12］雅斯贝尔斯．生存哲学．上海：上海译文出版社，2011.

［13］雅斯贝尔斯．时代的精神情况．上海：上海译文出版社，2011.

［14］杜威．人的问题．上海：上海人民出版社，2011.

［15］弗洛姆．马克思论人．西安：陕西人民出版社，1991.

［16］弗洛姆．逃避自由．上海：上海译文出版社，2011.

［17］阿伦特．人的境况．上海：上海人民出版社，2009.

［18］马尔库塞．单向度的人．上海：上海译文出版社，2008.

［19］马尔库塞．爱欲与文明：对弗洛伊德思想的哲学探讨．上海：上海译文出版社，2008.

［20］马斯洛．马斯洛谈自我超越．天津：天津社会科学出版社，2011.

［21］马斯洛．人性能达到的境界．西安：陕西师范大学出版社，2010.

［22］马斯洛．动机与人格：第3版．北京：中国人民大学出版社，2007.

［23］勒德雷尔．人的需要．沈阳：辽宁大学出版社，1988.

［24］赫勒．人的本能．沈阳：辽宁大学出版社，1988.

［25］赫勒．日常生活．重庆：重庆出版社，2010.

［26］赫勒．现代性理论．北京：商务印书馆，2001.

［27］吉登斯．现代性与自我认同．北京：中国人民大学出版社，2016.

［28］吉登斯．失控的世界．南昌：江西人民出版社，2001.

［29］多亚尔，高夫．人的需要理论．北京：商务印书馆，2008.

［30］肖恩，塞耶斯．马克思主义与人性．北京：东方出版社，2008.

［31］卢卡奇．历史和阶级意识．北京：商务印书馆，1992.

［32］弗洛姆．健全的社会．北京：中国文联出版公司，1998.

［33］鲍曼．工作、消费、新穷人．长春：吉林出版集团有限责任公司，2010.

［34］鲍曼．现代性与矛盾性．北京：商务印书馆，2003.

［35］鲍曼．后现代性及其缺憾．上海：学林出版社，2002.

［36］鲍曼．废弃的生命．南京：江苏人民出版社，2006.

［37］德波．景观社会．南京：南京大学出版社，2007.

［38］詹明信．晚期资本主义的文化逻辑．北京：生活·读书·新知三联书店，1997.

［39］曼德尔．晚期资本主义．哈尔滨：黑龙江人民出版社，1983.

［40］莱博维奇．超越《资本论》：第 2 版．北京：经济科学出版社，2007.

3. 国内著作

［1］北京大学哲学系外国哲学史教研室．古希腊罗马哲学．北京：商务印书馆，1961.

［2］北京大学哲学系外国哲学史教研室．18 世纪法国哲学．北京：商务印书馆，1963.

［3］黑格尔．法哲学原理．北京：商务印书馆，1961.

［4］北京大学哲学系外国哲学史教研室．西方哲学原著选读：下卷．北京：商务印书馆，1982.

［5］高清海哲学文存：第 5 卷．长春：吉林人民出版社，1997.

［6］贺来．边界意识与人的解放．上海：上海人民出版社，2004.

［7］张盾．马克思的六个经典问题．北京：中国社会科学出版社，2009.

［8］袁贵仁．马克思的人学思想．北京：北京师范大学出版社，1996.

［9］冯文光．马克思的需要理论．哈尔滨：黑龙江人民出版社，1986.

［10］黄楠森．人学原理．南宁：广西人民出版社，2000.

［11］赵长太．马克思的需要理论及其当代意义．郑州：河南人民出版社，2008.

［12］郭宝宏．论人的需要．北京：经济科学出版社，2008.

[13] 李炳炎．需要价值论．昆明：云南人民出版社，1990.

[14] 章韶华．需要—创造论．北京：中国广播电视出版社，1992.

[15] 黄鸣奋．需要理论及其应用．北京：中华书局，2004.

[16] 赵科天．需要哲学导论．兰州：甘肃文化出版社，1996.

[17] 李德顺．价值论．北京：中国人民大学出版社，1987.

[18] 韩庆祥．马克思人学思想研究．郑州：河南人民出版社，1996.

[19] 韩庆祥，邹诗鹏．人学：人的问题的当代阐释．昆明：云南人民出版社，2001.

[20] 王伟光．利益论．北京：人民出版社，2004.

[21] 黄克剑．人韵：一种对马克思的读解．北京：东方出版社，1996.

[22] 仰海峰．走向后马克思主义：从生产之镜到符号之镜．北京：中央编译出版社，2004.

[23] 张一兵，胡大平．西方马克思主义哲学的历史逻辑．南京：南京大学出版社，2003.

[24] 胡大平．后革命氛围与全球资本主义．南京：南京大学出版社，2002.

[25] 徐崇温．当代资本主义新变化．重庆：重庆出版社，2004.

[26] 魏金声．现代西方人学思潮的震荡．北京：中国人民大学出版社，1997.

[27] 苗力田．古希腊哲学．北京：中国人民大学出版社，1989.

（二）外文文献

[1] FEHER F，HELLER A，MARCUS. Dictatorship over needs. New York：St. Martins Press，1983.

[2] HELLER A. A radical philosophy. Oxford and New York：Basil Blackwell，1984.

[3] DAVID B. Meeting needs. Princeton：Princeton University Press，1987.

[4] HELLER A. The theory of need in Marx. London：Allison & Busby，1976.

[5] HELLER A，FERENC F. The grandeur and twilight of radi-

cal universalism. New Jersey：Transaction Publishers，1991.

［6］ SCHILPP P A. The philosophy of Jean-Paul-Sartre. Lasalle，Illinois：Open Court，1981.

［7］ MARCUSE H. Studies in critical philosophy. Boston：Beacon Press，1973.

［8］ DEWEY J. Individualism old and new. New York：Minton，Balch&Company，1930.

［9］ LEBOWITZ M A. Beyond capital. New York：Palgrave Macmillam，2003.

［10］ LEN D，IAN G. A theory of human need. Basingstoke and London：The Macmillan Press LTD，1991.

［11］ FRASER I. Two of a kind：Hegel，Marx，dialectic and form. Capital & Class：Spring，1997.

［12］ STUART W. Needs，labor，and Marx's conception of justice，Political Studies，1996.

［13］ ROSA H. Resonanz：eine soziologie der weltbeaiehung. Berlin：Suhrkamp，2016.

后　记

本书是在我的博士学位论文基础上形成的。感谢我的导师侯衍社对我的辛苦培养和教导，使我不仅在学习研究上有了质的飞跃，也在综合能力上得到了长足进步。“板凳要坐十年冷，文章不写半句空。”侯老师尤为重视对我学术功底和学术规范的培养，这也使我在学习研究中受益良多。这部著作在酝酿选题、谋篇布局、内容设计和写作思路上得到了侯老师的辛苦指导，在此向他表示由衷感谢！

感谢我们尊敬的梁树发教授、郗戈教授、赵玉兰教授、沈江平教授、郑吉伟教授。他们的教诲教导，不仅使我开阔了学术视野，而且为我树立了学术研究的榜样。上述各位老师对这部著作的撰写和修改提出了很多宝贵的建设性意见，使我打开了研究视野，规避了一些研究误区。在此一并表示感谢。

感谢中国人民大学出版社牛晋芳等编辑老师的辛勤劳动，他们为书稿的编辑、出版付出了大量的时间精力。

感谢家人们对我学术生涯的支持和理解，这是我不断努力上进的重要动力！祝家人们平安幸福。

感谢这个时代，愿我们伟大的祖国在伟大的中国共产党的领导下，国运昌盛，复兴在即！

成著仓促，难免有不足之处。我十分乐意听取读者们的批评意见，这将是我不断完善学术研究的动力。

侯耀文

于人民大学人文楼

图书在版编目（CIP）数据

马克思需要理论及其思想效应研究/侯耀文著. --
北京：中国人民大学出版社，2024.4
（马克思主义研究丛书）
ISBN 978-7-300-32687-0

Ⅰ.①马… Ⅱ.①侯… Ⅲ.①马克思主义理论—理论
研究 Ⅳ.①A81

中国国家版本馆 CIP 数据核字（2024）第 062830 号

马克思主义研究丛书
马克思需要理论及其思想效应研究
侯耀文 著

出版发行	中国人民大学出版社		
社　　址	北京中关村大街 31 号	**邮政编码**	100080
电　　话	010－62511242（总编室）		010－62511770（质管部）
	010－82501766（邮购部）		010－62514148（门市部）
	010－62515195（发行公司）		010－62515275（盗版举报）
网　　址	http://www.crup.com.cn		
经　　销	新华书店		
印　　刷	唐山玺诚印务有限公司		
开　　本	720 mm×1000 mm　1/16	**版　　次**	2024 年 4 月第 1 版
印　　张	14.25 插页 2	**印　　次**	2024 年 4 月第 1 次印刷
字　　数	222 000	**定　　价**	58.00 元